유럽 책방
문화탐구

유럽 책방 문화 탐구

한미화 지음

책세상 입문 31년차 출판평론가의
유럽 책방 문화 관찰기

책방의 과거와 미래를 찾아

이제야 스카이 다리를 건넜다. 아침 8시, 인버네스 도서관 근처에서 출발한 버스는 괴물이 산다는 네스 호에서 한 차례 서더니, 13세기에 지어진 에일린 도난 성Eilean Donan Castle에서 또 여행자를 풀어놓았다. 옷을 여러 벌 겹쳐 입었지만 스코틀랜드 북쪽의 봄은 추웠다. 차가운 바람에 몸서리를 치다 말고 왜 여기까지 왔지 하는 생각이 들었다.

먼 곳에 가고 싶었다. 런던 히드로 공항에 내려 기차를 타고 요크와 에든버러에 잠시 머물렀다. 다시 기차를 타고 멀리 하일랜드의 주도 인버네스에 도착했다. 더는 기차를 탈 수 없어 이번에는 스카이 섬으로 떠나는 버스를 탔다. 이동 시간이 길었다. 털이 긴 하일랜드 소와 스코틀랜드의 황량한 초지를 원없이 보았다. 물론 이게 전부는 아니었다.

스카이 섬의 중심지이자 작은 바닷가 마을 포트리에 책방이 있었다. '카르미나 가델리카'Carmina Gadelica, 게일의 노래라는 뜻이다. 스코틀랜드의 작가 알렉산더 카마이클Alexander Carmichael이 쓴 『게일의 노래』 *Carmina Gadelica*라는 책에서 따왔다. 1993년에 문을 연 책방 '카르미나 가델리카'에서는 영어만이 아니라 게일어로 출판한 책을 판매한다. 고대

켈트어에 뿌리를 둔 게일어는 아일랜드와 스코틀랜드에서 많이 사용한다. 스카이 섬보다 조금 큰 제주도에는 70만 명이 산다. 스카이 섬 인구는 1만여 명이다. 이 섬에 책방이 있다는 건 커뮤니티가 있다는 뜻이다. 어디서든 책방은 지역을 떠받치고 있고, 서점이 있다면 살아볼 만한 곳이다. 세상의 끝으로 가보고 싶다고 생각했으나 이곳에 와서도 나는 책방을 기웃거리고 있었다.

*

1994년 4월 출판계에 입문했다. 몇몇 회사를 다니다 그만두고 앞으로 무얼 하며 살아야 할지 고민하던 시절이다. 그 무렵 국내 출판사들은 신문에 5단통 책 광고를 했다. 1990년대로 접어들며 자본을 축적한 출판사들이 잡지와 신문은 물론이고 라디오와 TV에까지 광고를 확대하던 때다. 책이 잘 팔렸다는 뜻이고 대중 출판의 전성기였다는 의미다. 출판사는 책 광고 한쪽에 작은 글씨로 구인 광고를 내보냈다. 그걸 보고 수동타자기로 자기소개서를 타이핑했다. 결국 출판사에 입사했고 얼마 지나지 않아 신문 광고를 집행하는 업무를 맡았다. 지금도 5단통 신문 광고 금액을 기억한다.

그로부터 30여 년이 지났다. 되돌아보니 출판계에 입문한 1990년대 중반 무렵부터 굵직한 변화가 많았다. 1990년대 중반, 서울 양평동에 생긴 대형 유통업체를 시작으로 대폭 할인한 가격에 대량으로 책을 판매하는 방식이 자리를 잡았다. 비서점 유통 경로가 본격적으로 활성화된 것이다. 1997년 외환위기를 전후해 출판 도매상의 부도가 연달았다. 온라인서점도 등장했다. 책방의 폐업이 줄을 이었고 도서정가제가 흔들렸다. 세 차례의 개정을 거쳐 도서정가제가 자리를 잡자 2015년경부터 자연 발생적으로 동네책방이 생겨났다. 이 현상을 지난 2020년 『동네책방 생존탐구』에 기록했다.

이 책은 공간과 시간을 넘어 책방을 살핀 기록이다. 단순히 유럽 책방들이 지닌 공간적 아름다움이나 인테리어에 대한 부러움 때문은 아니다. 출판업에 몸담은 시간 동안 차곡차곡 쌓인 서점에 관한 궁금증 때문이다. 1990년대 후반 몸담았던 조직에 큰 변화가 있었다. 선배들이 모두 계열사로 떠나버렸다. 물어볼 사람이 없어지자 하는 수 없이 여기저기 기웃거리며 공부를 시작했다. 출판잡지를 오래 만들었는데 이것 또한 공부였다. 서점에 관한 의문이 하나둘 쌓여가던 때부터 이 책은 시작되었는지도 모르겠다. 많은 책들이 다른 누구가 아닌, 바로 저자 스스로가 읽고 싶은 책을 찾지 못해 탄생한다. 이 책 역시 서점에 대한 궁금증이 모여 오늘에 이르렀다.

*

책과 서점의 역사는 깊다. 1450년 구텐베르크의 인쇄술 발명부터 시작해도 500년이 훌쩍 넘는다. 구텐베르크는 인쇄술을 상업적으로 활용하지는 못했다. 자본가 푸스트가 구텐베르크에게 돈을 빌려주고 담보로 맡아둔 인쇄기를 사용해 쇠퍼와 함께 최초의 인쇄서적상으로 기록되었으니까. 이후 인쇄술은 유럽 전역에 들불처럼 퍼진다. 라인강을 따라 전파된 인쇄술은 1470년 파리로, 1590년에는 멀리 일본으로까지 전파된다.(1582년 로마에 가서 유럽을 본 네 명의 일본인 크리스천이 최초의 서양식 인쇄기를 가져오지만 이후 기독교 금지령으로 도입이 중단되었다.)[01] 인쇄혁명은 종교개혁을 촉발했고 근대를 탄생시켰다. 이후 18세기 무렵 중산 계급이 독자로 참여하면서 책방은 오늘날과 같은 모습을 하나둘 갖추어간다. 20세기, 독서는 대중의 취미로 자리잡았고 책과 서점은 전성기를 맞았다.

책방이 오늘에 이른 길을 따라가면 자연스럽게 개인 서점이 벤치마킹한 글래드스턴 도서관 같은 개인 서가, 서울 선릉역 근처에 있는 '최인아책방'에 있는 2층 발코니 서가의 유래, 대형 서점의 시작인 '뮤즈의 신전' 등 서점의 숨겨진 역사를 만나게 된다. 언제부터 서점이 이런 모습이었을까를 탐구하기에 유럽 책방은 가장 적절한 텍스트였다.

오랜 역사를 지녔으나 2000년대 이후 유럽의 책방은 고전을 면치 못했다. 그런데도 영국 런던 메릴리본의 '돈트북스'는 성장을 거듭해 전 세계 독립서점의 모델이 되었고, 프랑스 보르도의 '몰라' 서점은 서점다움을 잃지 않으면서도 디지털 시대에 적응해나갔다. 바스와 에든버러의 '토핑앤드컴퍼니'는 지역에 기반한 고급스러운 책방으로 승부를 이어갔다. 디지털 변혁기를 맞으며 유럽의 책방이 처한 현실은 달라졌고, 대중 독자 또한 줄었다. 그 수도 대폭 줄었다. 그렇다고 독자가 아예 사라진 건 아니었다. 유럽 책방은 '아마존'과의 경쟁에서 벗어나 서점으로 살아가는 법을 찾기 위해 애쓰고 있었다. 그 길 중 하나가 용도 폐기된 듯했던 책방의 과거에 있었다. 책방의 과거가 곧 미래였다.

*

이 책을 쓰는 동안 가장 흥미로운 작업은 영국과 프랑스의 책방을 비교하는 일이었다. 두 나라는 서로 이웃하지만, 국민성도 취향도 속속들이 달랐다. 두 나라의 차이를 알고 싶다면 나는 서슴없이 책방을 가라고 권한다. 에든버러의 '토핑앤드컴퍼니'는 우아한 신고전주의 건축물을 책방으로 개조했다. 2층 발코니 서가와 천장까지 닿은 책장 그리고 나무로 만든 책 사다리 등은 빅토리아 시대의 개인 서가와 닮았다. 반면 프랑스를 대표하는 책방 '몰라'는 규모가 크지만, 내부는 다르다. 기능적으로 내부 서가를 꾸몄으며 책 사다리는 철제다.

적어도 내가 본 프랑스 책방들은 장식적 요소를 절제하고 실용적으로 공간을 구성했다. 속이 꽉 차 있다고나 할까. 진중하고 깊이 있는 책들을 적절히 진열하고 있었다. 영국의 책방들은 대체로 아기자기하거나 때로 화려하며 공간의 아름다움을 충분히 살리는 데 집중한다는 인상을 받았다. 대중서와 관련 굿즈를 진열하고 판매하는 데도 진심이었다.

결정적 차이도 있다. 영국에는 대형 체인서점이 많다. 프랑스에도 '프낙'이나 '지베르'의 체인 서점이 있긴 하지만 영국에 비할 바가 아니다. 도서정가제 유무도 다르다. 프랑스에는 도서정가제인 '랑법'이 존재하지만 영국에서는 진작에 NBA(Net book Agreement)가 폐지되었다.

두 나라 가운데 어느 쪽이 옳고 그르다고 시시비비를 가리거나 어느 한쪽의 손을 들어줄 생각은 없다. 어느 쪽을 국내에 이식하자는 섣부른 주장을 펼칠 뜻도 없다. 나는 그저 책방이 궁금한, 책방의 순례자로서 두 나라의 책방 문화에 대한 관찰기를 남기고 싶었다. 그 관찰의 결과가 없는 건 아니다. 한마디로 이렇게 정리할 수 있겠다. 그건 바로 영국인은 영국다운 책방을 만들고, 프랑스인은 프랑스다운 책방을 만들어왔다는 점이다. 나아가 깨달은 바도 있다. 책방의 문화는 하루아침에 만들어지지 않는다는 것, 우리 책방의 앞날 역시 우리가, 나를 포함한 독자들이 만들어가야 한다는 점이다. 과연 우리는 어떤 책방을 만들고 싶은 걸까. 그 질문을 품은 독자들이 책방을 더 많이 찾는다면 우리에게도 우리다운 책방, 나아가 우리만의 책방 문화를 만들 수 있으리라.

*

호랑이 담배 먹던 시절의 이야기지만 우리나라는 1989년에 해외여행 자유화가 이루어졌다. 많은 이들이 앞을 다투어 바다를 건넜다. 하지만 이제 막 대학 졸업을 앞둔 그 무렵의 나는 먼 이국으로 떠날 여력이 없었다. 서른 살을 훌쩍 넘겨 떠난 첫 유럽행의 행선지는 볼로냐 국제아동도서전이었다. 그뒤로도 몇 차례 출장을 겸해 짤막한 일정으로 서둘러 다녀온 적이 있었다. 유럽의 책방들이 궁금했지만 역시 제대로 돌아볼 여력이 없었다. 그리고 세월이 꽤 흘렀다. 이번에는 유럽의 책방을 봐야겠다고 마음을 먹고 꽤 오랜 시간 배낭여행자로 유럽을 떠돌았다. 낯선 땅에서 나의 책방 여행을 도와준 이들의 도움이 컸다. 케임브리지에서는 홍지혜 선생이 안내자 역할을 해주었다. 뉴캐슬에 사는 후배 송진아의 도움으로 '바터북스'에 간 일도 잊을 수 없다. 스킵턴의 로비와 맨체스터의 파비오 역시 여행 내내 큰힘이 되어주었다.

출판계에 머문 지 어느덧 30여 년이 되었다. 그 시간 내내 아무것도 모르는 후배를 아껴준 선배들에게 감사 드린다. 덕분에 먼 길인 줄 모르고 여기까지 왔다.

2024년 여름,
한미화

차례

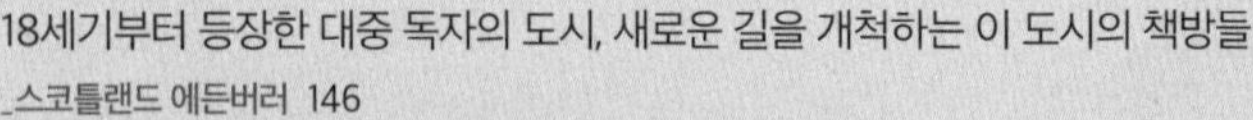

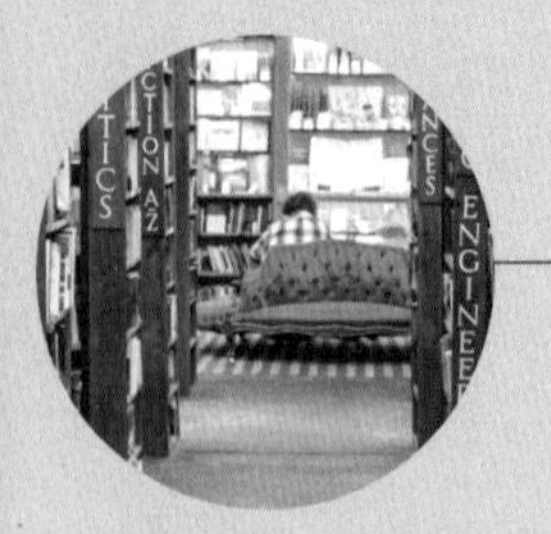

제3부. 동네책방은 지역을 어떻게 빛나게 하는가

제4부. 책이 있는 세상의 더 깊은 세계 속으로

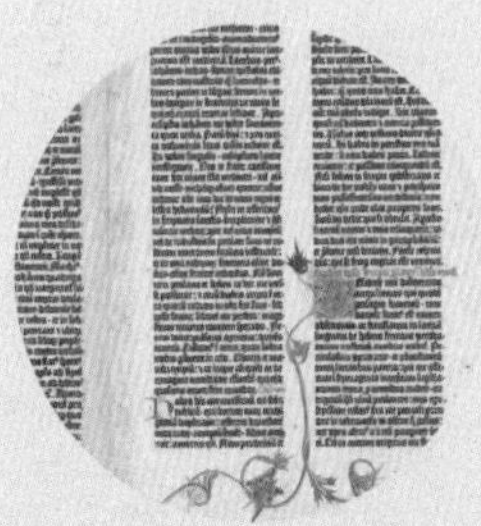

[일러두기]

1. 책방과 서점은 의미상 큰 차이가 없으나 이 책에서는 다소 구분을 두었다. '책방'은 주로 소규모 공간에서 지역을 기반으로 운영하는 이른바 '독립서점'이나 '동네책방'을 지칭할 경우 사용했고, '서점'은 이외의 거의 모든 곳, 즉 체인서점이나 온라인서점 등을 지칭할 경우 사용했다. 다만 '독립서점'의 경우 객관적 명칭이나 데이터 등의 대상으로 거론할 때는 책방이 아닌 서점으로 표시했다. 이밖에 원어를 한국말로 옮길 때 책방과 서점을 혼용하기도 했고, 때로는 '북숍'으로 표시하기도 했다. 의미의 차이가 없음으로 엄밀한 기준을 적용하기보다 문맥에 맞게 적용하여 사용했다.

2. 모든 상호는 작은 따옴표(' ')로 표시했다. 작은 따옴표는 모임이나 단체명에도 사용했고, 단어나 문장 등을 강조할 때도 사용했다.

3. 인명 및 지명, 상호명을 외래어 그대로 표시할 때는 외래어표기법을 지키되 이미 그렇게 사용하고 있거나 익숙한 것을 따르기도 했고, 소리나는 대로 표시하기도 했다. 필요한 경우 원어를 병기하기도 했다.

4. 본문에 언급한 책의 경우 한국에 번역된 책은 한국어 제목으로 표시했고, 그렇지 않은 경우 한국어로 뜻을 옮기고 원어를 병기했다.

5. 출처 및 보완할 부분은 '주'를 통해 밝혔고, 이밖에 참고한 문헌은 '참고문헌'으로 따로 정리했다.

6. 본문에 언급한 책방의 주소 및 관련 정보는 2024년 현재를 기준으로 정리하여 책 뒤에 따로 모아두었다.

7. 본문에 사용한 사진 및 이미지는 대부분 저자가 직접 촬영한 것이고, 그렇지 않은 경우 위키미디어 등 인터넷 검색 결과를 참고하였다. 참고한 이미지 가운데 출처 및 소장처가 있는 경우 창작자 및 소장처를 함께 밝혀두었다. 이밖에 미처 출처를 밝히지 못한 자료는 추후 확인이 될 경우 적법한 절차를 밟겠다.

제1부.

아름다운 도시를 만드는 아름다운 책방 문화

19세기 후반부터 이곳은 책방과 출판사의 거리

_런던, 세실 코트

"사람이 모여드는 곳에 빠질 수 없는 게 책방이다. 1700년대 초부터 세실 코트에 책방이 있었다는 긴 역사를 듣고 나면 세실 코트는 어떤 곳일까 기대가 된다."

런던 중심가 코벤트 가든이라는 이름을 처음 듣고는 공원인가 했다. 아니다. 런던 최고의 쇼핑 거리다. 이 지명에는 세월의 흔적이 켜켜이 쌓여 있다. 13세기 수도원이 들어선 코벤트 가든은 1666년 런던대화재 이후 도로가 정비되면서 이탈리아풍 저택이 들어선 광장으로 변했다. 한때 런던 최대 규모의 청과물과 꽃을 파는 시장이 있었다. 아름다운 배우 오드리 헵번이 빈민가 출신 꽃 파는 부랑녀 일라이자 둘리틀로 나오는 영화 〈마이 페어 레이디〉의 꽃 시장 배경이 바로 이곳이다. 시장은 1974년 템스강 남부 나인 엘름으로 이전했지만 여전히 코벤트 가든 입구에는 이를 기념하는 꽃마차가 서 있다. 관광객들이 몰려들어 사진을 찍고 있는 곳이라 찾기 어렵지 않다.

코벤트 가든과 이어진 세실 코트는 오래된 책방 거리다. 런던 대화재 이후 시티 오브 런던을 복원하며 서쪽 지역을 계획 도시로 재개발했다. 광장과 거리를 연결하고, 공원·극장·박물관 등 여가 활동을 위한 공간을 만들었다. 세실 코트도 이 무렵부터 1600년대 후반까지 조성한 것으로 보인다. 오래된 거리에는 언제나 이야기가 넘친다.

세실 코트라는 무대에 가장 먼저 나오는 익숙한 인물은 모차르트다. 1764~1765년 모차르트가 연주 여행을 위해 런던을 방문했을 때 세실 코트에 머물렀다고 한다. 이 시절 세실 코트의 모습은 벤 윌슨의

BB
MARK SULLIVAN ANTIQUES
TINDLEY AND EVERETT
t

MARCHPANE
CHILDREN'S BOOKS

LONDON MEDAL COMPANY
sworders
FINE ART AUCTIONEERS

『메트로폴리스』에 흥미진진하게 그려진다.

1729년 부동산 개발업자 조너선 타이어즈가 세실 코트에 일종의 도시 테마 공원인 복스홀 플레저 가든을 만들었다. 모차르트도 복스홀 플레저 가든에서 첫 연주를 했고 세실 코트에 머물며 교향곡을 작곡했다. 헨델도 1749년 《왕궁의 불꽃놀이 음악》을 플레저 가든에서 처음 연주했으며 이날 1만 2천 명의 관람객이 입장했다는 기록이 남아 있다. 이렇게 사람이 모여들었다면 빠질 수 없는 게 책방이다. 1700년대 초부터 세실 코트에 책방이 있었다는 기록이 나온다. 주로 정치 팸플릿을 인쇄하여 판매했다.

긴 역사를 듣고 나면 세실 코트는 어떤 곳일까 기대되지만 막상 가보면 좀 놀란다. 아주 좁고 작은 골목에 자리한 앤티크 상점 거리다. 시계 · 고지도 · 희귀 서적 · 그림 등을 판매하는, 빅토리아풍 외관을 고스란히 간직한 가게를 구경하는 재미가 쏠쏠하다. 책방도 여러 곳이다. 대부분 전문 분야 서적을 취급하고, 희귀본이나 현대미술 분야의 아방가르드(전위) 출판물을 전시 판매한다.

세실 코트의 진열장을 구경하는 사이 단체 관광객이 썰물처럼 들어왔다 빠져나간다. 『해리 포터』의 작가 조앤 롤링이 세실 코트에서 영감을 얻어 다이애건 앨리를 만들었다 해서 관광객들이 제법 몰려든다. 다이애건 앨리는 해리 포터가 마법 학교 입학 준비를 위해 방문한 상점 거리다. 영화에는 해리 포터가 최신형 빗자루를 파는 '갬볼 앤 제이프'나 '올리밴더의 지팡이 가게'에 들르는 장면이 나온다. 거기에서도 물론 '플러리시 앤드 블러츠'라는 책방이 나온다.

"어린이책방 '마치팬'의 주인은 프리랜서 전시 큐레이터이자, 작가이며 역사가이자 삽화가다. 책방 주인들의 이력이 만만치 않다는 사실은 두고두고 깨닫게 되지만, 이때는 그저 놀랍기만 했다."

여행자라면 세실 코트보다는 바로 옆 코벤트 가든에서 시간을 보내는 편이 현명할 선택일지 모른다. 만약 루이스 캐럴이나 로알드 달처럼 좋아하는 어린이책 작가가 있다거나 초판본을 수집한다면 이야기는 달라진다. 내가 가장 많은 시간을 보낸 곳은 1989년 8월에 문을 연 '마치팬'marchpane이다. 루이스 캐럴의 책을 집중적으로 수집하고 판매하는 책방으로『이상한 나라의 앨리스』와『거울 나라의 앨리스』는 특히 수백 가지 판본이 있다. 이웃한 책방 '거울 나라의 앨리스'Alice Through the Looking Glass에서도 책과 다양한 앨리스 테마 상품을 판매한다.

영국에서 오래 공부한『백 년 전 영국, 조선을 만나다』의 저자 홍지혜 선생과 월요일 아침 10시 반 '마치팬' 앞에서 만났다. 책방 문은 닫혀 있었다. 구글 지도 영업 시간 안내를 믿었다가 허탕을 칠 때가 종종 있다. 홍 선생의 단골 카페 '노트'notes에서 플랫화이트를 마시며 한참 시간을 보내다 미련이 남아 다시 가보기로 했다. 여행자에게 다음이란 없지만 행운이란 게 있으니까.

마침 문을 여는 중이었다. 책방 안을 둘러보다 뭔가 기념이 될 책을 사고 싶어 혹시『비밀의 정원』이 있느냐는 질문으로 인사를 시작했다. 몇 마디 대화를 나눈 뒤 책방 주인은 이내 유리 진열장 속 희귀본『이상한 나라의 앨리스』를 한 권씩 꺼내며 무한한 설명을 이어갔다.

그 가운데는 1924년 나치 치하 유대인들이 아이들을 교육하기 위해 『이상한 나라의 앨리스』를 히브리어로 번역 출간한 책도 있었다. 한 권의 책에 당대의 유명한 일러스트레이터 아서 래컴, 찰스 로빈슨 그리고 독일 유대계 작가까지 무려 세 명의 그림이 들어 있다. 히브리어 단어를 러시아어, 독일어, 폴란드어, 영어 등으로 번역한 부록도 담겨 있다. 출간 당시 2천 부를 인쇄했다고 했다. 그야말로 '인터내셔널' 판본이며 희귀본이다. 가격은 얼마일까. 5천 파운드, 우리 돈으로 800만 원이 넘는다. 기겁을 하며 좀 싼 거 없느냐고 솔직하게 물었다. 100파운드 미만으로, 초판본이 아니어도 괜찮다는 조건을 내걸었다.

로알드 달의 『마녀를 잡아라』와 『찰리와 거대한 유리 엘리베이터』가 내 주머니 사정에 맞았다. 1973년 출간된 『찰리와 거대한 유리 엘리베이터』의 2쇄본을 50파운드에 샀다. 로알드의 달의 모든 작품에는 퀸틴 블레이크의 일러스트가 담겨 있는데 이 책에는 페이스 자크가 그림을 그렸다. 왠지 귀해 보였다. 여기서부터 이야기가 재미있어진다.

주인은 탁월한 선택이라고 치켜세우더니, 자신이 열네 살 때부터 페이스 자크가 1997년 죽을 때까지 팬레터를 주고받았다는 후일담을 들려주었다. 그는 열 살 무렵 『찰리와 초콜릿 공장』을 읽었는데 그때 페이스 자크의 일러스트에 매료되었다. 인쇄술이 발달하기 전 어린이책은 당연히 흑백 인쇄였다. 페이스 자크의 일러스트는 펜과 잉크를 사용해 해칭 기법으로 그린 흑백 선화였는데 섬세하고 아름답다. 그는 영국에 『찰리와 초콜릿 공장』이 처음 출간될 때 삽화를 맡은 작가로 유명하다. 주인은 페이스 자크의 일러스트가 담긴 『찰리와 초콜릿 공장』의 초

세실 코트의 어린이책 전문 책방 '마치팬'과 '거울나라의 앨리스',

'마치팬'의 주인 매튜 이브와 책방 실내 전경.

'마치팬'에서 산 1973년 출간된 『찰리와 거대한 유리 엘리 베이터』의 2쇄본 표지와 본문.

판본은 4~5천 파운드를 지급해야 한다는 사실도 귀띔했다.

나에게 이런 이야기를 들려준 이 남자의 이름은 매튜 이브Matthew Eve다. 30년 넘게 '마치팬'을 운영한 주인이자, 옥스퍼드대학교에서 예술사 박사 학위를 받은 프리랜서 전시 큐레이터이자, 작가이며 역사가이자 삽화가다. 2013년 영국 도서관에서《삽화가 있는 고전 어린이책》Picture This: Children's Illustrated Classics 전시회를 큐레이팅한 어린이책 일러스트 전문가였다! 책방 주인들의 이력이 만만치 않다는 사실은 유럽 책방을 돌아보며 두고두고 깨닫게 되지만, 이때는 그저 놀랍기만 했다.

"1800년대 후반 책방과 출판사들이 자리를 잡기 시작한 세실 코트에는 백 년 넘은 '왓킨스'가 역사성을 증명해주고 있고, 1999년 문을 연 '골즈버러'는 엄혹한 환경 속에서도 꾸준히 성장하고 있다."

1800년대 후반 세실 코트에는 책방과 출판사들이 자리를 잡았다. 백 년이 넘은 책방 '왓킨스'watkins books가 이 거리의 역사성을 증명해주고 있다. 1893년 3월, 존 왓킨스John M. Watkins가 채링크로스 26번지에서 헌책방을 시작해 1901년 지금의 자리인 세실 코트 21번지로 이사했다. 런던 채링크로스 거리를 대표하는 책방 중 하나인 '포일스'Foyles도 1903년 세실 코트에서 시작해 채링크로스로 자리를 옮겼다. '포일스'를 창업한 윌리엄William Foyle과 길버트 포일Gilbert Foyle 형제가 존 왓킨스에게 돈을 빌려 급여를 지불한 적도 있다고 한다.

'왓킨스'는 아일랜드 시인 예이츠와 동화 『제비호와 아마존』 시리즈로 유명한 아서 랜섬의 단골 책방으로 유명하다. 아서 랜섬의 자서전 『런던의 보헤미안』*Bohemian in London*에 이 시절 이야기가 나온다. 작가 지망생이었던 그는 1902년 런던으로 무작정 올라와 '유니콘 프레스' 출판사에서 사환으로 일했다. 사장인 어니스트 올드미도우는 그저그런 출판인이었지만 운명이란 오묘하여 미래의 작가가 문학 수업을 했던 곳으로 역사에 남았다. 아서 랜섬은 세실 코트에 있는 출판사에서 일하며 '왓킨스'를 드나들었다. '왓킨스'는 백 년을 이어오는 동안 주인이 여러 번 바뀌었다.[01] 하지만 책방의 정체성은 줄곧 이어졌다. '왓킨스'에 가면 영성책뿐 아니라 부처, 부적, 타로, 보석, 명상 쿠션, 요가 매트, 싱잉볼 등 영성과 관련 있는 모든 것이 있다. 특히 가장 큰 규모의 타로 컬렉션이 책방의 자랑이다. 서울 금호동에 있는 '카모메 그림책방'은 '타로카드로 당신을 읽습니다. 그림책으로 당신을 위로합니다'라는 캐치프레이즈를 내걸고 독자를 만난다. 이런 컨셉트의 원조가 '왓킨스'다. 원한다면 여기에서 타로점을 칠 수도 있다.

세실 코트의 '골즈버러'Goldsboro Books도 특이하다. 1999년에 문을 연 이곳은 작가 사인이 담긴 양장본 초판이 전문이다. 도서 수집가였던 데이비드 해들리David Headley와 다니엘 거든Daniel Gedeon은 자신들이 수집한 초판본을 거래해보고 자신감을 얻은 뒤 책방을 시작했다. 기름진 포도밭을 팔아야 성서 한 권을 사던 중세는 아니지만 '덕심'이 가득한 독자가 아니라면 감당하지 못할 금액으로 초판본을 판매한다. 희소성이 클수록 가격이 치솟는다. 마틴 에이미스가 1975년 발표한 소설 『죽은 아기들』*Dead Babies* 의 초판본은 250파운드, 우리 돈으로 약 40만 원이다. 500부를 발행한 조앤 롤링의 『해리 포터』 초판본은 부르는 게 값이다. 해리티지 옥션에서 2억 원 넘는 가격에 팔리기도 했다. 잠금 장치를 채운 유리 진열장에 저자 사인 초판본을 고이 모셔둔 이유다. 상태가 좋을수록, 초판 부수가 적을수록 인기가 높다. 갑자기 관련 영화가 개봉하면서 값이 오를 때도 있다. 유명 인사가 소장했다는 사연이 붙기라도 하면 값은 더 올라간다.

데이비드 해들리는 영국, 프랑스, 미국, 호주, 일본에서 2만 명 가까운 회원이 온라인 주문을 한다고 했다. 회원이 되면 정가에서 15퍼센트 할인된 가격으로 매월 책방이 선택한 저자의 서명본 초판본을 받을 수 있다. 책방 전용 한정판으로 매주 많은 작가들이 서명을 위해 책방을 방문하고 작가와 함께하는 이벤트도 진행한다. 이 책방이 2000년대 이후 엄혹한 출판 환경 속에서도 꾸준히 성장한 까닭도 이런 희귀성 때문이다. '골즈버러'는 세실 코트 외에 브라이튼에도 지점을 열었다.

"살인적인 런던 물가에도 많은 책방이 오래 한자리를 지킬 수 있었던 건 다른 이유 덕분이다. 우리로 치면 건물주의 철학이 남다르기 때문이다. 말하자면 영국 지배층의 현명한 현실주의의 결과인 셈이다."

희귀본 가격에 턱이 빠질 지경이었지만 순간 궁금증이 일었다. 런던의 물가는 살인적이다. 런던에서 한 달을 살려면 우리 돈으로 약 200만 원

'왓킨스' 안팎 전경.

'골즈버러' 전경.

월세는 각오해야 한다. 런던 하고도 센트럴, 그 가운데에서도 유동 인구 많은 세실 코트 임대료는 당연히 높을 테다. 아무리 고가의 희귀본을 판다지만 '마치팬'이나 '골즈버러'가 30년 동안 한자리에서 영업을 지속하는 건 결코 만만한 일이 아니다.

'마치팬'의 매튜 이브는 『이상한 나라의 앨리스』는 특히 일정한 팬이 형성되어 있다고 했다. 게다가 골동품처럼 시장이 형성되어 책의 종류나 상태에 따라 가격 책정이 가능하다. '코로나19' 팬데믹 동안에는 『이상한 나라의 앨리스』 초판본을 팔아 임대료를 내기도 했다고 했다. 앨리스 마니아인 고트족 여성이 4천 파운드를 한 번에 쓰고 갈 때도 있었다고 했다. '골즈버러'의 데이비드 해들리는 초판본 판매를 두고 런던 중심가인 세실 코트에서 무지막지한 임대료를 감당하며 살아남기 위해서 책의 가치를 높일 방법을 고민한 결과라고 답하기도 했다.

하지만 이들이 이곳에서 오래 자리를 지킬 수 있었던 건 다른 이유 덕분이다. 우리로 치면 건물주의 철학이 남다르기 때문이다. 세실 코트는 제1대 솔즈베리 백작 로버트 세실의 후손인 세실 가문이 여전히 소유하고 있다. 세실 가문의 솔즈베리 로버트 개스코인 세실은 19세기 영국 보수당을 이끈 정치인으로 유명하다. 그는 더비 에드워드 스탠리, 벤저민 디즈레일리에 이어 보수당을 이끌었으며 '진보적 보수주의자'로 불린다. 이들은 선거권을 확대했고, 산업재해 노동자의 치료비를 사업주가 부담하는 노동자 재해 보상 제도 도입, 무상교육을 실시하는 보통학교 교육법 실시 등 우리가 아는 보수주의자와는 사뭇 다른 길을 걸었기 때문이다.[02] 이런 전통 때문인지 세실 가문에서는 세실 코트에 체인

상점들 대신 개성 있는 독립 상점이 자리잡기를 원했다.

고지도 등을 판매하는 '브라이어스앤드브라이어스'Bryars&Bryars의 팀 브라이어스는 '상업적으로 가능한 임대료'commercially viable rent를 내고 있다고 말했다. 전문 분야가 확실한 개성 있는 독립 상점들이 살아남으려면 다른 무엇보다 충성도 높은 고객과 현실적으로 감당할 만한 수준의 임대료가 선결 과제라는 당연한 사실을 세실 코트에서 다시 한번 확인할 수 있었다.

이런 세실 가문의 의지를 단순히 미담이나 개인의 선의로만 볼 일이 아니다. 영국은 프랑스대혁명과 선거법 개정 투쟁 등의 시대를 겪으며 온건한 개혁을 이루어왔다. 혁명을 두려워한 영국의 지배층은 '보수를 위한 개혁'[03]을 추구해왔고, 세실 가문의 철학은 그런 과정을 통해 체득한 도덕적 전통이라고 할 수 있겠다. 서양사학자 박지향은 『영국적인 너무나 영국적인』에서 '19세기 영국 지식인의 핵심 가치는 도덕적 의무감'이라고 말한 바 있다. 간단히 말해 평민을 위한 노블레스 오블리주는 이들에게 내재화된 전통이다.

런던 도심에는 하이드 파크를 비롯해 켄싱턴 가든, 리첸트 파크, 리치먼드 파크 등 여덟 곳의 큰 공원이 있는데 하나같이 왕실 소유다. 영국 왕실과 귀족들이 영지 소유권은 갖되 공공을 위해 개방하거나 양보하는 사례는 보기 어렵지 않다. 말하자면 영국 지배층의 현명한 현실주의의 결과인 셈이다. 생각이 여기에 이르자 영국 책방을 살피는 일이 만만치 않겠다는 생각이 들었다. 문화와 전통이란 어느 날 뚝 떨어지는 게 아니라 오랜 시간을 공들여 훈련한 결과가 아니던가.

채링크로스 거리의 여왕이며, 독재자의 책방

_런던, '포일스'

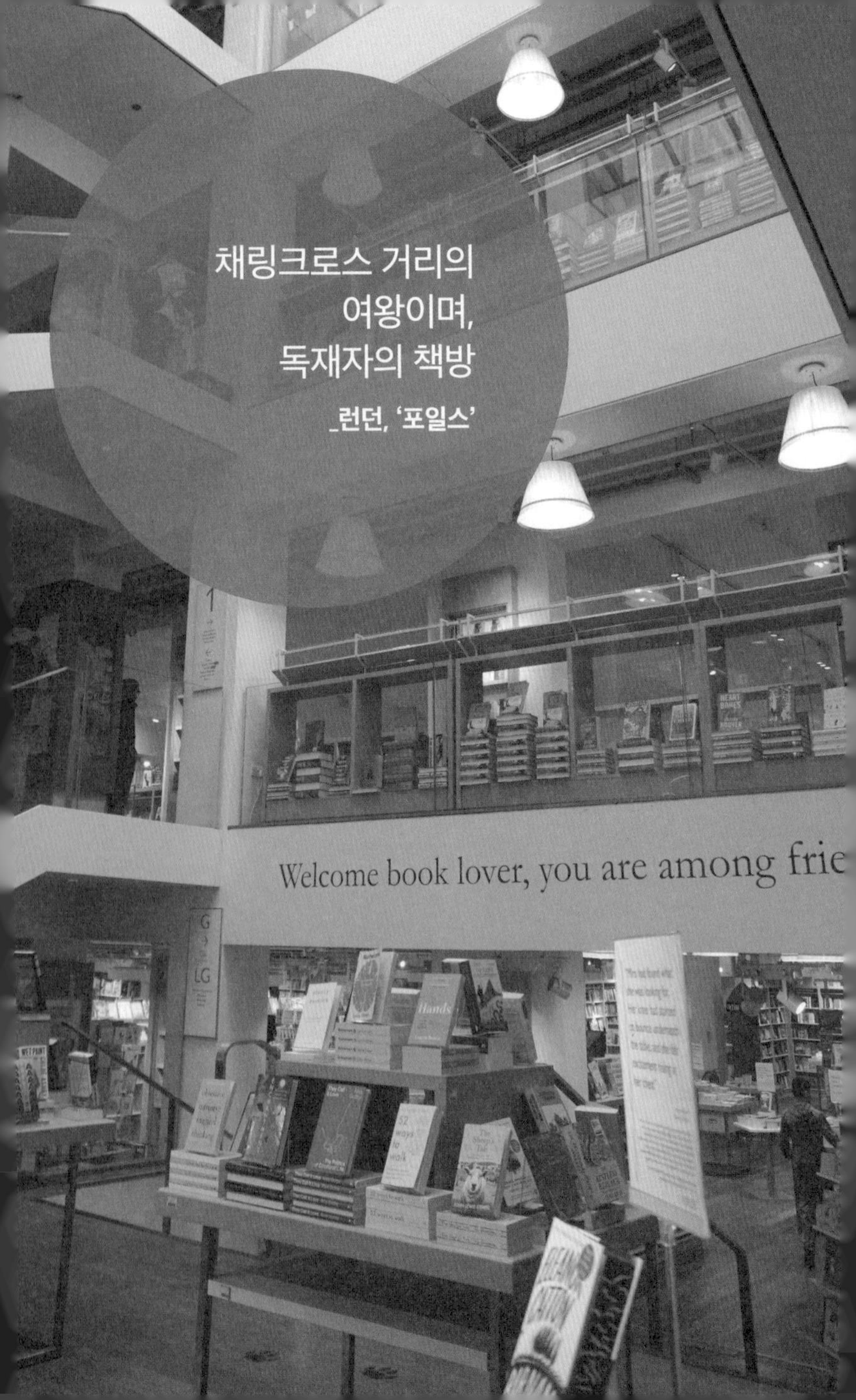
Welcome book lover, you are among frie

“런던 채링크로스 거리를 대표하는 책방 중 하나인 ‘포일스’, 평생을 이곳에 바친 크리스티나 포일은 한편으로는 포일스의 영광을, 또 한편으로는 포일스의 악명을 만들어낸 여왕이자 독재자였다.”

영국에서 가장 오래 재위한 국왕은 엘리자베스 2세다. 1952년부터 2022년까지 무려 70여 년 동안 왕좌에 머물렀다. 그가 왕으로 군림하던 시기, 서점업계에도 버금가는 여왕이 있었다. 창업자인 아버지 윌리엄 포일의 뒤를 이어 1960년대부터 ‘포일스’의 경영을 책임진 크리스티나 포일Christina Foyle이다.

런던 채링크로스 거리를 대표하는 책방 중 하나인 ‘포일스’는 1903년 윌리엄과 길버트 포일 형제가 시작했다. 형제는 공무원 시험을 준비하다 실패하자 그동안 공부했던 교과서를 집에서 팔았다. 생각보다 잘 팔리자 고무된 형제는 본격적으로 사업을 시작했다. 세실 코트 16번지에서 시작했다가 번창하자 1906년 채링크로스 135번지로 이전한다. 이 자리에서 20세기 내내 번영을 누렸다.

『건지 감자껍질파이 북클럽』은 제2차 세계대전 중 독일군에 점령당했던 영국해협의 건지 섬 사람들과 런던에 살던 줄리엣이 편지를 주고받는 형식의 소설이다. 2018년 영화로도 만들어졌는데 초반부에 줄리엣이 책방에서 독자와 만나는 장면이 나온다. 이때 등장한 책방이 ‘포일스’다. 전쟁 후 런던을 대표하는 책방이라면 당연히 ‘포일스’였을 테니 당연한 설정이다. 당시 남아 있던 자료를 바탕으로 영화 속 책방을 재현했을 텐데, 검은 바탕에 금색으로 쓴 ‘포일스’ 로고가 선명하다. 구미

FOYLES
FOYLES
WELCOME TO FOYLES
UK Bookseller of the Year 2008
FOYLES for BOOKS
PRESENTS

채링크로스 135번지에 있던 2012년 당시 '포일스' 전경. 위키미디어.

'삼일문고'의 김기중 대표는 책방을 시작하기 전 세계 책방을 돌아보았다. 그는 검은 바탕에 흰 글씨로 분야를 안내하는 '포일스'의 인덱스 디자인을 인상깊게 보았다. 2024년 전체 인덱스 디자인을 교체하기 전까지 '삼일문고'는 이 디자인을 사용했다. 물론 지금도 '포일스'에 가면 이 디자인을 만날 수 있다.

다른 곳에서 만날 수 없는 '포일스'다운 모습은 이것만이 아니다. 크리스티나 포일은 열일곱 살이던 1928년부터 책방에서 일했다. 계산대에서 일하고 있는 그에게 어느 날 한 중년의 남자 손님이 기차 여행 중에 읽을 책 한 권을 추천해달라고 했다. 크리스티나는 좋은 책이라며 『포사이트가의 이야기』*The Forsyte Saga*를 권했다. 손님은 군말 없이 책을 사서 나갔다가 이내 다시 들어와 크리스티나에게 자신이 산 책을 내밀었다. 책에는 이런 글귀가 적혀 있었다.

"내 책을 좋아해준 젊은 아가씨를 위해 - 존 골스워디"

1932년 노벨문학상을 수상한 작가 존 골즈워디John Galsworthy가 책을 사러 왔다가 자신의 책을 추천한 크리스티나에게 감동해 고마움을 전한 것이다. 서점원이 독자의 마음을 아는 것이 얼마나 중요한지를 잘 보여준다.

유명 작가를 직접 만나는 게 얼마나 홍분되는 일인지를 경험한 크리스티나는 여기에서 영감을 얻어 1930년부터 매달 독자와 작가가 만나는 문학 오찬 모임을 기획했다. 호텔에서 열린 이 모임을 두고 교양을 과시하고 싶은 여성들이 모여든다며 비웃는 이들도 없진 않았지만 모임은 늘 성황을 이루었다. 초청 인사의 면면도 대단했다. 얼핏 눈에 띄는 이름만 해도 『타임머신』, 『투명 인간』을 쓴 허버트 조지 웰스, 영국의 바이올리니스트이자 지휘자인 예후디 메뉴인 남작, 설명이 필요없는 찰리 채플린, 『채털리 부인의 사랑』을 쓴 D. H. 로렌스, 프랑스 샤를 드골 대통령, 영국 최초의 여성 총리이자 철의 여인으로 불린 마거릿 대처, 해럴드 맥밀런 전 영국 총리, 노벨문학상을 수상한 아일랜드계 작가 조지 버나드 쇼 등등이다. 덕분에 크리스티나와 '포일스'는 언론의 집중 조명을 받았다. 사업가 기질을 타고난 그다운 기획이었다.

그런 그는 "'포일스'의 독재자'로도 불렀다. 약 48킬로미터에 이르는 세계에서 가장 긴 책꽂이를 지닌 책방으로 기네스북에도 올랐던 터라 사람들은 '포일스'에 가면 없는 책이 없다고 여겼다. 이른바 '30마일 서가'를 포함, '포일스'에는 무려 400만 권 이상의 책이 있었다. 그런데 책을 찾기가 무척 어려웠다. '포일스'의 서가는 작가나 주제가 아닌 출판사 이름이 기준이었다. 출판사 이름을 모르면 원하는 책을 찾기 어려우니 일반 독자들에게는 참으로 불친절한 서가였던 셈이다.

경영이 어려워지면서 크리스티나는 인건비를 줄이기 위해 전문 지식을 기대할 수 없는 저임금 직원을 고용했다. '포일스'에서는 독자만이 아니라 서점원도 책을 찾지 못했다. "『율리시스』는 어디에 있느냐"는 손님의 질문에 "율리시스는 점심 먹으러 갔다"고 답했다는 소문이 돌 지경이었다. 제임스 조이스의 대표작을 서점원이 몰랐던 것이다. 그래서 그랬을까. 채링크로스에 있던 또다른 책방 '딜런스'는 한때 버스 정류장에 이런 광고 문구를 내걸었다.

> "포일스에 가서 또 당하셨나요? 딜런스로 가보세요!"
>
> (Foyled again? Try Dilons!)

"어쩌면 그는 빅토리아 시대 책방의 모습을 고스란히 간직하고 싶었는지도 모른다. 독자는 아니었다. 대형 체인서점의 편리함을 이미 경험한 독자에게 '포일스'는 책으로 가득한 낡고 어두운 책방일 뿐이었다. '포일스'의 변화는 크리스티나가 세상을 떠난 뒤에야 비로소 가능했다."

크리스티나는 끝까지 책방에 전자 계산대를 설치하지 않았다. 손님이 책을 사려면 줄을 세 번 서야 했다. 우선 구매서를 받기 위해 줄을 선다. 구매서를 받은 다음에는 그걸 들고 돈을 내기 위해 줄을 선다. 그런 뒤 책을 받기 위해 줄을 선다. 크리스티나가 계산대의 직원을 믿지 못해서 그랬다고 한다. 1990년 11월 22일 대처 전 총리가 수상직에서 물러났을 때였다. 사람들은 크리스티나에게 이에 대해 물었다. 그는 이렇게 답했다.

> "안타깝네요. 다행히 나는 쫓겨나지 않아요. 책방은 내 거니까요."

크리스티나 포일의 책방 운영 방식은 지금 독자의 입장에서는 선뜻 이해하기 어렵다. 세상물정 모르는 고집과 아집처럼 여겨지기도 할 것이다. 하지만 꼭 그렇게 볼 일만은 아니다. 1980~1990년대 영국 서점업계는 대형 체인서점이 생기며 극심한 변화가 일어났다. 평생 '포일스'의 영광과 함께 살아온 크리스티나로서는 달라진 환경을 이해하기도, 받아들이기도 어려웠을 것이다. 어쩌면 그는 '포일스'의 전통을 유지하고 빅토리아 시대 책방의 모습을 고스란히 간직하고 싶었는지도 모른다. 그러나 독자는 아니었다. 대형 체인서점의 편리함을 이미 경험한 독자에게 '포일스'는 책으로 가득한 낡고 어두운 책방일 뿐이었다. '포일스'의 변화는 크리스티나가 세상을 떠난 뒤에야 비로소 가능했다.

크리스티나는 자녀가 없었다. 1999년 그가 세상을 떠난 뒤 경영권은 조카인 크리스토퍼 포일에게 넘어갔다. 크리스토퍼는 뒤늦게 '포일스'의 현대화를 시작했으나 상황이 녹록지 않았다. 2000년대 초부터 이어진 온라인서점의 맹공이 만만치 않았다. 2007년 처음으로 외부 전문 경영인을 영입했다. 첫 번째 CEO는 회계사에서 기업가로 변신한 샘 후세인이었다. 그는 '30마일 서가'부터 정리했다. 당연한 말이지만, 책방의 서가는 개인 서재가 아니다. 서가에 오래된 책이 가득하면 보기야 좋을지 모르지만 책방은 앉은 자리에서 손해를 본다. 후세인은 무려 100만 파운드가량의 재고를 정리했다. 그렇게 해서 새로 생긴 공간에 팔릴 만한 신간을 채워넣었다. 그는 또한 서점원들이 자기가 맡은 분야를 자신의 책방으로 여기길 바랐다. 이를 위해 자율성을 부여했다. 전문 지식을 최대한 활용해 책임지고 책을 매입하고 진열하도록 격려했다.

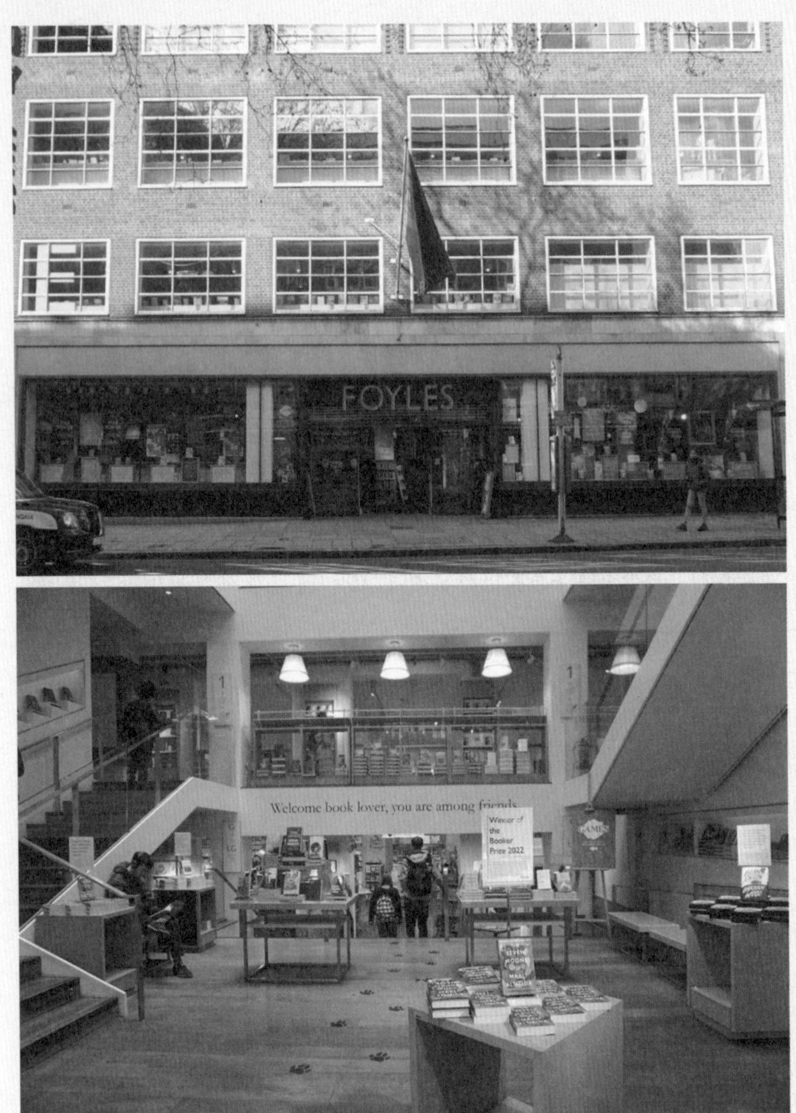

채링크로스 107번지에 있는 2023년 '포일스' 안팎 전경.

Vienna
WILD EUROPE
Wine Atlas of Germany
Europe
Europe
Europe

A-Z by Author
CRIME
Crime Fiction
CRIME
SCI-FI & FANTASY
SCI-FI & FANTASY

'포일스' 서가 인덱스

나아가 샘 후세인은 채링크로스 본점에만 머물지 않고, 런던 시내 네 곳을 비롯해 브리스톨과 버밍햄까지 지점을 넓혔다. 2014년에는 100년 이상 머물렀던 채링크로스 135번지를 벗어나 이전했다.

국내에서 크리스티나 같은 여성 서점인을 찾기란 쉽지 않다. 서울 혜화동 로터리 '동양서림'을 운영한 역사학자 이병도의 딸이자 화가 장욱진의 아내였던 이순경이 먼저 떠오른다. 그는 책방을 운영하면서 인근 학교의 교과서 공급원을 따냈고 그 덕분에 지금 건물을 매입했다. 이순경의 뒤를 이어 총무였던 최주보가, 지금은 그의 딸인 최소영이 책방을 운영한다. 1979년 수원역 지하상가에서 '경기서적'을 시작한 황군자도 있다. 지금은 아들인 선국규가 운영한다. 만약 이순경이나 황군자가 지금도 책방을 운영한다면 어떨까. 1980~1990년대 '포일스'를 운영한 크리스티나 포일과 비슷한 마음이 들지 않았을까.

채링크로스 107번지에 있는 '포일스'는 총 여덟 개 층을 책방과 카페 그리고 갤러리 등으로 사용한다. 서점 내부는 밝고 바람도 잘 통한다. 계단에 서면 책방 구조가 한눈에 들어올 만큼 개방감이 크다. 그게 다가 아니다. 여러 책방을 다녀본 독자 입장에서 보면 '포일스'는 향수에 젖게 한다. '책방의 시대'라고 불러도 좋았을 20세기 아날로그 책방의 아취가 남아 있다. 규모도 규모지만 예전 분위기를 구석구석 드러내고 있다. 내가 '포일스'를 방문했던 2023년에도 2층 음악 코너에는 아날로그 악보가 담긴 서랍이 벽면을 가득 채우고 있었다. CD는 물론이고 DVD도 당당히 한 코너를 차지했다. 여행서 매장에는 종이 지도가 가지런히 꽂혀 있었다. 스마트폰과 내비게이션이 종이지도를 대체한 지

오래인데 말이다. 한국의 대형 서점에서는 보기 힘든 모습이었다.

'포일스' 같은 책방이 오래도록 남아 있기를 바라는 마음이 크다. 하지만 2000년대 이후 영국의 책방은 한치 앞을 알 수 없을 만큼 변화가 컸다. 포일 가만 해도 이제 '포일스'의 주인이 아니다. 2018년 포일가는 유럽 최대 체인서점으로 꼽히는 영국 '워터스톤스'에게 '포일스'의 주인 자리를 넘겼다. 다행스럽게도 제임스 돈트가 수장으로 있는 '워터스톤스'를 포함한 영국의 오프라인 서점은 온라인서점과 치열한 경쟁을 거치며 서점다운 서점으로 회귀 중이다.

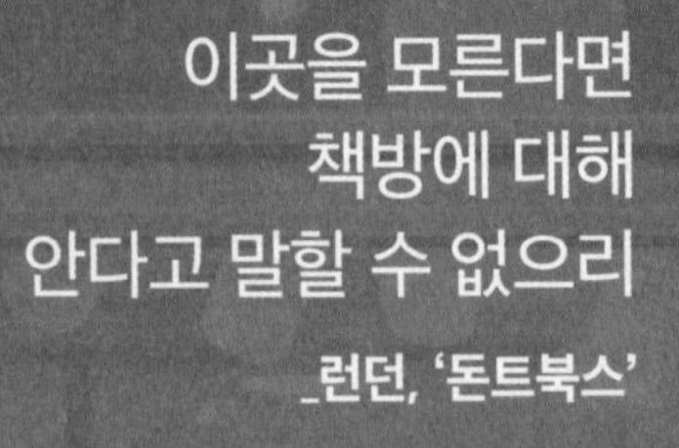

이곳을 모른다면
책방에 대해
안다고 말할 수 없으리

_런던, '돈트북스'

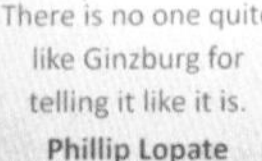

There is no one quite like Ginzburg for telling it like it is.
Phillip Lopate
Ginzburg gives us a new template for the female voice and an idea of what it might sound like.
Rachel Cusk
I'm utterly entranced by Ginzburg's style – her mysterious directness, her salutary ability to lay things bare that never feels contrived or cold, only necessary, honest, clear.
Maggie Nelson
As direct and clean as if it were carved in stone, it yet speaks thoughts of the heart.
The New York Times
VALENTINO
SAGITTARIUS

"임대료 비싼 곳에 매장을 열고 제임스 돈트는 끊임없이 머리를 싸매고 고민을 해야 했다. 어떻게 해야 독자들이 책방에 올 것인가. 이 시절 돈트의 고민이자 오늘날 우리의 고민이다."

책 좋아하는 이들이 대책 없이 빠져드는 공통 품목이 있다. 연필, 펜, 노트 등의 문구류다. 하나를 더하면 에코백이다. 정확히는 캔버스 가방이다. 그래서인지 책 관련 상품으로 많이 나온다.

책방 중에서 캔버스 가방으로 유명한 곳을 들라면 우선 뉴욕의 오래된 책방 '스트랜드'Strand가 있다. '스트랜드'는 2022년 이탈리아 명품 브랜드 '보테가 베네타'가 협업 요청을 할 만큼 타원형 로고를 이용한 캔버스 가방이 널리 알려져 있다.

런던의 '돈트북스'Daunt Books도 이에 못지않다. 2008년 벨기에 스타 모델 아누크 르페르가 명품 가방 대신 '돈트북스'의 캔버스 가방을 들고 있는 사진이 화제가 됐다. 드라마 「셜록」 시리즈의 베네딕트 컴버배치와 영화 〈해리 포터〉 시리즈, 〈킹스 스피치〉, 〈더 크라운〉 등에 출연한 헬레나 본햄 카터 등 이른바 세계적인 유명 인사들도 '돈트북스'의 캔버스 가방을 자주 메고 다닌다. 하물며 서울에서도 '돈트북스' 가방을 든 이들을 자주 볼 수 있다. 뭔가 다른 취향을 드러내고 싶을 때 탁월한 소품 중 하나다. '돈트북스'의 캔버스 가방은 인도 남부 여성과 농부를 돕기 위해 만든 사회적 기업 '리랩'RE-WRAP의 유기농 면으로 만든다. 두 가지 크기에 총 여덟 가지 색이 있다. 크기가 큰 것은 15유로다. 메릴리본에 위치한 책방을 방문한 날, 나 역시 '돈트북스' 캔버스 가방을 여러 개 샀다.

'돈트북스'는 오늘날 전 세계에서 가장 유명한 책방 중 하나다. '돈트북스'를 모른다면 책방에 대해 안다고 말할 수 없을 정도다. 책방의 고유한 아름다움은 물론이고 창업자인 제임스 돈트의 명성이 더해진 결과다. 원래 그의 직업은 은행원. 1985년에서 1988년까지 미국 'JP 모건'에서 근무했다. 평범한 직장인이었던 그가 서점인이 된 계기는 로맨틱하다. 여자친구가 돈트에게 개인 시간도 없이 회사 일에 매달려 살지 말라고 권유했던 것. 결국 돈트는 26살에 직장을 그만두고 자신이 좋아하는 일이 무엇인지 생각했다. 결론은 독서와 여행. 그는 이 두 가지를 할 수 있는 책방을 하기로 결심했다.

'돈트북스'는 1990년 런던 메릴리본에서 여행 책방으로 시작했다. 출발부터 삐걱거렸다. 매장을 임대할 때만 해도 영국 경제는 호황이었다. 책방을 열자마자 영국 경제의 거품이 꺼지고 불경기가 시작됐다. 곧 임대료를 감당하기 힘들어졌다.

'돈트북스'가 자리를 잡은 메릴리본은 베이커 스트리트 221B번지에 있는 셜록 홈스 박물관 그리고 리젠트 파크와도 가까워 관광객이 많은 지역이다. 로알드 달 박물관과 옥스퍼드 행 기차를 탈 수 있는 메릴리본 기차역도 근처다. 이 지역을 방문하기 전까지는 나는 메릴리본이 얼마나 세련된 주거지인지 몰랐다.

영국 도심 곳곳에는 예컨대 '테스콘'이나 '세인즈베리' 같은 저가 슈퍼마켓 체인이나 '그렉스' 같은 저가 도넛 체인 등이 반드시 있다. 메릴리본은 그렇지 않았다. 저가 상품을 내세운 체인상점 대신 세련되고 럭서리한 상점, 소방서를 개조한 고급 호텔이 있었다. 한마디로 고급 주거지이자 노른자 상권 지대다. 거리를 돌아다니다 부동산에 내걸린 주택 임대료를 확인하고 입이 떡 벌어졌다.

긍정적으로 생각하자면 여유 있는 독자가 많아 책방에 유리할 수도 있지만, 부유하다고 무조건 책방을 찾아와 지갑을 열지는 않는다. 임대료 비싼 곳에 매장을 열고 제임스 돈트는 끊임없이 머리를 싸매고 고민을 해야 했다. 어떻게 해야 독자들이 책방에 올 것인가. 이 시절 돈트의 고민이자 오늘날 우리의 고민이다.

"대형 체인서점 매대는 출판사의 입김으로 만들어지지만 '돈트북스'는 직원들의 안목과 단골 고객의 리뷰로 꾸며진다."

'돈트북스'는 19세기 말에서 20세기 초에 지어진 오래된 책방 '프랜시스 에드워드'가 자리했던 건물을 리모델링했다. 대개의 영국 상점, 나아가 영국 주택들이 그렇듯 '돈트북스' 전면부는 작고 소박해 보이지만 막상 들어가면 규모가 크다.

책방 앞쪽은 신간과 어린이책 코너다. 'Through to Books Arranged by Country'라는 문구를 기점으로 공간이 나뉜다. 책방 중앙부에서 계단을 오르면 참나무로 만든 2층 발코니 서가로 이어진다. 여기서 내려다 보는 책방 풍경이 '돈트북스'의 랜드마크다. 책방을 찾는 이들은 너나 할 것 없이 발코니에 서서 이 풍경을 사진으로 담는다. 영국의 『데일리텔레그래프』는 '세상에서 가장 아름다운 책방' 중 하나로,

『가디언』은 '세계 10대 책방' 중 한 곳으로 '돈트북스'를 선정했다.

'Through to Books Arranged by Country'를 기점으로 책방 중앙부는 책을 장르가 아닌 대륙별, 국가별로 진열한다. 예컨대 크로아티아, 그리스, 일본, 한국 등 나라 이름으로 구분한 서가에 그 나라와 관련 있는 소설, 에세이, 여행서가 있다. 처음에는 국가별 큐레이션이 뭐 그리 대단할까 싶었다. 막상 '돈트북스'에 가서 진열된 책을 보자 생각이 달라졌다. 만약 네덜란드 서가를 만든다고 생각해보자. 네덜란드를 대표하는 문학 작품을 골라야 하고 여행 안내서와 네덜란드를 잘 보여주는 뛰어난 에세이와 역사와 사회 문화 전반에 관한 책을 골라야 한다. 한 나라의 정수를 보여주는 큐레이션이다. 런던의 독자들도 이곳을 찾지만 전 세계에서 이곳을 찾아오는 이들도 엄청나다. 그들은 이곳에서 자신들의 나라에 대해 어떻게 책을 큐레이션해뒀는지 확인할 것이다. 책방으로서는 그런 이들의 눈높이에도 신경을 쓰지 않을 수 없다. 들어가는 품이 만만치 않을 테다. 그 덕분에 독자들은 '돈트북스' 서가를 따라가기만 하면 여러 나라를 여행하는 즐거움을 누릴 수 있다.

'돈트북스'의 강점은 풍경과 큐레이션이 다가 아니다. 뭐니뭐니해도 '돈트북스'는 책을 잘 파는 책방이다. 총괄 매니저 브렛 울스턴 크로프트는 제임스 돈트의 친구이자 전직 변호사다. 그는 '돈트북스' 강점 중 하나로 진열장 진열을 예로 들었다. 국내 대형 서점들처럼 영국 대형 체인서점들도 출판사에서 돈을 받고 서점 공간을 판다. 광고 매대를 운영하는 것이다. 또한 중앙에서 구매 담당자가 책을 대량으로 주문한 뒤 기계적으로 전 지점에 내려보내는 것이 일반적이다.

'돈트북스'는 관행으로 여겨지던 이런 방식을 받아들이지 않았다. 서점원이 책을 보고 난 뒤 주문을 하면 그 가운데 한 권을 골라 진열장에 집중 진열했다. 울스턴 크로프트는 '대형 체인서점 매대는 출판사의 입김으로 만들어지지만 '돈트북스'는 직원들의 안목과 단골 고객의 리뷰로 꾸며진다'며 자부심을 내보였다. 그는 또한 "'돈트북스'의 멤버십 회원들이 쓴 리뷰는 일반 고객들의 흥미를 이끌어내는 데 매우 유용하다'[04]고도 했다.

내가 갔을 때는 윌리엄 모리스 패턴의 천을 깔아놓고 그 위에 루이즈 케네디의 소설 『무단 침입 사건』*Trespasses*과 이탈리아 여성 작가 나탈리아 긴츠부르그의 작품을 집중 진열하고 있었다. 서울 연희동에 있던 '밤의 책방'이 2024년 연세대 동문 부근으로 이전하면서 책방을 시작한 지 7년 만에 두 개의 진열장을 갖게 되었다. 그렇게 갖게 된 진열장 한쪽에는 '10년 다이어리'를, 다른 한쪽에는 밤의 책방에서 출간한 『클리마』를 단독 진열했다. 이 모습을 보며 나는 '돈트북스' 방식을 떠올렸다.

'돈트북스'는 개점 5년 만에 매출 14억 원을 달성했다. 2010년에는 98억 원의 매출을 기록했다. 다섯 명 안팎이던 직원은 마흔 명으로 늘었다. 같은 해 절판된 책과 신간 문학서를 펴내는 동명의 출판사도 시작했다. 성장세는 이어졌다. 2022년 130억 원 규모의 매출을 기록했고, 직원은 60명이 넘었다. 메릴리본에서 시작했으나 이제는 런던과 인근 지역으로 확장해 총 여덟 개 지점을 거느린다. 런던의 홀랜드 파크, 칩사이드, 햄프 스테드, 벨 사이즈 파크와 옥스퍼드의 서머 타운에 '돈트북스' 지점이 있다. 여기에 하츠 북스, 아울북 숍, 말로북숍 등 기존의

Switch off
engine
Reduce
emissions
86
LIVY
DAUNT BOOKS
DAUNT BOOKS

AMERICA AFRICA
ASIA AUSTRALASIA

NATALIA GINZBURG
NATALIA GINZBURG

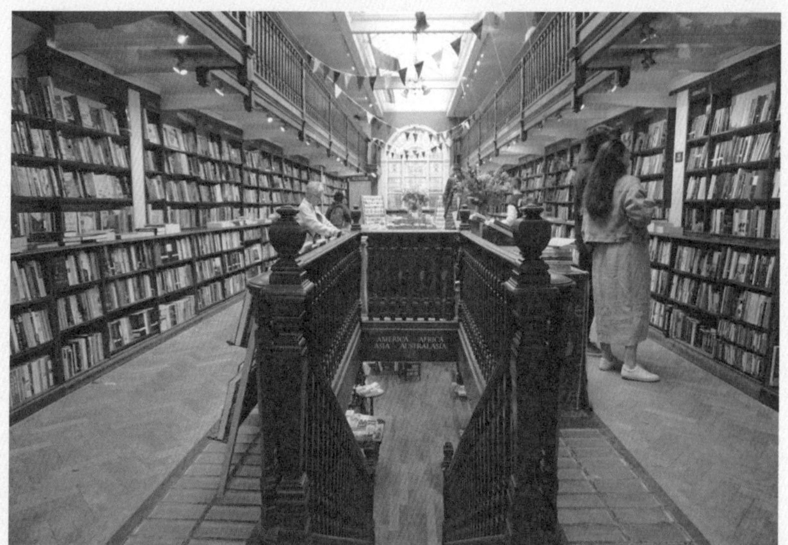

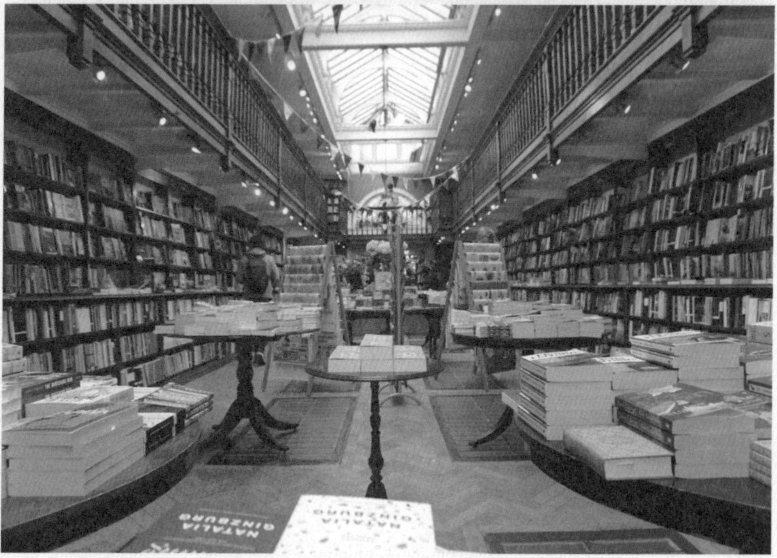

책방을 인수해 '돈트북스' 산하에 두기도 했다. 이들 책방은 자율적으로 운영하고 있다.

여기까지만 해도 이미 대단한 성공을 거뒀다. 하지만 여기에서 그쳤다면 성공한 여러 책방 중 하나였을 것이다. 20세기 영국 서점의 여왕으로 군림한 크리스티나 포일에 이어 제임스 돈트가 독립서점의 영웅이 된 이유는 따로 있다.

"돈트의 실험은 디지털 변혁기에 과연 책방이란 무엇인가에 대한 진지한 질문이다. 그의 전략의 핵심은 대형 체인서점의 운영 방식을 모두 폐기하고 책방 본연의 모습으로 돌리는 것이다."

1990년대 중·후반 신문에서 종종 '우리는 왜 '반스앤드노블' 같은 서점이 없는가'라는 기사를 만나곤 했다. 당시 나는 '반스앤드노블'이 준 만족감이 어떤 건지 정확히 이해할 수 없었다. 그런 서점을 본 적이 없으니 당연하다. 다만 서점 안에 카페가 있어 차를 마시며 책을 읽는다니, 신기했던 기억뿐이다. 한참 지나서야 그 만족감이 무엇인지 깨달았다. 초창기 '반스앤드노블'은 유서 깊은 독립서점을 그대로 베꼈다. 그런 책방들은 중산층 이상과 지식인이 즐겨 찾았고, 대체로 고급스러운 개인 서재에 앉아 있는 듯한 분위기를 풍겼다. '반스앤드노블'은 대형 체인서점이지만 부유층의 안락한 서재에 온 듯한 느낌을 주는 전략을 택해 성공했고 이후 공격적으로 지점을 늘렸다. 물론 그사이 미국의 많은 독립서점이 문을 닫았다.

세월이 흘러 이번에는 '반스앤드노블'이 수세에 몰렸다. 전자상거래 업체 '아마존'과 싸우다 만신창이가 됐고 2019년 여름 매각됐다. 인수자인 엘리엇 어드바이저는 가장 먼저 영국의 서점인 제임스 돈트를 불러들였다. 한낱 독립서점 대표를 거대 공룡 '반스앤드노블'의 경영자로 불러들이다니 무모한 일이다 싶지만 돈트는 이미 2011년 위기에 처한 유럽 최대 체인서점이자 영국 대형 체인서점인 '워터스톤스'를 흑자로 되돌린 실적이 있었다.

이로써 제임스 돈트는 '워터스톤스'에 이어 미국의 대형 체인서점 '반스앤드노블'을 책임지는, 세계에서 가장 주목받는 서점인이 됐다. 독립서점 대표인 돈트가 영국과 미국의 양대 체인서점을 책임진다는 점도 흥미롭지만 관전 포인트는 따로 있다. 돈트의 실험은 디지털 변혁기에 과연 책방이란 무엇인가에 대한 진지한 질문이다. 그의 전략의 핵심은 대형 체인서점의 운영 방식을 모두 폐기하고 책방 본연의 모습으로 돌리는 것이다.

1990년대 '반스앤드노블'이 대형 체인서점 사업을 본격화하며 노린 전략은 이전의 소형 체인서점과 달랐다. 과거 소형 체인서점은 베스트셀러와 잡지 등을 구매하는 간헐적 독자를 대상으로 했다. 반면 '반스앤드노블'은 전통의 독서인들을 포괄하는 서점다운 서점이 되고자 했다. 유서 깊은 독립서점에 가면 만날 수 있는 앤티크 스타일의 가구와 의자 그리고 도서관 같은 분위기를 대형 체인서점에서 연출했다. 누군가의 서재에 초대된 듯한 느낌을 주었던 독립서점의 분위기를 그대로

미국 앤아버의 '반스앤드노블' 전경. 위키커먼스

영국 케임브리지의 '워터스톤스' 전경.

베낀 것이다. 그렇게 승승장구하던 '반스앤드노블'은 그러나 자신들이 구사했던 가격 전략을 더 강화한 '아마존'과 싸우다 만신창이가 되었다.

결국 2019년 여름, 헤지 펀드인 엘리엇 어드바이저 사가 '반스앤드노블'을 6억 8,300만 달러에 인수했다. 그리고 앞서 말한 것처럼 '반스앤드노블'의 구원투수로 제임스 돈트를 영입했다. 이유는 간단했다. 2011년 '워터스톤스'의 경영 정상화를 위해 투입된 제임스 던트가 2017년 수 년 만에 첫 수익을 낸 성과를 믿었기 때문이다.[05]

"서점원 한 명이 얼마나 많은 책을 팔 수 있는가, 다시 말해 서점원의 전문성이 어느 정도냐는 매우 중요하다. 제임스 돈트는 첫 번째 성공 공식을 좋은 직원을 채용하는 것에서 찾은 셈이다."

대형 체인서점으로 살아남기 위한 기존 '반스앤드노블'의 주요 전략은 대량 구매였다. 중앙 본사에서 도서를 대량 구매하는 대신 입고율을 대폭 낮추는 방식으로 수익을 냈다. 이 시스템 안에서는 중앙의 직원이 구매를 결정한 도서가 전 지점으로 내려간다. 지점의 직원들은 본사에서 지정한 책을 받기만 하면 되었다. 굳이 전문성을 고려하지 않아도 되었다. 저렴한 임금을 주고 쓸 수 있는 임시 직원이면 충분했다.

창업 초기, 메릴리본에서 '돈트북스'를 운영하며 돈 벌 궁리를 하던 그 시절, 제임스 돈트는 "책방에서 일하는 사람에게 투자"해야겠다고 결심했다. 또한 "오래 일할 수 있는 환경을 만들고, 경력을 쌓을 수 있게

도우면서 상거래에 대해 교육하는 게 중요하다, 지적이고 열정적인 훌륭한 책방 직원이 훌륭한 책방도 만들 수 있다."[06]라고 결론을 내렸다. 1990년대 초 대세였던 영국의 '워터스톤스'나 미국의 '반스앤드노블'과 다른 길을 걷기로 결심한 것이다. '돈트북스'의 총괄 매니저 브렛 울스턴크로프트 역시 '돈트북스'와 체인서점의 차이는 "좋은 직원들을 고용하는 것"[07]으로부터 나온다고 말했다. '돈트북스'의 직원들은 체인서점보다 두 배 정도 높은 급여를 받았다고 한다. 책방 운영에서 인건비와 임대료 등 고정 비용이 얼마만큼의 비중을 차지하느냐는 매우 중요한 문제다. 하지만 서점원 한 명이 얼마나 많은 책을 팔 수 있는가, 다시 말해 서점원의 전문성이 어느 정도인가 하는 것 역시 매우 중요하다. 제임스 돈트는 첫 번째 성공 공식을 좋은 직원을 채용하는 것에서 찾은 셈이다.

2011년 돈트가 투입될 무렵 '워터스톤스'뿐 아니라 '오태커'Ottaker 같은 영국의 체인서점은 인건비를 아끼기 위해 단기간 일하는 임시직 직원을 채용했다. 어차피 본사에서 구매를 결정하니 직원이 의사결정을 할 일도 없다고 여겼다. 덩치가 큰 서점도 매출이 하락하면 고정비 지출에 압박을 받게 마련이고, 매출 하락이 이어질 때 많은 사업장에서 우선 고려하는 것이 바로 인건비 절감이고 보면 이런 수순은 낯설지 않았다.

돈트는 달랐다. 그는 '워터스톤스'에 투입된 뒤, 1990년대 이후 자리잡은 대형 체인서점의 관행을 뒤집고 서점원의 강한 리더십과 팀워크를 강조했다. 매장 매니저가 도서를 선정하고 구매를 결정할 수 있도록 자율권을 보장했다. 결정권을 갖게 되자 각 매장의 매니저와 서점원들은 지역민들이 선호하는 도서를 고르고 데이터를 활용해 최소 수량을 매입한 뒤 이후 실제 판매량에 따라 추가 발주를 하며 재고량을 조정했다. 어느 지점에서나 똑같은 책을 진열하던 방식을 뒤로 하고 매장마다 다른 책을 진열하기 시작했다. 돈트는 이러한 방식을 '반스앤드노블'에도 똑같이 적용했다.

변화는 또 있었다. 기존의 대형 체인서점은 일반 쇼핑몰에서 진행하던 판촉 방식을 대거 도입했다. 대형 체인서점에서 이루어지는 진열과 광고·홍보 방식은 부동산 거래와 비슷하다. 출판사는 서점에 책을 진열할 매대를 이용하기 위해 별도의 비용을 치른다. 이런 경우 대부분 대규모 판촉 행사가 함께 이루어진다. 서점은 출판사에서 비용을 치른 매대에 진열할 책을 대량으로 매입한다. 온라인서점 '아마존' 역시 이런 방법을 따라 했다. '아마존'의 화면에 떠 있는 '주목할 만한 신간', '앞으로의 명작', '지금 읽는 책' 등 책을 추천하는 듯한 코너는 모두 출판사로부터 돈을 받고 이루어지는 광고였다. 1999년 『뉴욕타임스』의 도린 카르바할이 이런 관행을 기사화했고, 큰 파장이 일기도 했다. 하지만 거기까지였다. 미국의 독립서점조합ABA은 1994년과 1996년 두 차례에 걸쳐 여섯 개 대형 출판사를 상대로 반독점 소송을 진행했다. 하지만 결론은 진열의 대가로 돈을 받는 것은 합법이라는 판정이었다.[08] 문제는 그렇게 대량으로 매입한 책들에 대한 판매 예측이 자주 어긋난다는 데 있었다. 결국 재고 부담이 높아지는 악순환이 되풀이되었다.

대형 체인서점의 판매 방식 중에 돈트가 특히 질색하는 게 있었다. 이른바 '3 for 2' 방식이다. 두 권의 책을 사면 하나를 더 주겠다는 것으로, '워터스톤스'나 '반스앤드노블'에서도 흔히 볼 수 있었다. 돈트는 독자가 이런 방식으로 책을 고르지 않는다는 것을 잘 알고 있었다. 치약이나 비누를 살 때라면 쓸모가 있겠지만 독서가라면 아무리 공짜로 준다고 해도 관심없는 책은 거들떠보지도 않는다. 돈트는 책 표지에 반값 세일 혹은 30퍼센트 세일 같은 스티커를 붙이는 방식도 싫어했다. 그가 대형 체인서점의 경영자들을 일컬어 "서점업에 대해 모른다"라고 말하는 건 이런 이유 때문이다. 누가 뭐라해도 책이 단순한 소비재가 아니라는 걸 돈트는 알았지만 대형 체인서점 경영자들은 몰랐던 듯하다.

"돈트는 '워터스톤스'가 '아마존'과 똑같다면 독자가 다시 찾아올 리 없다고 믿었다. 그는 오프라인 책방의 가장 중요한 강점으로 '발견하는 경험'을 강조했다."

자신이 사고 싶은 책이 확실한 독자들은 온라인서점에서 책을 산다. 구매의 편리함, 심지어 할인도 해주는 곳이니 목표가 명확한 이들에게 온라인서점은 더할 수 없이 유용할 수 있다. 그럼에도 불구하고 많은 독자들이 오프라인 책방을 찾는 이유는 뭘까. 여러 이유가 있겠지만 경험의 즐거움을 빼놓을 수는 없다. 돈트는 '워터스톤스'가 '아마존'과 똑같다면 독자가 다시 찾아올 리 없다고 믿었다. 그는 오프라인 책방의 가장 중요한 강점으로 '발견하는 경험'을 강조했다.

배달앱 회사인 '배달의민족'(이하 배민)은 직원들의 도서 구입 비용을 무조건 지원한다. 단, 조건이 있다. 반드시 오프라인 책방에 가서 사야 한다. 보고 싶은 책만 골라서 사오기보다 책을 사러 가서 요즘 사람들의 관심사를 발견하기도 하고, 보려는 책과 연관 있는 다른 책들을 둘러보기도 하라는 의도다. 이것이야말로 우리가 책방에서 누릴 수 있는 발견의 경험이다. 영감이 풍부한 이들이 자주 강조하는 바이기도 하고, 제임스 돈트가 책방의 역할로 여기는 것이기도 하다.

디지털 변혁기에 오프라인 매장이 수없이 문을 닫았다. 과연 오프라인 매장은 어떻게 살아남을 것인가. '워터스톤스'도 '반스앤드노블'도 대형 체인서점이긴 하지만 온라인이 아닌 오프라인 기반이다. 오프라인의 강점은 아날로그다. 역시 아날로그의 맛이 필요하다. 대형화보다는 독립적인 고유성을 가져야 한다.

제임스 돈트는 "책방은 규모에 관계없이 독립서점처럼 움직여야 한다. 어느 책방이든 그 지역에 오랫동안 뿌리내린 독립서점처럼 지역의 특성과 취향에 맞는 책과 상품을 팔아야 한다"고 말한 바 있다. 이를 위해 그는 대형 체인서점이 고수해온, 기업 브랜딩과 매장 디자인의 기본이라 할 수 있는 일관성마저 버렸다. 대형 체인서점이라고 해도 어디서나 볼 수 있는 똑같은 책방으로는 경쟁력이 없다고 보았다. 맞는 말이다. 책방은 지역성과 책을 중심에 두되 저마다 달라야 한다. 전 세계 어디를 가나 똑같은 분위기와 메뉴를 유지하는 '맥도날드'가 되어서는 곤란하다. 매장마다 그곳만의 고유함과 개성을 지니는 것이 급선무다.

그래서일 것이다. 돈트가 지휘하는 '반스앤드노블'은 도서 진열뿐 아니라 가구 배치까지 매장마다 달라지고 있다. 앨러바마 주에 사는 사람과 뉴욕 어퍼 웨스트사이드에 사는 사람의 독서 습관이 같을 리 없으니 매우 당연한 시도라 할 수 있다.

과거 대중 출판의 시대에는 대형 체인서점 방식이 통했다. 그때는 '아마존'이 없었다. 독자는 '아마존'을 겪으며 자신이 책방에서 무엇을 원하는지를 새롭게 깨닫기 시작했다. '반스앤드노블'은 '아마존'과 경쟁하느라 이 사실을 미처 깨닫지 못했다. 도리어 '아마존'을 따라잡기 위해 안간힘을 썼다. 한때 '반스앤드노블' 1층은 책 대신 레고 세트, 달력, 인형, 퍼즐, 초콜릿 등으로 가득 차 있었다. 책은 위층에 올라가서야 만날 수 있었다. 매출을 높이려는 자구책이었다.

2023년 새 단장을 마친 '반스앤드노블' 뉴욕 어퍼 웨스트사이드 지점은 달랐다. 1층의 온갖 잡동사니를 모두 걷어내고 기본으로 돌아갔다. 책방 문을 열면 작은 원형 나무 테이블에 진열한 책을 살피며 여유를 경험할 수 있도록 디자인했다.

서점업은 다른 소매업과 근본적으로 다르다. 그 이유 중 하나가 상품의 범위와 다양성이다. 다른 어떤 것보다 책은 다품종 소량 생산의 특징을 지닌다. 이 특징을 지역에 맞게 어떻게 반영해야 하는지 심사숙고해야 한다. 이를 제대로 결정할 수 있는 사람이 바로 전문적인 지식을 갖춘 서점원이다. 돈트는 서점원에 대해 흥미로운 정의를 내렸다.

> "서점원은 우리가 만날 수 있는 사람 가운데 덜 상업적인 사람들이다. 아이러니하게도 우리가 상업성에 대해 덜 걱정할수록, 책방은 상업적으로 더 잘 돌아간다."[09]

곱씹어볼 말이다. '돈트북스'의 총괄 매니저도 비슷한 이야기를 했다.

> "우리가 꿈꾸는 책방은 잠시 머물다 가는 곳이 아니라 독자들을 새로운 세계로 이끄는 플랫폼이다. 많은 사람이 책방의 위기를 얘기하지만 독자의 흥미를 자아내는 메뉴를 내놓는다면 살아남을 수 있다. 20년 전 쇠락의 길에서 기사회생한 런던의 펍처럼."[10]

책방은 독자에게 구체적 물성을 지닌 책을 파는 공간이다. 디지털 변혁기에도 이 공간은 사라지지 않을 것이다. 책방만큼 매력적이고 독자가 참여해 즐길 수 있는 공간은 많지 않다. 한 번 읽은 뒤 버리는 '킬링타임용' 도서나 실용적 목적으로 구매하는 책들은 전자책으로 대체될 것이다. 하지만 사람들은 여전히 좋아하는 걸 보고, 아름다운 물건을 소장하고 싶어 한다. 책도 마찬가지다. 인간을 인간답게 하는 이 마음이 변하지 않는 한, 좋은 책방은 여전히 존재할 수밖에 없다. 제임스 돈트가 '반스앤드노블'을 독립서점처럼 바꾸고, 책을 책답게 대접하려는 이유가 여기에 있는 건 아닐까.

대형 서점의 딜레마가 말해주는 시대의 변화

_영국, '워터스톤스'

"한마디로 워터스톤에게 미국의 '더블데이'는 세상에 없던 편리하고 서비스가 좋은 책방이었다. 이런 서비스를 영국으로 옮겨 만든 것이 '워터스톤스'였다."

영국은 체인서점의 나라다. 영국에서 가장 흔하게 볼 수 있는 서점은 '워터스톤스'다. 런던 중심지인 트래펄가 광장부터 위쪽 러셀 스퀘어 부근까지 도로 양쪽에 '워터스톤스'가 세 곳이나 있다. 다른 중소 도시에도 '워터스톤스'가 없는 곳이 없다. 웨일스의 최대 도시 카디프에서 가볼 만한 개인 책방은 찾지 못했지만 '워터스톤스'는 있었다.

어느 지점에 가나 '워터스톤스'는 넓고 쾌적하며, 대중서부터 예술서까지 잘 갖춰져 편리했다. 돈트가 좋아하는 윌리엄 모리스 패턴을 이용한 소형 진열대가 여기저기 배치되어 있어 보기에도 좋았다. 편안한 안락의자도 있었다. 혼자 다니는 여행자가 점심을 때우기에 '워터스톤스'의 카페만 한 곳이 없었다.

현재 영국 및 유럽에 300여 개의 체인을 운영하는 유럽 최대의 체인서점 '워터스톤스'는 1982년 팀 워터스톤Tim Waterstone이 설립했다. 서점원으로 일했던 그는 뉴욕에서 '더블데이'Doubleday를 보고 책방을 차리기로 결심했다. 지금은 흔적도 없이 사라졌지만 뉴욕 5번가에 있던 '더블데이'는 당시 유명했다. 우디 앨런의 1977년 영화 〈애니 홀〉에서 코미디언인 앨비 싱어(우디 알랜)가 여자친구 애니(다이앤 키튼)를 위해 책을 산 책방이 바로 '더블데이'다.

워터스톤이 '더블데이'를 보고 놀란 이유가 몇 가지 있다. '더블데

CAFÉ
THE HAYES
YR AES
WATERSTONES
W
WATERSTONES

이'는 무려 밤 11시까지 문을 열었다. 지금도 마찬가지지만 영국 책방은 문을 일찍 닫는다. 그때까지 영국의 책방은 지식인이 아니면 선뜻 들어가기 어려웠다. '더블데이'는 고객이 주문을 하면 서점원이 자전거를 타고 배달할 정도로 친절했다. 영국의 책방은 중심가에 있었다. 런던에서 책방에 가려면 피카딜리의 '해처드'까지 가야 했다. '더블데이'는 주거지 근처에 있어서 접근성이 좋았다. 한마디로 워터스톤에게 '더블데이'는 세상에 없던 편리하고 서비스가 좋은 책방이었다.[11] 이런 서비스를 영국으로 옮겨 만든 것이 '워터스톤스'였다.

영미권뿐 아니라 1980년대 이후 우리나라에도 서점의 대형화와 체인화라는 새로운 흐름이 도래했다. 대형 서점의 시작을 알린 건 '동화서적'이었다. 1977년 '동화서적'은 서울 종로에 792제곱미터, 약 240평 규모의 매장을 열었다. 1979년 '종로서적'은 990제곱미터, 약 300평 매장을 1,650제곱미터, 약 500평 규모로 확장했다. 뒤이어 1981년 3,300제곱미터, 약 1천여 평 규모의 대형 서점 '교보문고'가 문을 열면서 본격적으로 대형 서점의 시대가 막을 열었다.

체인화는 '교보문고'가 시작했다. 전국을 대상으로 지점 확장 계획을 세운 '교보문고'는 마침내 1983년 부산, 인천, 광주, 대전, 울산, 마산, 전주에 분점 계획을 발표했다. 이런 시도는 지역 서점과 큰 분쟁을 일으켰다. 1985년 6월 '전국서적상연합회' 소속 회원들이 문을 닫으며 강렬하게 맞섰다.

미국 '반스앤드노블', 영국 '워터스톤스', 한국 '교보문고'와 '영풍문고', 일본 '기노쿠니야'와 '마루젠&준쿠도' 등이 나라별 대표적인 대형 체인서점이다. 오랜 책의 역사에서 새롭게 등장한 유형이다. 그 이전까지 책방은 개인이 운영했다. 요즘 식으로 말하면 책방은 곧 독립서점 혹은 동네책방이었다. 이에 비해 대형 체인서점은 한마디로 자본주의의 산물이라 할 수 있다.

"1990년대 '반스앤드노블'이 미국 전역에 1천여 개의 매장을 거느릴 수 있을 만큼 성장한 것은 물류와 배송, 도매상, 온라인 주문 시스템을 등에 업은 결과다."

구텐베르크 이후 500여 년이 넘는 동안 책방은 값비싼 사치품인 책을 파는 곳이자 귀족이나 부유한 사람들이 드나드는 엄숙한 지식의 전당이었다. 책방 주인은 자기만 아는 방식으로 책을 진열했고 내부는 어두웠다. 토머스 에디슨이 백열 전구를 발명한 것이 1879년이니 영국 빅토리아 시대 책방이 어두운 건 당연지사다. 당시 책방의 주요 독자는 귀족 또는 중산 계급이었다. 일반 서민이나 노동자들은 책방에서 무시당하기 십상이었다. 한마디로 배타적인 공간이었다. 오랜 동안 개인 책방은 이런 방식으로 운영되었다.

대형 체인서점은 효율성과 합리성을 내세우며 등장했다. 이를 떠받치는 구성 요소는 표준화, 가격 할인, 규모의 경제다. 이 세 가지 요소가 톱니바퀴처럼 맞물려 돌아가며 대형 체인서점은 전성기를 누렸다. 체인서점의 시작은 20세기 초에 등장한 백화점, 슈퍼마켓 등 대형 소매

업체와 맞물린다. 이들 유통업체는 가격 할인을 기반으로 매출 증대를 꾀했고 이는 소비자들의 구매 패턴마저 바꾸었다. 1910년 등장한 '더블데이'는 쇼핑몰 안으로 들어가, 다른 공산품처럼 중앙 본사에서 도서를 구매해 내려 보내는 방식을 도입했다. '더블데이'는 1990년 '반스앤드노블'에게 매각되기까지 미국의 대표 서점이었다.

한국 출판 유통의 오랜 과제는 물류의 현대화였다. 작은 동네책방이 책을 주문해도 제때 공급받을 수 없어 발을 동동 구르는 일이 허다했다. 나 역시 독자로만 살던 시절, 필요한 책이 책방에 없다는 사실을 이해할 수 없었다. 그러나 책을 제때 공급하는 일은 말처럼 쉽지 않다. 우리만 어려운 게 아니었다. 제때제때 책을 공급하는 일이 가능하려면 산업 전반이 발달해야 한다. 미국은 1869년 대륙횡단철도가 완성되었다. 전국적 유통망이 갖춰진 것은 그뒤의 일이다. 배송 시스템이 마련되고 공급이 예측 가능해지자 도매상이 성장할 수 있었다. 그렇지만 1950년대까지만 해도 미국의 독자들 역시 원하는 책을 제때 구입하기가 쉽지 않았다.

도매상은 도서 판매의 근대화를 위한 필수 조건이다. 전 세계적으로 20세기 후반 도매상이 확실히 자리잡으며 도서 판매의 합리화에 크게 기여했다. 국내 출판계가 불황이라지만 여전히 한 해에 수만 종의 신간이 쏟아진다. 아무리 대형 서점이라도 출판사 모두와 직접 거래를 하기는 어렵다. 새로 나온 책뿐만 아니라 원하는 도서를 원할 때마다 딱 맞게 공급을 받으려면 도매상의 존재가 반드시 필요하다.

우리나라 동네책방들 가운데는 출판사와 직접 거래를 하는 곳들이 꽤 있다. 도매상을 통해 책을 받을 때보다 유리한 가격으로 책을 받을 수 있으니 이익이 크다고 할 수 있다. 하지만 정산과 결재 그리고 반품과 관련해 일일이 대응해야 하니 처리해야 하는 업무의 양이 상당하다. 거래처가 많을수록 업무는 늘어난다. 개별 출판사마다 주문서를 보내고, 팔리지 않은 도서를 포장해 반품하는 것도 일이다. 문서 작업부터 반품에 이르는 수고를 줄이려면 도매상 한두 곳을 정해놓고 거래하는 편이 훨씬 효율적이다. 번거로운 일은 또 있다. 책방이 출판사와 직거래를 하면 검증되지 않은 신간을 일정 부수 받아야 하고, 팔리지 않는 책이 서가에 묶일 위험도 크다. 공간이 곧 자원인 책방 입장에서는 모두 귀중한 공간 낭비다. 때문에 동네책방에게 도매상은 물류 창고의 역할과 직거래의 수고를 덜어주는 곳이다. 숱한 영세 도매상의 부도로 폐해가 컸지만 그 존재가 꼭 필요한 이유다.

대형 체인서점에서 도입한 것으로 눈에 띄는 것은 역시 온라인 주문 시스템이다. 동네책방에서는 책이 팔리면 재고를 확인하고 재주문을 한다. 일본에서는 책 사이에 슬립slip을 끼워 넣어 판매된 도서를 쉽게 확인한다. 하지만 대형 서점에서 이런 방식은 거의 불가능하다. '교보문고' 같은 대형 서점에서 출판사로 보내는 주문서에 종종 '자동 주문'을 알리는 문구가 기입된다. 일일이 판매 및 재고 부수를 확인하고, 필요한 도서를 주문하지 않아도 온라인 주문 시스템에서 자동으로 출판사에 주문 처리가 된다. 1990년대 '반스앤드노블'이 미국 전역에 1천여 개의 매장을 거느릴 수 있을 만큼 성장한 것은 물류와 배송, 도매상, 온라인 주문 시스템을 등에 업은 결과다.

"20여 년을 풍미한 대형 체인서점의 전략은 '아마존'의 등장으로 벽에 부딪혔다. 시대의 변화를 눈치챈 제임스 돈트는 '워터스톤스'와 '반스앤드노블'의 리뉴얼, 그로 인한 성과로 인해 기존 대형 체인서점의 문법과 전략이 통하지 않는 시대가 되었음을 직접 보여주었다."

대형 체인서점은 '맥도날드'처럼 운영한다. 외부는 물론 내부 인테리어까지 통일한다. 표준화한 도서 분류나 진열 방식을 모든 지점에 한꺼번에 적용한다. 거의 모든 업무는 전문화, 분업화한다. 결과적으로 대형 체인서점은 시카고에 있을 때나 뉴욕에 있을 때나 어디나 똑같다.

이런 시스템을 통해 대형 체인서점에 가면 거의 모든 종류의 책이 있다. 진열 방식도 직관적이며 간단해서 독자가 필요한 책을 스스로 쉽게 찾을 수 있다. '반스앤드노블'은 여기에 안락한 분위기까지 제공했다. 독자가 잠시 쉬어갈 수 있는 곳이라고 입소문을 타면서 큰 인기를 누렸다.

책값에는 인세, 제작비, 관리비, 유통비 등이 일정한 비율로 정해져 있다. 오랜 역사를 지닌 출판산업이 만들어온 합리적 전통이다. 이에 따라 도매상으로부터 도서를 공급받을 때 책방의 이익률은 대략 20퍼센트 내외다. 작은 책방이라면 이 정도의 이익으로 그럭저럭 버틸 수 있지만 규모가 커지면 상황이 달라진다. 임대료와 인건비 등 이른바 고정비 부담이 커지니 매장을 효율적으로 운영해야 한다. 대형 체인서점을 유지하려면 따라서 대량 주문이 필요하다. 잘 팔릴 듯한 책이나 많이 팔고 싶은 책 등을 중앙 본사에서 낮은 입고율로 대량 주문한 뒤 그렇게 받은

9-12 FICTION
FICTION

An Unlikely Companion
GEORGE
Frieda Hughes

JONATHAN FREEDLAND
THE ESCAPE ARTIST
RECOMMENDED
THE ESCAPE ARTIST
Jonathan Freedland

A DICTIONARY OF TOLKIEN

케임브리지의 '워터스톤스' 실내 전경.

책을 전 지점에 내려보내 똑같이 진열해서 팔게 한다.

1990년대 대형 체인서점에서 판매하는 책들 가운데 약 70~75퍼센트는 중앙에서 이런 방식으로 결정해 내려보낸 것이었고, 각 지점, 즉 현장에서 구매를 결정한 책은 25~30퍼센트 남짓이었다. 2002년 '반스앤드노블'은 본사 결정이 80퍼센트로 압도적이었다. 이런 규모의 경제는 대형 체인서점의 수익성을 결정하는 요소였다. 낮은 입고율로 대량 매입해 독자에게 할인을 통해 판매를 독려하는 것, '워터스톤스'나 '반스앤드노블' 같은 대형 체인서점의 필수 전략이다.

2023년 출간된 영국 해리 왕세자의 자서전 『스패어』*SPARE*는 이런 조건에 딱 맞았다. 내가 영국에 갔을 무렵 출간된 이 책은 가는 곳마다 진열되어 있었다. 그런데 책값이 가는 곳마다 달랐다. 어떤 곳에서는 30퍼센트, 또 어떤 곳에서는 무려 50퍼센트까지 할인해서 팔고 있었다. 많이 팔고 싶을 때 판매자는 이런 방식을 선택한다. 이른바 박리다매다. 할인을 많이 할수록 많이 팔린다고 여긴다.

그럼 모든 책을 그렇게 하면 어떨까. 다른 소비재와 달리 책은 이익이 크지 않다. 아무리 대형 서점이라고 한들 모든 책을 반값에 팔았다가는 망하기 십상이다. 싸다고 독자들이 무조건 사들이지도 않는다. 모든 책의 입고율을 그렇게 낮출 수도 없다. 그러니 이런 전략은 대량 구매와 판매가 가능한 베스트셀러나 대형 신간에 집중한다. 큰 폭의 할인 도서는 일종의 미끼 상품이다. 그렇게 보면 대형 체인서점은 자본주의 비즈니스 시스템에 최적화된 곳이면서, 누구보다도 대량 판매가 가능한 베스트셀러가 필요한 곳이다.

20여 년을 풍미한 대형 체인서점의 전략은 '아마존'의 등장으로 벽에 부딪혔다. 아무리 할인을 많이 해도 배송 시스템과는 경쟁이 되지 않았다. 더이상 대량 주문, 대량 판매가 경쟁력이 될 수 없었다. 이러한 시대의 변화를 눈치챈 제임스 돈트는 '워터스톤스'와 '반스앤드노블'의 리뉴얼, 그로 인한 성과로 인해 기존 대형 체인서점의 문법과 전략이 통하지 않는 시대가 되었음을 직접 보여주었다.

물론 이를 두고 영국과 미국의 사례일 뿐이라고 여길 수도 있다. 자세히 들여다보면 우리에게 꼭 들어맞지 않은 부분도 있을 것이다. 그럼에도 눈여겨볼 지점은 분명히 존재한다. 즉, 출판과 책방이 더는 매스미디어가 아니라는 것, 디지털 변혁기의 오프라인 책방은 '간헐적 독자'까지 영입할 수 있었던 대중 출판의 전성기와는 달라져야 한다는 점은 기억할 필요가 있다.

이 도시가 동네책방을 대하는 방법

_파리, '지베르' 책방

"파리 사람들에게 '지베르 책방'은 책방의 일반명사였을지도 모른다. 마치 지난 2002년 문을 닫은 '종로서적'을 기억하는 이들이 그곳을 드나들던 기억을 소중히 간직하듯 말이다."

센강은 파리를 가로질러 동쪽에서 서쪽으로 흐른다. 센강의 오른쪽 지역을 흔히 우안右岸, 왼쪽 지역을 좌안左岸이라고 한다. 서울의 한강을 기준으로 강북과 강남이라고 하는 것과 비슷하다. 서울 강북과 강남처럼 파리의 우안과 좌안 역시 여러모로 그 풍경이며 분위기가 사뭇 다르다.

우안은 내로라하는 역사적 건물이 많은 상업 지역이다. 반면 좌안에는 대학과 관청이 많다. 파리 사람들은 우안에서는 돈을 쓰고, 좌안에서는 머리를 쓴다는 말이 있을 정도다.

좌안의 라탱 지구는 그 유명한 소르본대학교를 중심으로 발전한 일종의 대학가다. 역사가 800년이나 된다. 소르본은 파리대학의 문학부와 옛 인문학부의 총칭이다. 노벨 상과 필즈 상 수상자를 여럿 배출했다. 위인전의 단골인 마리 퀴리와 그의 남편이 이 대학 출신이다. 유럽의 대학에서 라틴어 수업은 필수였는데 프랑스대혁명 이전까지만 해도 대학이 많은 이 동네에서는 라틴어로 대화하는 게 가능했다고 라탱(라틴어) 구역이라 불렸다. 좌안에는 소르본대학교 외에도 수재가 모인다는 앙리 4세 학교, 국립 미술학교, 고등사범학교 등도 멀지 않다.

1886년 고전문학 교사였던 조셉 지베르Joseph Gibert가 파리로 상경했다. 노트르담 대성당 맞은편에 있는 생미셸 광장 근처에서 네 개의 상자에 책을 담아 팔기 시작했다. 오늘도 볼 수 있는, 센강가의 책 노점

상 부키니스트 가운데 한 사람이었던 것 같다. 책은 불티나게 팔렸다. 노점을 시작한 지 2년 만인 1888년, 생미셸 23번지에 헌 교과서를 판매하는 '지베르 책방'을 열었다. 마침 1882년 프랑스에서 학교 교육이 의무화되며 교과서의 수요가 급증했다. 덕분에 책방도 잘됐다. 프랑스와 영국은 물론 한국의 책방들도 초창기 자리를 잡기까지 교과서 판매가 중요한 역할을 했다.

'지베르 책방'의 과거를 보여주는 두 장의 흑백 사진이 있다. 한 장은 제2차 세계대전 무렵 파리 사람들이 책을 사려고 줄을 길게 선 모습을 담았다. 또 한 장은 1950년대 후반에 어린이들이 교과서를 사들고 책방을 나오는 장면이다. 파리 사람들에게 '지베르 책방'은 줄 서서 들어가야 했던, 또는 신학기에 책을 사러 가던 책방의 일반명사였을지도 모른다. 마치 지난 2002년 문을 닫은 '종로서적'을 기억하는 이들이 그곳을 드나들던 기억을 소중히 간직하듯 말이다.

조셉 지베르가 1915년 세상을 떠나자 책방은 둘로 나뉘었다. 맏아들 조셉은 생미셸 30번가 소르본대학교 인근 라탱 지구에 '지베르 조셉'GIBERT JOSEPH의 이름으로 새로운 책방을 열었다. 작은 아들 레기스Régis는 생미셸 거리에 있던 기존 공간을 유지하면서 '지베르 죈'GIBERT JEUNE으로 이름을 바꿨다.

'지베르 조셉'은 인근 소르본대학교 학생들이 많이 찾는다. 책방 입구에는 싼 가격으로 파는 헌책 매대도 있다. 지하 1층부터 지상 5층까지 한 층씩 돌아보자니 어쩔 수 없이 서울의 '종로서적'을 떠올렸다. '종로서적'은 1907년 기독교 책방으로 시작해 2002년 문을 닫은 추억의 책방이다. 대학 진학 후 가장 많이 들락거린 곳이다. 휴대전화기가 없던 시절이니 친구를 만나는 장소는 대부분 '종로서적' 1층이었다. 1994년 출판사에 입사한 뒤로는 일터이기도 했다. 이곳의 어린이책 매장이 지금도 선명하게 떠오른다.

'지베르 조셉'에서 '종로서적'을 떠올린 건 건물의 구조와 매장 면적 그리고 분위기 때문이었다. 과거 '종로서적'처럼 '지베르 조셉'에서도 6개 층을 하나씩 오르면 문학에서 철학으로, 그리고 전문서 매장으로 이어진다. 백 년 넘게 한자리를 지킨 '종로서적'은 그만큼 역사를 새로 썼다. 오늘날 우리가 흔히 접하는 이른바 '작가와의 대화'를 시작한 것도 이곳이 최초였다. 1977년의 일이었다. 1995년부터는 회원제를 도입했고, 베스트셀러를 집계했다. 전화 도서 안내와 우편 판매 등을 처음 시작한 곳도 역시 이곳이었다. 이런 수많은 최초의 역사를 남겼으나 '종로서적'은 2002년 문을 닫았다.

서울의 '종로서적'은 역사를 남긴 채 사라졌으나 파리의 '지베르 조셉'은 라탱 지구에 굳건히 자리를 지키고 있다. 어디 그뿐만일까. 파리 곳곳은 물론이고 리옹, 그르노블, 디종, 툴루즈, 몽펠리에, 마르세유 등 여러 지역 도시에도 분점을 내고 성업 중이다.

"네 곳의 '지베르 죈' 가운데 5번지에 있던 책방은 간판만 남은 채 셔터가 내려져 있었다. 지저분한 낙서가 을씨년스러웠다. 끝이구나, 싶었다. 그러나 아니었다. 죽었다던 책방은 뜻밖에도 살아남았다."

제2차 세계대전 무렵 파리 사람들이 책을 사려고 '지베르 죈' 앞에서 줄을 길게 선 모습.

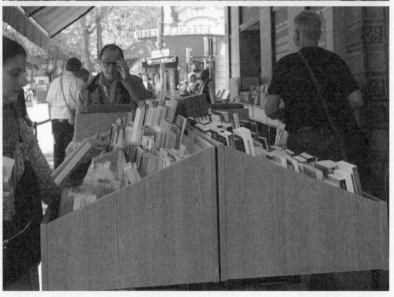

'지베르 조셉' 안팎 전경.

'지베르 죈'은 파리 중심지에 집중했다. 책을 사랑하는 이들에게 '지베르 죈'은 만남의 장소였다. 위기는 뜻밖의 곳에서 찾아왔다. 1986년 2월 4일 일어난 파리 테러로 '지베르 죈'은 초토화되었다. 다섯 명의 부상자도 생겼다. 그게 끝이 아니었다. 파리 시내에서 '노란 조끼 시위'가 거세지면서 정상적인 영업이 어려워졌다. 결국 2017년 법정관리에 들어갔고, '지베르 조셉'에 합병된 뒤 2021년 3월 19일 생미셸 광장에 있던 네 곳의 폐쇄가 확정되었다. 약 80명의 직원들이 갈 곳을 잃었다. 대부분 20년 이상 함께 일한, 다른 일자리를 쉽게 구할 수 없는 50대 장년층이 대부분이었다.

문을 닫게 한 가장 큰 원인은 높은 임대료 때문이었다. 생미셸 4번지, 5번지, 6번지의 비싼 건물 임대료를 감당할 수 없었다. 창업자 조셉 지베르가 책방을 시작한 곳이자, 135년을 이어온 전통의 책방이 문을 닫자 파리 시민들의 탄식이 이어졌다. 2000년대 이후에도 문을 닫는 책방들이 그리 많지는 않았다고 하는 파리에서도 이를 유지하는 건 쉽지 않았다. 특히 20년 사이 전통의 책방 거리였던 라탱 구역에 있던 책방 숫자는 43퍼센트나 줄었다.

파리에 도착하자마자 나는 생미셸 다리 주변을 어슬렁거렸다. '코로나19' 팬데믹의 여파로 관광객이 줄었다는데 센강가의 부키니스트는 여전한지 확인하고, '셰익스피어앤드컴퍼니'도 들를 요량이었다. 또 꼭 보고 싶은 게 있었다. 이미 문을 닫은 생미셸 광장의 '지베르 죈'이었다.

생미셸 광장 주위에 있던 네 곳의 '지베르 죈' 가운데 5번지에 있던 책방은 간판만 남은 채 셔터가 내려져 있었다. 지저분한 낙서가 을씨년

폐업을 선언하고 셔터를 내린 생미셸 광장 5번지 '지베르' 죈 전경.

폐업을 선언했으나 다시 문을 열고
성업 중인 '지베르 죈' 전경.

스러웠다. 끝이구나, 싶었다. 그러나 아니었다. 죽었다던 책방은 뜻밖에도 살아남았다.

"나의 최대 관심사는 높은 임대료를 견디지 못해 문을 닫는다고 공식 발표한 이 두 곳이 과연 어떻게 살아남았을까, 하는 점이었다."

'지베르 죈'은 원래 네 곳이었다. 높은 임대료를 이기지 못해 문을 닫았다고 알려져 안타까운 마음으로 찾아갔는데, 뜻밖에도 생미셸 다리 앞, 센강을 따라 이어진 번잡한 도로에 있던 두 곳이 살아 있었다. 잡화점을 사이에 두고 한 곳에서는 문학책을, 또 다른 곳에서는 종교와 영성에 관한 책들을 주로 팔고 있었다. 어떤 책을 파느냐보다 나의 최대 관심사는 높은 임대료를 견디지 못해 문을 닫는다고 공식 발표한 이 두 곳이 과연 어떻게 살아남았을까, 하는 점이었다.

2020년 12월 '지베르 죈'이 문을 닫게 되었다는 소식을 들은 프랑스『르 몽드』는 즉각 입장을 밝혔다. 그 주장을 요약하면 '파리 시청이 빠르게 건물을 매입하면 책방을 지킬 수 있고, 80여 명의 노동자가 실업자가 되는 일을 막을 수 있다'는 것이었다.

시장 논리에 따라 사라져가는 것들을 볼 때마다 우리 역시 이런 말을 자주 들어왔다. 이런 말들은 대부분 소망에 그칠 뿐 실현되기 어렵다는 것도 이제 알고 있다. 그런데 파리에서는 말로만 그치지 않았다. 파리 시청은 정말로 두 곳의 '지베르 죈을 매입했다. 미국보다 어쩌면 더한 자본주의 국가가 된 한국에 사는 나로서는 이게 과연 현실적으로 가능한 일인지 선뜻 이해하기 어려웠다.

이를 이해하기 위해서는 파리의 세마에스트SEMAEST를 이해해야 했다. 파리의 시장직은 1871년 파리코뮌 뒤 폐지됐다가 1977년 부활했다. 약칭 RPR로 불린 공화국연합Rassemblement Pour la République이 한동안 시장직을 독점했다. 2001년 사회당의 베르트랑 들라노가 시장이 되면서 최초로 좌파 출신 시장이 등장했다. 들라노 시장의 핵심 공약은 파리를 '자동차 아닌 사람의 도시 만들기'로 요약할 수 있다. 그는 재임 기간 중 '상업 다양성'을 목표로 소상공인을 보호하는 대책을 마련했다. 이에 힘입어 2006년 '파리 도시 기본 개혁'이 개정되었고, 이에 따라 우리에게도 익숙한 샹젤리제 거리, 오스만 대로, 라탱 지구, 마레 지구 등 파리 시내 약 400여 곳이 수공업 보호 거리로 지정되었다. 도로변에 위치한 1층 상가나 수공업 공방을 보호하기 위해 용도 변경, 건축 허가 등의 규제가 강화되었다. 19세기 중반 오스만 남작 시절 계획도시로 정비된 파리에는 그때 지어진, 이른바 오스만 스타일의 주상 복합 건물이 많이 남아 있다. 건물 하단부는 대부분 상점이나 업무 공간으로 이루어져 있어, 1층에는 지역민들에게 필요한 다양한 상점과 수공업 가게가 많이 입점해 있다.[12]

파리의 이런 정책이 흥미로운 건 소상공인 보호 정책이 도시의 개성을 살리고 있기 때문이다. 어떤 도시나 거리의 작은 공방이나 가게들이 사라지고 그 자리에 대형 프랜차이즈 식당이나 카페 혹은 의생활용품을 판매하는 브랜드 상점이 입점하면 개성은 사라지고 전체적으로 무미 건조해진다. 우리나라에서도 이런 사례는 쉽게 볼 수 있다. 서울은 물론이고 지역 곳곳에서도 방치되다시피 했던 원도심 골목길이 어떤 이유로든 주목을 받으면 사람들이 몰려오고 작지만 개성이 강한 가게들이 거리의 분위기를 만들어낸다. 침체했던 거리가 살아나면서 활기로 가득해진다. 그러면 곧바로 찾아오는 건 임대료 상승이며 이른바 젠트리피케이션이다. 작고 개성 있는 가게들은 모두 임대료를 감당할 수 없어 거리를 떠나고, 그 자리에는 어디에서나 흔히 볼 수 있는 프랜차이즈 상점이 들어선다. 정겨운 골목길 풍경은 사라지고 그저 그런 동네가 되고 만다. 서울의 연남동, 가로수길, 홍대 거리의 변천 과정이 대체로 비슷하다. 어디서나 프랜차이즈 상점이 보이기 시작하면 그 거리에 발길을 끊는 것이 나만은 아닐 것이다.

"한 나라가 지속 가능한 미래를 위해 어떤 일을 하고 있는지를 알고 싶을 때 그 사회가 작은 책방을 어떻게 대하는지를 살핀다. 동네의 작은 책방이 살아 있다면 다른 것은 더 들여다볼 필요가 없다."

그런데 파리에서는 어떻게 정반대의 풍경이 펼쳐졌을까. 어떻게 가능했을까. '파리 도시 기본 개혁'의 실행 과정 역시 쉽지 않았던 듯하다. 사유 재산인 건축물에 강한 규제를 하는 일에 논란의 여지가 없을 수 없다. 행정 소송에도 휘말렸다고 한다. 하지만 2009년 이후 결국 시행을 했다.

파리는 전 세계 관광객들이 즐겨 찾는 곳이니, 도시의 풍경을 유지할 필요가 매우 컸다. 주요 거리의 1층 상가를 보전하여 거리의 활력을 지켜나가는 일이 매우 중요했고, 그러자면 소상공인을 보호해야 했다. 가장 큰 일이 임대료 상승을 최대한 억제하는 것이었다.

이를 위해 파리 시정 산하에 민관 혼합 투자 회사 세마에스트를 설립했다. Société d'Economie Mixte d'Aménagement de l'Est Parisien의 약자인 세마에스트는, 우리말로 번역하면 파리 동부 지역 부동산 개발, 도시정비 지역 공사쯤 된다. 파리 시로부터 사업을 위탁받은 세마에스트는 프랑스 도시 계획법 제327조 제1항에 따라 특정 지역 내에서 부동산을 관리하고 도시 선매권을 행사할 수 있다.[13] 이 조항에 근거해 상업용 부동산을 우선 취득할 수 있는 세마에스트는 대상 지역 안에 비어 있거나 혹은 매물로 나온 상가 부동산을 매입하여 소규모 상인들에게 저렴한 가격으로 임대한다.

세마에스트는 파리의 책방에도 적지 않은 영향을 미치고 있다. 라탱 지구는 한때 출판사와 책방의 메카였다. 부동산 가격이 높아지면서 임대료도 상승했지만 책방들의 매출은 제자리에 머물거나 하락했다. 견디기 어려워진 책방들마다 별수 없이 문을 닫기 시작했다. 파리 도시계획청Apur에 따르면, 최근 20년 사이 라탱 지구에서만 책방이 43퍼센트나 줄었다고 한다.[14]

이런 상황에서 세마에스트가 라탱 지구에 사라져가는 책방을 지원하기 시작했다. 2020년 12월 '지베르 죈'의 매장 폐쇄가 공식화되자 『르몽드』가 파리 시가 선점한다면 역사적인 책방을 보호할 수 있다고 주장한 것은, 세마에스트가 빠르게 도시 선매권을 행사하라는 뜻이었다. 결국 세마에스트 덕분에 생미셸 광장 부근에 있던 네 곳 중 두 곳이 살아남았다. 파리의 무역, 공예, 예술 및 패션 등을 담당하는 부시장 올리비아 폴스키Olivia Polski는 2007년부터 세마에스트 덕분에 약 45개의 책방을 지원할 수 있었다고 말했다.

세마에스트의 영향이 비단 책방에만 한정하는 건 물론 아니다. 세마에스트는 2021년 마레 지구에 있는 한 탱고 클럽을 매입했다. 1990년대 개장한 이곳은 아주 오래된 동성애자 클럽 중 하나였다. 마레 지구는 박물관이나 갤러리뿐 아니라 인기 있는 맛집과 상점이 밀집해 있어 젊은이와 관광객 들에게 인기가 높고, 1980년대 이후부터는 동성애자 커뮤니티가 활발한 곳으로도 알려져 있다. '코로나19' 팬데믹으로 탱고 클럽이 재정 위기에 빠지자 세마에스트는 건물을 매입한 후 그 자리에 임대형 사회주택과 사회연대 공간을 설립하는 계획을 세웠다.

거대 도시의 풍경은 점점 비슷해진다. 어디를 가나 초대형 기업이 만든 글로벌 브랜드를 만날 수 있다. 파리에도 '포름데알드' 같은 대형 쇼핑몰이 있다. 하지만 이 쇼핑몰은 도시 경관을 해치지 않기 위해 지하로 숨어들었다. 덕분에 파리는 오래된 상점들이 거리를 지키고 있다. 싱그럽고 먹음직스러운 과일 가게, 지역 명물 빵집, 테이블과 의자를 거리에 내놓은 카페와 크레페 가게, 베트남 쌀국수집 들을 파리의 어느 거리에서나 쉽게 만날 수 있다. 잠시라도 이 도시를 걸어보면 이처럼 작지만 개성 강한 가게들을 만나는 일이 얼마나 즐거운지 바로 느낄 수 있다.

파리는 화려한 이미지, 직설적으로 욕망을 표현하고 잦은 파업과 불친절이 만연해 있다는 선입견의 도시이기도 하다. 하지만 이 도시의 얼굴은 그게 다가 아니다. 파리 시청사 앞에 새겨진 '자유, 평등, 박애'라는 문구가 상징하는 바가 있다. 대혁명을 겪은 이 나라는 자유만큼 평등과 박애를 중히 여긴다. 개인도 중요하지만, 공동체를 위해 개인이 희생할 수 있다고도 여긴다.

2023년 프랑스는 탄소 배출 감축을 위해 기차로 두 시간 반을 넘지 않는 거리에 있는 지역 간 여객기 운항을 금지시켰다. 우리 식으로 말하면 서울과 부산 등에서 제주도를 오가는 노선을 제외한 나머지 국내 운행 여객기의 모든 운행을 중단한 것이다. 한국에서 불가능한 일들이 프랑스에서는 가능하다.

우리 사회에서 폐점을 선언한 뒤 다시 문을 여는 건 거의 불가능하다. 파리에서는 가능했다. 한 나라가 지속 가능한 미래를 위해 어떤 일을 하고 있는지를 알고 싶을 때 그 사회가 작은 책방을 어떻게 대하는지를 살핀다. 동네의 작은 책방이 살아 있다면 다른 것은 더 들여다볼 필요가 없다.

아름다운 책방이 아름다운 도시를 만든다

_영국의 '토핑앤드컴퍼니', 프랑스 '몰라'

"영국의 '토핑'이 정서적 만족감을 안겨준 첫째 이유는 매력적인 공간 때문이다. 종교적 건물이나 대저택의 운치를 그대로 살린 채 책방으로 꾸려놓아 둘러보는 것만으로도 감흥이 남다르다."

"영국 사람보다 더 많은 도시를 가봤군요!"

영국에서 만난 R이 내게 해준 말이다. 런던을 시작으로 요크와 에든버러를 거쳐 하이랜드 위쪽의 스카이 섬에 갔다가 잉글랜드 중부로 내려왔다. 맨체스터와 인근 도시를 돌았고 마지막으로 잉글랜드 남쪽의 케임브리지와 옥스퍼드 그리고 바스에 이어 웨일스까지 거쳤다. 나의 이런 여행 코스를 듣더니 R이 대뜸 한 말이다. 그는 뒤이어 어느 도시가 가장 좋았느냐고 물었다. 글쎄, 과연 어디였을까.

에든버러와 케임브리지 그리고 옥스퍼드는 전통의 도시답게 이방인에게 더없이 매력적이었다. 작은 도시들은 작은 도시대로 그 도시들만의 아름다움이 각별했다. 오래된 풍경과 경관이 남아 있고 특히 자연이 잘 보존되어 있었다.

하지만 도시의 아름다움은 눈에 보이는 게 다는 아니었다. 여러 도시를 돌아다녀보니 아름다운 도시를 찾는 나만의 기준이 생겼다. 바로 그 도시에 아름다운 책방이 있느냐 아니냐였다. 다녀온 많은 도시에 '워터스톤스'가 있었다. 하지만 '워터스톤스' 말고도 매력적인 동네책방이 있다면 그 도시에는 눈에 보이지 않는 그곳만의 아름다움이 있다는 증거였다.

영국에서 만난 매혹적인 독립서점은 여럿이다. 그 가운데 '토핑앤드컴퍼니'Topping&company(이하 '토핑')를 빼놓을 수 없다. 영미권에서 일컫는 독립서점은 우리 식으로 말하자면 동네책방이다. 대형 자본으로부터 독립되어 개인이 운영한다는 점은 같지만 영국의 독립서점은 대부분 우리의 동네책방들보다 규모가 큰 편이다.

'토핑'은 2002년 '워터스톤스'에 근무했던 로버트 토핑Robert Topping이 케임브리지에서 가까운 일리에서 처음 시작했다. 2002년이란, 영국은 물론이고 전 세계적으로 오프라인 책방이 온라인서점의 공세에 맥없이 무너져 내리기 시작하던 때다. 그런 때 문을 연 '토핑'은 놀랍게도 성장에 성장을 거듭했다. 2023년 현재 일리는 물론이고, 바스·에든버러·세인트앤드루스까지 지점이 있다. 여행의 신이 보살핀 덕에 나는 네 곳의 지점 중 세 곳이나 방문하는 행운을 누렸다. 규모는 '토핑'이 처음 문을 연, 일리 대성당 바로 앞에 있는 곳이 가장 작다. 그렇다고 아주 작지는 않다. 3개 층을 모두 책방으로 사용하고 있었다. 바스와 에든버러에 있는 '토핑'은 일부러 시간을 내서 가볼 만한 멋진 곳이었다. 궁극의 책방을 만난 느낌이었다. 보르헤스의 말을 써먹자면 책방의 천국이 있다면 바로 바스와 에든버러의 '토핑'이다.

'토핑'이 내게 이런 정서적 만족감을 안겨준 첫째 이유는 매력적인 공간 때문이다. 에든버러와 바스의 '토핑'은 오래된 전통 건축물에 들어앉아 있다. 종교적 건물이나 대저택의 운치를 그대로 살린 채 책방으로 꾸려놓아 둘러보는 것만으로도 감흥이 남다르다. 눈치챘겠지만 '토핑'은 들어갈 건물에 각별하게 신경을 쓴다. 바스와 에든버러에 있는 '토핑'이 처음부터 멋진 건물에서 시작한 건 아니다. 지역에 우선 자리를 잡고 영업을 하면서 천천히 시간을 들여 가장 적합한 공간을 찾은 뒤 마음에 드는 곳을 골라 이전했다.

바스의 '토핑'을 찾았을 때는 긴 여행의 일정이 마무리될 즈음이었다. 날마다 호텔방을 전전하는 것도 지겨워질 무렵이었다. 그럼에도 지금껏 가본 세 곳의 '토핑'이 이토록 아름답다면 마지막으로 남은 스코틀랜드 바닷가에 있는 세인트앤드루스의 '토핑'은 얼마나 멋질까 싶었다. 잉글랜드 남쪽에서 스코틀랜드 북쪽까지, 그 먼 길을 가볼까 싶은 마음이 들 정도였다. 물론 가보지 않아도 충분히 매력적인 도시라는 걸 짐작할 수 있었다. 왜냐. 그곳에는 '토핑'이 있으니까.

일리, 바스, 에든버러, 세인트앤드루스 모두 영국인은 물론이고 이방인이어도 한 번쯤 살고 싶은 도시다. '토핑'이 지역 선정에 얼마나 세심한 주의를 기울였는지 알 수 있는 대목이다.

'토핑'이 자리를 잡은 지역에는 몇 가지 공통점이 있다. 우선 명망 높은 대학이 있다. 세인트앤드루스도 예외는 아니다. 우리나라 사람들에게는 골프의 발상지로 알려져 있다. 세인트앤드루스의 올드코스는 브리티시 오픈 개최 장소로 유명하다. 이곳에 1413년 설립한 세인트앤드루스대학이 있다. 옥스퍼드와 케임브리지 대학교에 이어 세 번째로 오래된 대학이다. 규모가 작고 의대와 공대가 없어 세계 대학 랭킹 순위는 낮지만 영국 최상위 대학 중 하나로 꼽힌다. 영국 『가디언』이 옥스퍼드와 케임브리지를 제치고 영국 대학 중 최고라고 평가한 적도 있다. 왕위 계승 순위 1위인 윌리엄 왕세자가 이곳을 나왔으며 여기서 왕세자

9
Topping & Company Booksellers of Ely
9

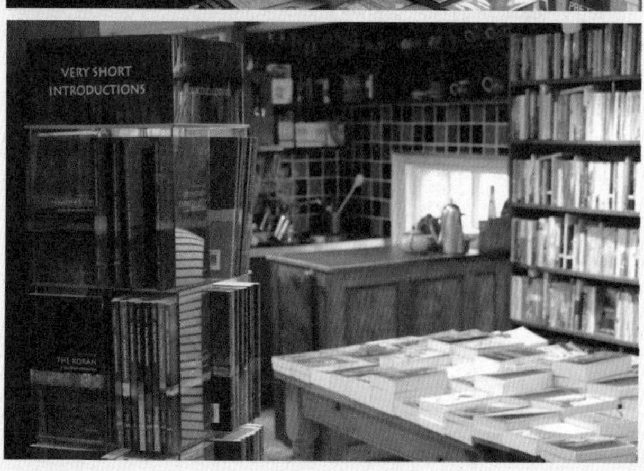

일리의 '토핑앤드컴퍼니'
안팎 전경.

비 미드턴을 만난 걸로 유명하다.

세인트앤드루스는 러시아의 모스크바와 같은 위도에 있다. 스코틀랜드가 추운 건 정말이지 내가 겪어봐서 안다. 하이랜드의 스카이 섬을 가고 싶어 손꼽아 기다렸지만 막상 도착해서는 여길 왜 왔지 싶을 만큼 추웠다. 한데 세인트앤드루스 사람들은 이런 말을 즐겨 한다.

"태양 아래 세인트앤드루스만 한 곳이 없다."

바다에 인접한 이곳은 온화한 해양성 기후 덕분에 겨울 평균 기온이 4도다. 물론 겨울에는 바람도 불고 서리도 내린다. 하지만 겨울이 이 정도라면 따뜻한 편이다. 스코틀랜드의 여름이 얼마나 시원한지는 말할 필요도 없다. 세인트앤드루스는 잉글랜드 남부와 맞먹는 일조량을 자랑하는 데다 겨울에 비가 많이 내리는 스코틀랜드에서 가장 건조한 지역이다. 간단히 말해 은퇴해 살고 싶은 도시다. 실제로 은퇴한 지식인과 젊은 지성인들이 많이 사는, 문화적 기반이 탄탄한 도시다. 이런 기반이 '토핑'을 떠받치고 있다.

창업자인 로버트 토핑이 근무할 당시 '워터스톤스'는 악명이 높았다. 가격 할인을 무기로 베스트셀러가 될 만한 책을 대량 판매하는 것이 주요 목표였다. 로버트 토핑은 '워터스톤스'에서 일하면서 새로운 책방을 꿈꾸었던 것 같다. '토핑'을 만들며 자신이 경험한 것과는 전혀 다른 책방을 창조했다.

'토핑'은 뜻밖에도 대중성과는 다소 거리가 있는 책들을 다양하게 갖추고 있었다. 문고본과 양장본을 구분해놓았다. 어린이책 매장에서도 양장본 클래식 매대가 따로 있었다. '워터스톤스'에 가면 그림책도 모두 페이퍼백만 진열해 파는데 말이다. 다른 분야의 매장에서도 이런 책이 팔리나 싶은 비싼 값의 특별 판본들을 보기좋게 진열해 놓았다.

안에 들어서면 어쩐지 지식인 대접을 받는 느낌을 받는다. 천장까지 닿는 높은 서가와 책 사다리는 고색창연한 개인 서재에 온 듯한 충만감을 안긴다. 책 사다리는 '토핑'의 상징으로 어느 지점을 가도 만날 수 있다. 영업 시간은 대부분의 영국 책방들과 달리 저녁 8시 30분까지다. 직원의 40퍼센트는 정규직이다. 나머지 60퍼센트는 지역의 대학생을 비정규직으로 채용한다. 직원들이 책에 밝은 전문가인 건 물론이고, 단골들의 이름과 취향까지 알고 있다. 고객 경험에 정성을 들인다는 뜻이다. 저자 행사를 정기적으로 진행하며, 저자 서명 초판본을 판매한다. 에든버러의 '토핑'에 함께 갔던 F는 '이런 책방이라면 온종일 있어도 좋겠다'며 떠나는 걸 아쉬워했다. '토핑'의 매출은 이런 고객 경험을 만끽한 충성도 높은 단골 고객으로부터 나온다.

"오래된 책방들은 대개 변화에 취약하다. 프랑스의 '몰라'는 홈페이지를 통해 다양한 디지털 콘텐츠를 제공하고, 각 플랫폼이 지닌 특징을 파악해 차별화된 콘텐츠를 생산한다."

영국에 런던이 아닌 바스와 에든버러 등에 '토핑'이 있다면, 프랑스에도 파리가 아닌 보르도에 아름다운 책방이 있다. '몰라'Mollat다. 프랑스에서 가장 오래되었을 뿐 아니라 9천 제곱미터, 약 2,722평 규모로 크기도 무척 큰 곳이다. 알베르 몰라Albert Mollat가 1896년 시작해 보르도 시청 근처 중심지인 지금 위치로 이전했다. 1970년대부터 주변 상가를 사들이며 확장했고, 지금은 아들의 아들인 데니스 몰라가 3대째 대를 이어 대표를 맡고 있다.

보르도는 인구 77만 명의 프랑스 남서부를 대표하는 도시다. 가론강이 흘러 일찍부터 농업과 상업이 발달했다. 대서양과 인접해 있어 무역이 활발하고, 남부 유럽의 화려하고 열정적인 라이프 스타일이 프랑스 문화와 만나 남다른 매력을 내뿜는다. 로마시대부터 이어진 다양한 유적 덕에 작은 파리로 불린다. 보르도에만 347개의 유네스코 세계문화유산이 있다. 이 풍요롭고 아름다운 도시에 빠질 수 없는 게 바로 책방이다.

『유럽의 그림책 작가에게 묻다』를 쓴 최혜진은 보르도에서 유학하던 중 길을 걷다가 자주 '몰라' 진열장 앞에서 발걸음을 멈췄다고 했다. 무척 아름다워서였다고 했다. '몰라'는 창립 120주년을 기념하기 위해 "아트디렉터, 보르도 디자인 학교 학생 40명이 리브르 드 포쉬 출판사와 함께 환상적인 쇼윈도"[15]를 선보인 적도 있다.

처음 방문한 이들이라면 입구가 작아 크기도 작을 거라 여기기 쉽다. 철학, 음악, 문학, 예술, 과학 등 분야마다 매장으로 들어가는 문이 따로 있기 때문이다. '몰라'는 전문 분야가 다른 15개의 공간으로 구성되어 있다. 외국 서적 입구로 들어가 극동아시아 코너로 가면 이승우나

'몰라' 전경.

프랑스문학 분야 매장 전경.

예술 분야 매장 출입구 전경.

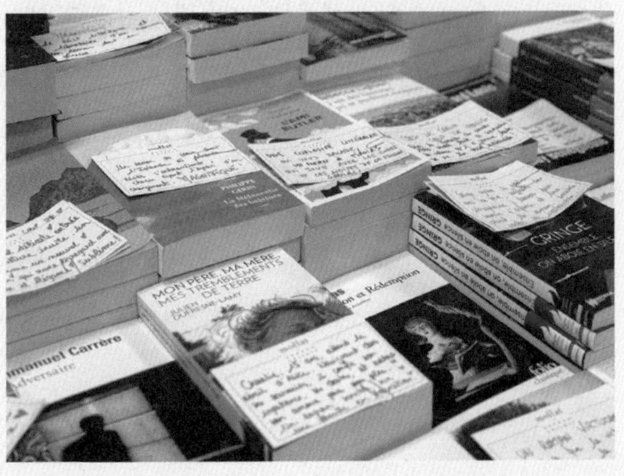

서점원의 추천 문구.

구병모 작가의 프랑스어 번역본 소설을 만날 수 있다. 들어가는 문은 많지만 나오는 문은 한 곳이다. 그곳에서 계산을 하면 된다.

대개 오래된 책방들은 변화에 취약하다. 전통을 고집하다 변화를 미처 따라잡지 못해 속수무책으로 문을 닫기도 한다. '몰라'는 다르다. 데니스 몰라는 대표로 취임한 뒤 2001년 홈페이지www.mollat.com를 만들었다. 홈페이지를 방문하면 다양한 디지털 콘텐츠를 만날 수 있다. 같은 콘텐츠를 복사해 여기저기 포스팅하는 대신 블로그, 인스타그램, 유튜브 등 각 플랫폼이 지닌 특징을 파악해 차별화된 콘텐츠를 생산한다. 매년 220여 명의 작가가 책방에서 독자와 만나는데 이를 영상으로 찍어 유튜브에 올린다. 2005년부터 시작했으니 아주 일찌감치 변화하는 매체에 대응한 셈이다. 그렇게 쌓인, 작가 인터뷰 영상만 약 1,300여 개다. 인터뷰 녹음 파일은 팟캐스트로도 활용한다. 인스타그램도 명물이다. 책 표지와 서점원을 잇는 연출 사진을 종종 업데이트한다. 실제 사람과 책표지의 인물이 이어지도록 옷 색상부터 피부 톤은 물론이고 손과 얼굴 모양까지 세심하게 연출한 사진이다. 종종 '몰라'의 포스팅을 따라 만든 게시물을 만날 만큼 화제를 낳은 일도 비일비재하다. 덕분에 2023년 현재 '몰라'의 팔로우는 10만 명을 상회한다.

오랫동안 작가와의 만남을 영상으로 송출해온 '몰라'는 '코로나19' 팬데믹 와중에 진가를 발휘했다. 2021년 12월 매장 판매는 2019년 12월보다 11퍼센트나 상승했다. '몰라'는 "광고에 돈을 쓰는 대신 자체 미디어를 디자인하여 고객을 창출"하는 데 성공했다.[16] 차고를 개조한 보르도의 스튜디오 말고 작가들이 많이 사는 파리에도 방송 촬영을 위한 스튜디오를 만들었다. 유튜브 채널 구독자 수는 '코로나19' 팬데믹 이후 4만 5,000명에서 7만 5,000명으로 증가했고 팬데믹 이전 책방 매출의 4.5퍼센트를 차지했던 온라인 매출도 15퍼센트까지 상승했다.

'토핑'과 '몰라'처럼 우리 곁에 있는, 공간의 아름다움이 남다른 책방, 전통을 이어가되 변화를 선도하는 책방을 마음속으로 꼽아본다. 구미 '삼일문고', 부산 '책과 아이들', 안산 '대동서적', 진주 '진주문고' 등이 우선 떠오른다. 또 어디가 있을까. 도시의 중형 서점은 하나의 브랜드다. 이는 곧 멋진 책방이 아름다운 도시를 만든다는 뜻이기도 하다.

도서정가제, 그 선택의 결과가 만든 풍경

_프랑스와 영국 대형 체인서점의 오늘

"2000년 무렵부터 도서 정가제를 둘러싸고 시행착오를 겪어온 우리 입장에서 프랑스는 불가사의한 나라다. 프랑스의 도서정가제는 어떻게 살아남은 걸까."

파리의 대형 쇼핑몰 '포름데알'에 대형 서점 '프낙'Fnac이 있다고 해서 찾아갔다. '퐁피두센터' 인근에 위치한 '포름데알'은 과일과 채소를 팔던 노천 시장 터에 새롭게 지어진, 지상 1층에서 지하 4층까지 이어진 쇼핑몰이다. 2016년 봄에 문을 열었다. 역피라미드 모양의 독특한 외양으로 파리의 경관을 해치지 않으면서 지하 4층까지 자연 채광이 가능하고 지상 1층에는 공원이 조성되어 예술 작품을 만날 수 있다.

'퐁피두센터'를 돌아보고 천천히 '포름데알'까지 걸어갔다. 2000년대 초반 파리에 왔을 때 '프낙'에 갔던 기억이 있다. 프랑스의 대형 서점, 하면 '프낙'이었다. '포름데알'에서 '프낙' 로고가 보여 반가운 마음에 찾았다. 그런데 책이 보이지 않았다. 디지털과 전자제품뿐이었다. 원래 '프낙'이 카메라나 필름을 비롯해 오디오 제품과 레코드를 책과 함께 취급했다는 건 모르지 않았다. 어딘가에 책이 있겠지, 싶어 한 층을 내려가니 역시 '프낙' 매장이 있긴 하지만 이번에도 책은 없었다. 더 내려가 지하 깊숙한 곳에 가서야 책을 판매하는 곳을 만날 수 있었다.

프랑스의 '프낙'을 설명할 때 서울 광화문 '교보문고'와 비슷하다고 하면 바로 분위기를 짐작할 수 있을 것이다. 계단을 따라 차곡차곡 올라가며 공간의 수직성을 보여주는 '지베르 조셉'과 달리 '프낙'은 평면적이다. 수평으로 이동하며 다양한 책을 만날 수 있고, 인테리어도 현대적이다. 파리의 다른 곳에서도 '프낙'을 가봤다. 규모가 작은 '프낙' 매장에는 디지털 전자 기기와 책이 함께 진열되어 있었다. 더 솔직하게 말하자면 '프낙'은 서점이라기보다는 디지털 전자 제품 매장에 가까웠다. 흥미롭게도 런던에서는 대형 체인서점 '워터스톤스'가 흔했는데 파리에서는 좀처럼 '프낙'을 만나기 어려웠다.

2000년 무렵부터 도서정가제를 둘러싸고 시행착오를 겪어온 우리 입장에서 프랑스는 불가사의한 나라다. "1889년 프랑스 서적상 조합에서 권장 소매 가격을 설정하기 시작해 1981년에 세계 최초로 도서정가제를 법제화"했다. 여기에 더해 "2011년에는 전자책의 모든 서비스 방식에 도서 정가 제도를 적용"했고, "2014년부터는 '반아마존법'을 적용해 오프라인 책방에서는 정가의 5퍼센트 이내 할인과 무료 배송이 가능하지만 온라인서점은 이를 하지 못하도록 규제"했다.[17]

과거에는 프랑스뿐만 아니라 대부분의 나라에서 책은 정가 판매가 원칙이었다. 도서의 가격 할인 문제가 불거지는 시기는 대체로 유통의 변화와 맞물리는 때다. 1900년대 초 미국의 백화점은 그때까지만 해도 고급 품목이던 책을 저렴한 가격으로 판매했다. 책을 미끼 상품으로 활용해 고객을 불러들이기 위해서였다. 문제가 심각해지자 출판사들이 책의 최저가격 유지를 제안하고 할인을 금지하는 협정을 맺기로 했다. 이때 미국 출판협회ABA도 결성되었다. 최저가격을 준수하지 않은 출판사는 회원사에서 퇴출시키기로 협의했다. 이를 받아들이지 않은 '메이시스' 백화점이 반대 소송을 제기했고, 1913년 대법원은 '메이시스' 백화점의 손을 들어줬으며 이 결정에 따라 미국 출판협회는 해산했고, 이후

fnac
Service après vente
WeFix
NOUVEAUTÉ FNAC
WeFix
ICI ON RÉPARE

Histoire
France
Monde
Politique
MEILLEURES VENTES

JEUN
Jouets
Jeux
Activités
MONOPOLY

'프낙'
안팎 전경.

미국에서 도서 판매 가격 유지를 위해 출판사들이 모일 수 없게 되었다.

그럼에도 불구하고 한동안 가격 유지는 관행적으로 지켜졌다. 달라지기 시작한 것은 1950년대 들어서면서였다. 가격 유지가 자유 경쟁을 억제한다는 생각이 팽배해졌다. 출판사들도 이익 극대화를 위해 지금껏 취해오던 가격 유지에 대한 입장을 철회했다. 1977년 '크라운 북스'가 할인을 시작하자 이에 질세라 쇼핑몰에 입점한 대형 체인서점이 할인으로 맞불 작전을 폈다. 1990년대 '반스앤드노블'은 할인 정책을 통해 성장했고, 2000년대 이후 '아마존' 역시 엄청난 할인 공세로 잠재적 구매 독자를 확보했다.

우리나라는 1990년대 창고형 할인마트를 비롯한 유통업체가 등장하며 할인 경쟁이 시작되었다. 2000년대 온라인서점이 등장하면서 또 한 차례 거대한 할인 전쟁에 돌입했다. 이러한 할인 공세를 동네의 작은 책방들이 이겨내는 건 불가능했다. 결국 동네마다 한두 개씩은 있던 책방들이 숱하게 문을 닫고 말았다. 이런 시행착오 끝에 도서정가제가 법제화되긴 했지만 논란은 이어졌다. 이에 반대하는 헌법소원도 있었다. 하지만 2023년 7월 20일, 헌법재판소는 도서정가제에 대한 '직업의 자유 침해 등 위헌 확인 심판 청구'를 모두 기각했다. 종이책은 물론이고 전자책에도 도서정가제 적용을 의무화한 현행 출판문화산업진흥법이 '합헌'이라는 결정을 내렸다.[18]

프랑스에서도 유통업계 변화로 인한 책값 할인 경쟁을 피할 수 없었다. 도서 유통이 다각화되었고 그에 따라 가격 경쟁이 시작되었다. 1974년 책 판매에 합류한 '프낙'은 정가의 80퍼센트로 책을 팔기 시작했다.

"프랑스의 도서정가제는 공화주의 전통으로부터 나온, 사회 전반의 문화와 인식의 결과물이다. 책방을 둘러싼 문화는 결국 그 나라를 떠받치고 있는 오래된 전통과 정신에서 비롯한다."

프랑스의 도서정가제는 '랑법'이라고 불린다. 1981년 당시 문화부 장관이었던 자크 랑의 이름에서 나왔다. 그러나 자크 랑은 "랑법의 발명가는 제롬 린든Jerome Lindon"이라고 했다.[19] 제롬 린든은 레지스탕스 투사이자 1948년부터 출판사에서 일한 출판인이다. 제롬 린든의 활약은 1980년 자크 랑을 만나 앞으로 프랑스에서 어떤 일이 펼쳐질지 재난 시나리오를 상세하게 들려주는 것으로 시작했다.

> "만약 집권 후 아무 조치도 하지 않는다면, 프랑스에 있는 4천여 개의 독립서점 중 많은 수가 사라질 것이며 특히 거대 슈퍼마켓이 책방을 잠식할 것이다. 도서의 가격을 할인하면 작은 출판사들은 설 자리가 없어져 적게 팔리는 책을 만들 수 없게 될 것이다. 유일한 해결책은 책에 단일 가격을 부과하는 것이다."

이것이 바로 제롬 린든의 주장이었다. 그의 주장에 근거가 없지 않다. 그가 일하던 출판사 '레에디션드미디'Les Éditions de minuit는 1974년에 문을 연, 렌 거리rue de Rennes에 있던 '프낙'과 가까웠다. '프낙'이 앞서 말했듯 20퍼센트 할인한 값으로 책을 팔기 시작하자 인근 동네책방들은 큰 타격을 받았다. 실제로 1년이 지나자 열한 곳의 동네책방이 문을 닫았고 다섯 곳이 매물로 나왔다.

1979년 2월 당시 경제부 장관의 이름을 딴 '르네 모노리 법령'에 따라 책방이 책값을 결정할 수 있게 되자 상황은 더욱 악화되었다. 체인형 슈퍼마켓에서도 책을 헐값에 팔았다. '프낙'은 쇼핑센터 안에서 책을 팔기 시작했다. 2년 사이 동네책방 매출은 25퍼센트가량 줄었고, 제롬 린든의 말에 따르면 "독립서점에서 시체 냄새가 났다."[20]

제롬 린든은 책을 좋아하고 책방을 자주 방문하던 미테랑 후보에게 희망을 걸었다. 당시 프랑스 국민의 56퍼센트가 '랑법'에 반대했다. 하지만 프랑스 정부는 이를 밀어붙였고 결국 도서정가제 법이 통과되었다. 물론 법이 통과되었다고 다 된 건 아니었다. 그뒤로 약 4년에 걸쳐 프랑스 최대 유통 업체 가운데 하나인 '르 클레르'Leclerc와 '프낙'은 가격 인하를 계속하며 일종의 게릴라전을 벌였다. 1984년 한 해 동안에만 '르클레르'에서 100건의 관련 법 위반이 적발되었다. '프낙'은 벨기에를 통해 프랑스로 들어온 책을 20퍼센트 할인해서 판매했다. '유럽 가격'을 적용하며 '랑법'에 맞서는 방식을 취한 것이다. 이런 반발로 인해 프랑스의 '랑법'은 룩셈부르크 사법재판소에서 자유 경쟁 위반의 소지가 있는지 판단을 받기에 이르렀고, 거기에서 이기게 된다.

도서정가제를 지키는 독일이나 프랑스에서도 동네책방의 숫자는 과거와 비교할 때 줄어들고 있는 것이 현실이다. 프랑스만 해도 '랑법' 제정 이후 약 40년 동안 4,000여 개였던 책방들이 3,500개로 줄었다. 하지만 감소세가 이 정도라면 여전히 자부심을 가질 만하다.

2023년 프랑스 마크롱 대통령은 극심한 반대 시위에도 연금개혁

법안을 철회하지 않고 밀어붙여 강행했다. 과거라면 다른 결과가 나왔을 수도 있다. 프랑스도 예전 같지 않다는 걸 짐작할 수 있다. 그만큼 인구 고령화와 그에 따른 연금 고갈이 심각하다는 방증이다. 유로화 통합 이후 프랑스 역시 신자유주의 세계화 흐름이 거세진 것으로 해석할 수 있다. 만일 마크롱 대통령이 재임하는 동안 '랑법'을 제정하려 했다면, 불가능했을지도 모른다. '랑법'의 통과는 1981년, 이른바 '좌파' 정부인 미테랑 대통령 재임 중이라 가능했을지도 모른다. 말하자면 지금으로부터 약 40여 년 전, 프랑스 사회에 공화주의 전통이 막강했던 시절이라 가능한 일이었는지도 모른다.

프랑스 사람들이라고 싸게 사는 걸 좋아하지 않을 리 없다. 2021년 프랑스 사람들 가운데 5퍼센트가 책방보다 슈퍼마켓에서 책을 사는 걸 더 저렴하게 여긴다는 조사 발표가 있었다. 2003년 온라인서점 비중은 3.2퍼센트였지만 2013년에는 18퍼센트까지 높아졌다. 이 가운데 80퍼센트를 '아마존'이 점유하자 프랑스 중도우파 야당인 대중운동연합이 2013년 도서정가제 개정안을 발의했다. '아마존'의 무료 책 배송 금지 내용을 담은 개정안이었다. 프랑스 의회는 여기에 온라인서점은 할인 판매를 할 수 없다는 내용을 추가했다. 이 법은 '반아마존법'이라고 불리며 2014년 7월부터 시행되고 있다.

"프랑스에는 독일처럼 민족도 없고, 영국처럼 구심점이 될 여왕(이제는 왕)도 없다. 프랑스에는 오로지 피를 흘리며 만들어온 공화주의 전통만이 있을 뿐이다. 공화주의 전통의 핵심은 사회 정의다." 프랑스 사람들은 "사회 불의보다는 차라리 무질서를 택한다"는 말이 있다."[21]

우리 입장에서 좀 과격하다 싶을 만큼 프랑스에서 시위와 파업이 용인되는 이유를 이런 데서 찾을 수 있지 않을까. 프랑스 사람들은 개인주의자가 분명하지만, 공공장소에서 어린아이가 소란을 부리거나 함부로 행동하면 부모가 엄격하게 교육한다. 개인주의가 곧 이기주의를 말하는 게 아니라는 것, 서로 연대하는 개인주의자가가 되어야 한다는 것이 프랑스 사람들의 오래된 사고이자 전통이다.

전 세계적으로 가격 할인을 통해 매출을 키우려는 업계의 시도가 활발하게 이루어지던 1980년대 프랑스는 '랑법'을 제정했고, 유럽 사회의 새로운 기준을 만들었다. 우리 역시 도서정가제가 화두로 떠오를 때마다 프랑스의 '랑법' 이야기를 수시로 언급해왔다. 그렇지만 그 내용을 살펴볼수록 하루아침에 만들 수 있는 게 아님을 알 수 있다. 말하자면 프랑스의 '랑법'은 이 나라와 사회를 떠받치고 있는 공화주의 전통으로부터 나온, 오래 축적된 사회 전반의 문화와 인식의 결과물이다. 그렇게 보자면 책방을 둘러싼 문화를 만들어내는 것도 결국은 그 나라를 떠받치고 있는 오래된 전통과 정신에서 비롯한다는 걸 곱씹게 된다.

"1997년 3월 도서정가제가 공익에 반한다는 최종 판결 이후 영국에서 도서정가제는 사라졌다. 가장 큰 이익을 본 곳은 대형 체인서점이 아니라 대형 체인슈퍼였다."

유럽의 많은 도시들이 그렇듯 영국 역시 기차역, 광장, 교회가 도시의 중심지에 모여 있다. 그리고 이런 도시의 중심지에는 '막스앤드스펜서'나 '세인즈버리' 같은 체인 슈퍼마켓과 음식점 등이 꼭 있다. 기차역 안에는 신문과 잡지를 비롯해 몇 종의 베스트셀러를 파는 잡화 서점 'WH 스미스'가 있다. 도심에서 조금만 벗어나면 그 지역만의 소박한 풍경과 아름다운 자연이 펼쳐지긴 하지만 이렇듯 어딜 가나 마주치는 체인점들 때문인지 영국의 도심 한복판은 파리와는 다소 대조적으로 대체로 비슷한 분위기를 풍긴다.

해리퍼드나 바스 같은 중소형 도시 역시 사정은 비슷하다. 어느 도시에 가도 꼭 볼 수 있는 곳 중 하나로 '워터스톤스'가 있다. 18~20세기까지 인쇄 서적업의 전성기를 누린 영국에서 대형 체인서점이 이렇게 자주 눈에 띄는 건 왜일까.

영국은 1829년 세계에서 처음으로 도서 정가 판매를 협약한 나라다. 1899년 NBA^Net book Agreement 법안, 즉 우리 식으로 표현하자면 도서정가제를 협약, 이듬해인 1900년 1월 1일부터 발효한다.[22] 영향력 있는 영국 출판사들이 정가로 판매하는 조건을 달고 책방에 책을 공급하기로 뜻을 모았다. 출판사들은 정가 판매를 위반한 책방에 도서 공급을 중단한다는 조항에도 합의했다. 한편 미국에서는 1913년 도서 재판매가격유지[23]가 붕괴되었다. 생산자가 제품을 유통업자에게 넘기고 나서 유통업자가 소비자에게 판매하는 단계를 재판매단계라고 한다. 이때 제조업자가 정한 가격을 지키는 일을 재판매가격 유지라고 한다.

1962년 출판과 서적 판매업의 상황이 달라지면서 영국에서도 한 차례 NBA 법안에 대한 재검토가 이루어지기도 했지만, 별 이견 없이

WH S
WHSmith
Coronation Celebrations
Greeting Cards
Books & Magazines
whsmith.co.uk
Coronation Celebrations
Toys & Games

3 for 2
£10 OR LESS

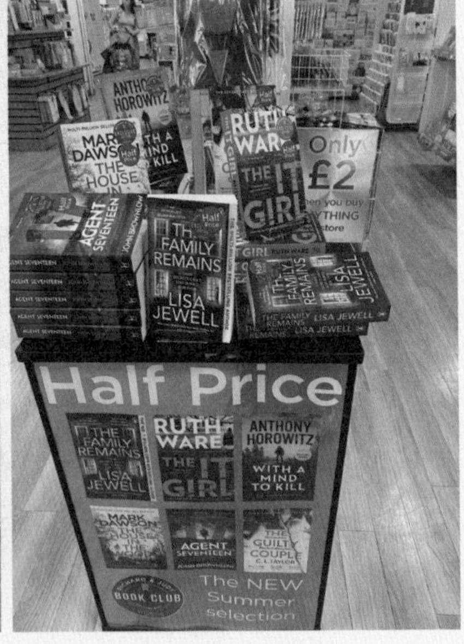
Only £2
AGENT SEVENTEEN
THE FAMILY REMAINS
LISA JEWELL
Half Price
THE FAMILY REMAINS
LISA JEWELL
RUTH WARE
THE IT GIRL
ANTHONY HOROWITZ
WITH A MIND TO KILL
MARK DAWSON
AGENT SEVENTEEN
THE GUILTY COUPLE
BOOK CLUB
The NEW Summer selection

'WH스미스' 안팎 전경.

협약은 유지되었다.

1990년대가 되자 사정이 달라졌다. 1991년 영국에서는 '딜런스'와 '워터스톤스' 같은 대형 체인서점이 부상했다. 이들은 일부 도서의 할인 판매를 시작했다. 대형 체인서점 입장에서 보면 규모의 경제로 인해 할인 전략을 고려할 필요가 있었다. 하지만 NBA로 인해 드러내놓고 할인을 하는 것이 어려웠다. 그러자 대형 체인서점들은 NBA의 틈새를 파고들었다. 손상된 책이나 헌책을 정가 판매 예외 조항으로 둔 것이 바로 그들이 공략한 틈새였다.

이런 틈새를 활용하여 신간을 정가 이하로 팔기 위해 대형 체인서점들은 고의로 새 책을 훼손하거나 파손했다. 펀치를 사용해 책 표지에 구멍을 뚫거나 책의 모서리에 마커펜으로 십자 모양 자국을 내서 '하자가 있는 책'을 만드는 방식을 주로 활용했다. 겉으로는 NBA를 위반하지 않으면서 할인해서 책을 파는 편법이었다. 스코틀랜드에서 헌책방 '더 북숍'을 운영하는 숀 비텔은『책방 일기』에서 아직도 이런 표시가 남아 있는 헌책을 볼 때가 있다고 했다.

상황이 이렇게 되자 출판사에서 이의를 제기했고, 대형 체인서점과의 격렬한 마찰은 당연한 수순이었다. 1994년 8월, 영국 공정거래청은 NBA를 재검토했다. 이미 출판 시장은 달라졌다. 개인들이 운영하는 책방 중심이었던 때와 달리 대형 체인서점의 등장으로 책을 대량 판매할 수 있는 길이 열렸다. 1899년 출판사들이 NBA에 합의했던 때와는 상황이 사뭇 달라졌다. 1995년 9월 대형 출판사인 '하퍼콜린스'와 '랜덤하우스'는 더 이상 NBA에 구속되지 않겠다고 발표했다. 대형 체

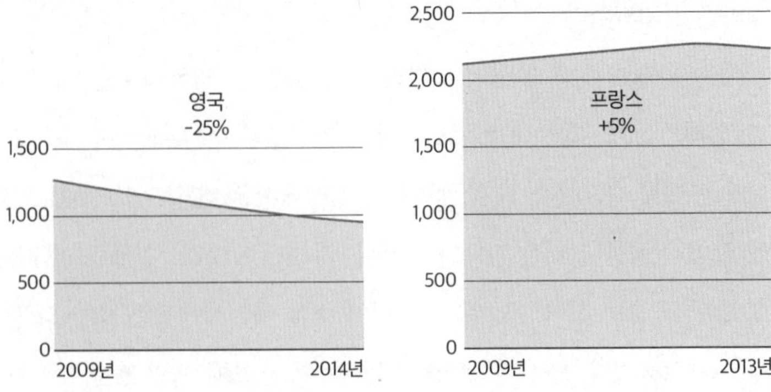

『뉴욕타임스』가 비교한 2009년부터 2014년까지 영국과 프랑스의 독립서점 증감 추이.

인서점 중 하나인 'WH 스미스'는 NBA 탈퇴를 옹호하며 대대적인 홍보에 나섰다.

1997년 3월 마침내 NBA가 공익에 반하므로 불법이라는 최종 판결이 나왔고, 이로써 영국에서 도서정가제는 영원히 사라졌다. 대폭 할인된 가격으로 책을 판매할 수 있게 되자 가장 큰 이익을 본 곳은 대형 체인서점이 아니라 대형 체인슈퍼마켓이었다. 이들은 몇몇 베스트셀러를 할인한 가격에 팔기 시작했고, 매장에서의 도서 판매 점유율은 매우 높아졌다.

NBA가 사라진 후 책방들은 어떻게 됐을까. 1995년부터 2016년까지 영국 독립서점협회 회원 수는 1,894개에서 867개로 대폭 감소했다. 이 시기 영국의 책방들은 '아마존'과 치열한 경쟁을 치르는 한편 사업세율 인상으로 인한 재정 압박에도 직면했다. 그나마 다행스럽게도 2021년에는 1,027개, 2022년에는 1,072개로 증가하고 있긴 하지만 『뉴욕타임스』가 2009년부터 2014년까지 영국과 프랑스의 독립서점 추이를 비교해놓은 표를 보면 두 나라의 상황이 사뭇 대조적임을 확인할 수 있다. 같은 기간 동안 영국과 아일랜드의 독립서점은 25퍼센트 감소했고, 프랑스는 5퍼센트 증가했다.

"도서정가제가 사라진 후 독립서점의 붕괴는 예견되었지만 대형 체인서점의 위기를 점친 이들은 드물었을 것이다. 도서정가제 폐지 이후 대형 체인서점들은 대형 체인슈퍼마켓들과 경쟁해야 했다."

자본주의가 탄생한 나라 영국에서 서비스를 결정하는 건 돈이다. 모든 가치를 돈에 따라 정확하게 결정한다. 우리나라에서는 간혹 가격은 싸지만 품질 좋은 물건이나 맛있는 음식을 접할 때가 있다. 영국에서 이런 기대는 접는 편이 좋다. 지불한 돈만큼만 서비스를 받는다. 영국의 대형 체인슈퍼마켓은 가격에 비례한 제품을 판매한다. '웨이트로즈'waitrose는 품질 좋은, 이른바 장인들이 만든 식료품을 판다. 값이 비싸다. 비싼 만큼 '웨이트로즈'가 있는 곳은 부촌이다. 가장 흔한 슈퍼마켓은 '테스코'Tesco와 '세인즈버리'Sainsbury이고 더 싼 물건을 사고 싶을 때는 '알디'Aldi를 가면 된다.

호텔 체인도 가격에 따라 정확히 나뉜다. 우리는 모텔에 가도 냉장고, 헤어드라이어, 와이파이 등은 대체로 제공 받는다. 영국은 2~3성급 호텔을 이용할 때 이런 서비스를 이용하려면 추가로 돈을 내야 한다.

와이파이를 사용하고 싶으면 따로 돈을 내야 하고, 헤어드라이어가 필요하면 따로 요청을 해야 한다. 공짜는 없다. 모든 것은 돈으로 귀결된다. 오랜 세월 이어져온 영국식 실용주의다.

NBA 협약도, 유지도, 폐지도 모두 영국 사회의 선택이라 할 수 있다. 1997년 NBA를 폐지한 가장 큰 명분은 공공의 이익에 반한다는 것이었다. 개인이 더 싼값으로 책을 살 수 없다면 이는 공공의 이익에 반한다고 여긴 것이다. 이러한 생각은 다분히 영국적이다. 대처 이후 만연해진 영국의 신자유주의 정치 노선도 이 결정에 일정한 작용을 했을 것이다.

가장 흥미로운 건 NBA가 사라진 후 대형 체인서점이 맞이한 위기다. 독립서점의 붕괴는 예견되었지만 대형 체인서점의 위기를 점친 이들은 드물었을 것이다. NBA 폐지 이후 독자는 어디서나 책을 저렴하게 살 수 있게 되었다. 그러자 오히려 책의 가격에 민감해졌다. 이전까지만 해도 대형 체인서점들은 독립서점들과 비교되었다. 독립서점들에 비해 싼값에 책을 팔 수 있으니 유리해질 거라고 생각했을까. 하지만 NBA 폐지 이후 대형 체인서점들은 대형 체인슈퍼마켓들과 경쟁해야 했다. 대형 체인서점의 덩치가 아무리 커도, 대형 체인슈퍼마켓에 당할 수는 없었다. 2009년경 '워터스톤스'는 문화적 기업으로서 서점의 위상을 완전히 상실했다. 여기에 온라인서점의 절대 강자 '아마존'이라는 경쟁 상대까지 나타났다. '워터스톤스'는 살아남기 위해 가격 경쟁에 올인했으나 그 결과는 참패였다. 이 과정을 통해 영국의 오프라인 책방은 가격 경쟁력으로는 절대 우위에 설 수 없다는 아픈 결론을 얻었다.

영국 중부와 남부 그리고 웨일스와 스코틀랜드에서도 '워터스톤스'

를 만났다. 지점에 따라 책값의 차이는 있었지만 '미친 듯이' 가격 할인을 하는 곳은 보지 못했다. 영국의 동네책방들 가운데는 북클럽 회원에게 소폭의 할인을 해주는 경우를 제외하고는 아예 가격 할인을 하지 않는 곳도 많았다.

'워터스톤스'는 2018년 전통의 '포일스'를, 2022년에는 옥스퍼드의 '블랙웰스'를 인수했다. 런던의 왕실 인증 서점 '해처드'도 '워터스톤스' 산하에 있다. 1990년 '펜토스'는 '해처드'를 인수했는데, '워터스톤스'가 '펜토스'를 인수한 결과다. '워터스톤스'는 전례 없이 거대한 체인서점이 되었다. 그렇지만 영국의 서점인들은 이 거대한 '워터스톤스'에 대해 불편한 감정은 없어 보였다. 동네책방도, 대형 체인서점도 모두 다 함께 '아마존'에 대항하는, 다 같은 오프라인 책방이라는 의식이 더 강해 보였다.

"영국과 프랑스의 책방을 돌아보며 한 나라의 책방 문화가 결코 간단히 만들어지는 게 아니라는 사실을 절감했다. 결국 책방의 미래는 그 책방이 속한 이들이 만들어간다. 우리 책방의 미래는 우리가 만들어가는 것이며, 이는 우리가 만들어갈 수 있다는 의미이기도 하다."

영국의 책방 문화는 프랑스와 사뭇 다르다. 물론 영국과 프랑스는 국민성, 문화 심지어 정치적 노선도 다르다. 지식인이라는 개념조차 매우 다르다. 영국사 전문가인 박지향은 두 나라의 차이를 이렇게 말한다.

> "18세기 이래 영국인은 남자답고 도덕적으로 진지함을 중시했다면 프랑스는 범세계주의, 인위성, 패션의 노예, 지적인 외도를 앞세웠다."[24]

전통적으로 영국의 지식인은 지배층과 융합되어 있다. 영국의 총리였던 글래드스턴이나 존 스튜어트 밀은 교양인이자 사회 지도층이었다. 대혁명을 거친 프랑스의 지식인은 목숨을 걸고 신념을 피력하는, 행동하는 이들이었다. 대체로 사회 문제에 적극적으로 참여하고 국제 문제에 관심을 갖는다. 사르트르는 알제리 독립을 지지하는 '121인 선언'에 서명했다. 무고한 유대인 대위 드레퓌스가 독일 대사관에 군사 정보를 제공했다는 혐의로 종신형을 받자 이를 비판하는 이들의 행렬에도 지식인들이 앞장섰다. 에밀 졸라가 드레퓌스 사건에 미친 영향력은 엄청나다.[25] 프랑스에서는 지식인의 의무를 다해야 한다는 인식이 전통적으로 뿌리 깊다.

비슷한 시기 집권했던 영국의 대처 총리와 프랑스의 미테랑 대통령은 유럽연합에 대한 생각도, 정치적 경제적 노선도 매우 달랐다. 이런 두 나라의 차이가 결국 오늘날 서로 다른 책방 풍경을 만들었다고 한다면 과한 생각일까.

영국과 프랑스의 책방을 돌아보며 한 나라의 책방 문화가 결코 간단히 만들어지는 게 아니라는 사실을 절감했다. 한 사회를 지배하는 가치관이 무엇이냐에 따라 책방의 모습은 달라진다. 합리적 실용주의를 내세우는 영국과, 국가가 문화 산업에 적극적으로 개입하는 프랑스의 책방 문화는 이미 서로 다른 양상을 보이고 있었다. 그렇게 보면 책방은 결국 한 나라의 국민성과 가치관, 문화적 토대를 반영하고 상징한다고 할 수 있다. 결국 책방의 미래는 그 책방이 속한 이들이 만들어간다. 우리 역시 고유한 책방 문화를 고민하고 만들어 가야 한다는 뜻이기도 하다.

제2부.

영원히 마르지 않는 콘텐츠의 발신처, 동네책방

불온한 정신과 불온한 책의 안식처

_파리의 '셰익스피어앤드컴퍼니', 샌프란시스코의 '시티라이트'

"프랑스 파리의 '셰익스피어앤드컴퍼니'와 바다 건너 미국 샌프란시스코의 '시티라이트' 책방은 체제에 순응하지 않은 자유로운 작가들의 집결지였다는 점에서 마치 '자매 책방'과도 같다."

영국 중부에는 노동자의 도시로 불리는 맨체스터가 있다. 산업혁명 시기 주요 공업 지대였던 이곳은 여타의 영국 도시와는 분위기가 사뭇 다르다. 무엇보다 도시 곳곳이 공사 중이다. 영국의 많은 도시에서는 전통 건축물 보전을 위해 설치한 수리용 비계를 흔히 볼 수 있다. 맨체스터는 그런 수준이 아니다. 높고 현대적인 고층 빌딩이 이미 많은데 더 짓기 위해 공사가 한창인 곳이 많아서 순간적으로 한국으로 착각할 뻔했다. 또 다양한 인종의 젊은이들이 도시를 누빈다. 대체로 조용한 일본에서 오사카에 가면 어쩐지 목소리 큰 사람들이 많다고 느끼는 것처럼 영국에서도 맨체스터에 가면 어쩐지 다소 거친 느낌을 받는다.

영국 맨체스터에서 한동안 머물다 찾은 프랑스 파리는 분위기가 사뭇 달랐다. 투박하고 거친, 마치 회색빛이 감도는 듯했던 맨체스터에서 파리로 공간 이동을 하자 긴 겨울을 보내고 봄이 찾아온 듯했다. 봄이 오면 햇살과 빛이 찬란해지는 것처럼, 공간이 달라지자 대기도 변했다. 파리에 와서야 여행 중 선글라스가 필요하다는 생각을 했다. 파리에서는 사람들도 감각적이고 화사했다. 골목마다 자리잡은 빵집들이며 베트남 쌀국수집들을 만날 수 있었고, 대체로 맛도 좋았다. 영국에 사는 F는 "세상에는 틈만 나면 파리로 달려가는 사람과 런던을 좋아하는 사람이 있어. 파리 파와 런던 파는 기질부터가 아주 달라."라고 말했다.

처음에는 무슨 말인지 잘 몰랐는데, 파리 일정을 마친 뒤 유로스타를 타고 런던으로 다시 돌아와보니 조금은 알 것도 같았다. 거리로만 보면 그리 멀지 않지만 런던과 파리는 참 다르구나 싶었다.

파리에 다녀왔다고 하자, 열 명 중 여덟아홉 명은 내게 '셰익스피어앤드컴퍼니'shakespeare&company에 다녀왔는지를 물었다.

유럽 책방 중 가장 잘 알려진 곳을 하나만 꼽는다면 '셰익스피어앤드컴퍼니'다. 그만큼 유명하다. 영화 〈비포더 선셋〉에서 에단 호크와 줄리 델피가 재회한 곳이기도 하고, 우디 알렌의 〈미드나잇 인 파리〉에도 나왔다. 책방 이야기를 다루는 다큐멘터리에도 종종 등장하고, 여행 책자에서도 소개되는 파리의 명소다. 책방을 찾기는 어렵지 않다. 센강 좌안 생미셸 다리 근처를 기웃거리다 관광객들이 줄을 서 있는 곳이 보이면 거기로 가면 된다.

조앤 롤링이『해리 포터』를 집필할 때 영감을 받았다는 포르투갈 포르투에 있는 책방 '엘루'는 여행자들이 몰리자 입장료를 받는다고 한다. '셰익스피어앤드컴퍼니'도 성수기에는 긴 줄을 서야 하지만 아직 입장료를 받지는 않는다. 다만 내부 촬영은 금지되어 있다. 다행히 책방 앞에 의자가 있어 이 역사적 명소에 다녀갔다는 '인증샷'을 찍을 수 있다.

'셰익스피어앤드컴퍼니'의 명성이 거저 생긴 건 아니다. 지난 세월 책방은 아무리 어려운 상황에서도 예비 작가들에게 숙소를 제공하는 한편으로 작가가 목소리를 낼 기회를 만들어옴으로써 이곳이 이곳만의 문화 발신지임을 잊지 않았다.

프랑스 파리의 '셰익스피어앤드컴퍼니'와 비슷한 책방이 하나 더 있다. 바다 건너 미국 샌프란시스코의 '시티라이트'City Lights Bookeller&Publishers다. 이 두 곳은 체제에 순응하지 않은 자유로운 작가들의 집결지였다는 점에서 마치 '자매 책방'과도 같다.

"공동체를 우선으로 생각하는 프랑스적인 사고와 사회주의자였던 조지의 발상이 만들어낸 이 프로그램은 '셰익스피어앤드컴퍼니'를 특별한 책방으로 만들었다."

'셰익스피어앤드컴퍼니'는 파리라는 무대에서 지금껏 총 3막의 공연을 펼쳤다. 제1막의 주인공은 미국인 실비아 비치Sylvia Beach다. 1919년 파리 뒤트랑 거리에서 시작한 영문학 전문 책방 '셰익스피어앤드컴퍼니'는 1921년 로데옹 거리로 옮기며 전성기를 맞는다.

실비아 비치는 처음부터 이곳이 작가들이 모이는 책방이 되기를 바랐다. 마침 1920년대 파리로 예술가들이 모여들었다. 파리에 머물던 어니스트 헤밍웨이, T.S. 엘리엇, 에즈라 파운드, F. 스콧 피츠제럴드 등은 영어책이 있는 '셰익스피어앤드컴퍼니'를 자주 찾았다. 특히 헤밍웨이는 책방과 맺은 추억을 에세이로 남겼다.[01] 그러니, 작가들이여, 단골 책방에 관한 글을 써달라. 그로써 책방은 영원함을 얻는다!

'셰익스피어앤드컴퍼니'에게 불멸을 선물한 작가는 제임스 조이스다. 그가 쓴 『율리시스』는 20세기 최고의 작품이라 평가받지만, 너무 길고 난해해 사실상 출판이 불가능했다. 모더니즘 작가인 버지니아 울프

SHAKES
37
SHAKES
for the heroine
girl called
astasya Philippovna
One hundred years
go my bookstore
as a wine shop
idden from the Seine
y an annex of the
otel Dieu hospital
which has since
een demolished
nd replaced by
a garden.
urther back in
he year 1600 our
whole building was
monastery called
La Maison du Mustier
n medieval times
ach monastery had
'frère Lampier'
hose duty was
o light the lamps
at nightfall.
have been doing
his for fifty years
Now it is
aughter's
New, Used & Rare Books
Listen to our PODCAST

ARE AND COMPAN
ARE AND COMPAN
Camerado!
This is
no book;
Who touches
this, touches
a man:
s it night?
Are we here
alone?)
It is I
you hold,
And who
holds you;
I spring
from
the pages
into
your
arms...
Walt
Whitman
EXIT
SORTIE
Exit
Sortie

조차 자신이 운영한 '호가스' 출판사에서 출간을 검토했지만 끝내 포기했을 정도다. 이때 실비아 비치가 나선다. 책방을 운영하던 그는 겁도 없이 이 원고를 직접 출판하기로 결심한다. '셰익스피어앤드컴퍼니'와 제임스 조이스는 이렇게 역사에 기록된다.

제2막의 문을 연 사람은 미국인 조지 휘트먼George Whitman이다. 그는 1951년 노트르담 대성당 바로 옆에 있던 16세기 수도원 건물 한쪽에 '르 미스트랄'이라는 책방을 열었다. 나치가 파리를 점령하자 실비아 비치는 책방 문을 닫았고 1964년 세상을 떠났다. 실비아가 죽은 후 조지 휘트먼은 이를 기리기 위해 책방 이름을 '셰익스피어앤드컴퍼니'로 바꾼다. 두 번째로 등장한 '셰익스피어앤드컴퍼니'다. 오늘날 우리가 파리에 가면 만날 수 있는 바로 그 책방이다.

조지 휘트먼의 책방에도 내로라하는 작가들이 드나들었다. 조지 휘트먼의 '셰익스피어앤드컴퍼니'는 '텀블위드'Tumbleweeds 프로그램으로 유명세를 더했다. 대학 시절 처음 마르크시즘을 접하고 사회주의자가 된 조지 휘트먼은 사람들이 스탈린이나 쿠바에 대해 논평이라도 하면 목에 핏줄을 세우고 "세상에 진정한 공산주의가 있던 적은 단 한 번도 없었다."며 반박하곤 했다. 그의 소신은 분명했다.

> "사람들이 모이면 개개인보다 강해지며, 전체 인구에게 더 높은 삶의 질을 제공할 수 있다면 개인이 쌓을 수 있는 부를 희생하는 것이 더 가치 있다."[02]

그런 그의 사상적 배경을 알면 그가 시도한 '텀블위드' 프로그램을 더 잘 이해할 수 있다. 1970년부터 조지는 작가들이 책방에서 공짜로 묵게 했다. 공동체를 우선으로 생각하는 프랑스적인 사고와 사회주의자였던 조지의 발상이 만들어낸 이 프로그램은 '셰익스피어앤드컴퍼니'를 특별한 책방으로 만들었다.

조지는 책방의 책장 사이에 13개의 침대를 갖춘 뒤 작가들을 머물게 했다. 프랑스 경찰은 급진주의자에게 잠자리를 제공하는 조지를 예의주시했고, 법령에 따라 책방에서 잠을 자는 사람도 숙박계를 써야 한다고 요구했다. 조지는 숙박계 대신 책방에서 하룻밤을 묵으려는 이들에게 각자의 인생에 대해 글을 쓰게 했다. 일종의 창작 연습을 시킨 셈이다. 책방을 거친 이들이 쓴 약 3만 편의 글은 2016년 3대 사장인 실비아 휘트먼Sylvia Whitman이 『내 마음의 넝마와 뼈의 책방』*The Rag and Bones Shop of the Heart*이라는 회고록으로 출간했다.

그렇다. '셰익스피어앤드컴퍼니'의 제3막은 조지의 딸인 실비아 휘트먼이 주인공이다. 조지는 오리지널 '셰익스피어앤드컴퍼니'의 주인 실비아 비치의 이름을 따서 딸의 이름을 지었다. 꼬마 실비아는 책방의 3층 살림집에서 자랐다. 수많은 책에 둘러싸여, 일요일 홍차 파티에 참여하는 여러 손님의 손에서 자랐다. 조지의 아내는 이런 생활을 견디다 못해 딸을 데리고 영국으로 가버렸다. 딸이 책방을 물려받기를 원했던 아버지 조지의 소원은 90세 무렵 이루어졌다. 하지만 아버지와 딸은 책방을 운영하는 방식에서 자주 부딪혔다. 조지는 50여 년 동안 '셰익스피어앤드컴퍼니'를 자신만의 방식으로 운영했다. 마치 '포일스'의 크리

'셰익스피어앤드컴퍼니' 안팎 전경.

스티나 포일과 비슷했다. 그의 원칙은 좀 괴상해 보이기도 한다. 책방에 전화도 없고, 카드를 사용할 수 없으며 심지어 돈을 책 사이에 끼워 놓곤 해서 이를 노린 좀도둑이 책방에 들끓기도 했다.

2011년 12월, 조지가 98세로 세상을 뜨자 실비아는 낡은 서가를 보수하고 책의 배치도 바꿨다. 아버지가 거부하던 전화도 놓고, 카드 결제도 가능하게 했다. 책방 옆에 같은 이름의 카페도 열었다. 예전부터 해오던 주간 문학 행사 말고도 문학 축제며 파리 문학상도 만들었다. 팟캐스트도 시작했고, 온라인으로 책을 팔기도 했다. '코로나19'팬데믹 기간에 책방이 어렵다는 사실을 SNS로 호소하자 전 세계 독자들로부터 온라인 주문이 쇄도, 어려운 고비를 넘기기도 했다.

변한 건 또 있다. '텀블위드'는 진행하고 있지 않으며 언제 다시 시작할지 알 수 없다. 혹시나 파리의 오래된 책방에서 낭만적인 하룻밤을 즐기려는 독자가 있다면, 낭만과 전설을 만끽하기 전에 책방 홈페이지를 먼저 살펴볼 것!

"비트 세대 문학을 비롯해 급진적인 작가들의 책을 펴낸 '시티라이트' 정신은 지금도 여전하다. 2층에 가면 비트 세대 정신이 깃든 '시인의 방'이 보존되어 있으며, 시와 관련된 책이 진열되어 있다."

파리의 '셰익스피어앤드컴퍼니'와 미국 샌프란시스코의 '시티라이트'는 유사한 공통점이 있다. 작가를 통한 인연도 두 책방을 잇는다.

'시티라이트'의 탄생은 1953년으로 거슬러 올라간다. 대중문화 잡지 『시타라이트』의 편집인인 피터 D. 마틴은 잡지사 운영에 도움이 될까 싶어 책방을 시작하려고 마음먹는다. 이때 콜롬비아대학교에서 영문학 석사를 받고 파리 소르본대학교에서 공부하고 돌아온 로렌스 펄링거티Lawrence Ferlingetti가 나타나 동업을 제안한다. 펄링거티는 파리 유학 시절 조지 휘트먼의 책방 '르 미스트랄'에 드나들었다. 실비아 비치가 『율리시스』를 출간한 일도 알고 있었다. 책방을 하려는 이유와 목적은 달랐지만 두 사람은 의기투합해 미국 최초의 포켓북 책방 '시티라이트'를 시작했다. 펄링거티는 '시티라이트'에서 자신의 시집 『지나간 세계에 대한 그림들』*Pictures of the Gone World*을 출간하며 처음부터 책방과 출판업을 겸했다. 지금도 시티라이트의 공식 명칭은 'City Lights Bookseller&Publishers'다.

1955년 10월, 펄링거티는 우연히 참석한 시 낭송회에서 앨런 긴즈버그Allen Ginsberg가 낭송한 「울부짖음」에 강렬한 인상을 받는다. 그때까지만 해도 긴즈버그는 시를 쓰기만 했을 뿐 출판까지는 생각하지 못하고 있었다. 펄링거티는 긴즈버그에게 곧장 "새로운 삶의 출발점에 선 당신을 환영합니다. 원고는 언제 넘길 건가요?"라고 전보를 쳤다.

그렇게 해서 1956년 긴즈버그의 시집 『울부짖음 그리고 또 다른 시들』(이하 『울부짖음』)이 '시티라이트'에서 출간되었다.

'셰익스피어앤드컴퍼니' 제1막의 주인공인 실비아 비치가 『율리시스』를 출간했다면, '시티라이트'의 펄링거티는 『울부짖음』을 출간했고, 두 책방은 그렇게 역사에 길이 남게 되었다. 『울부짖음』은 헤밍웨이로

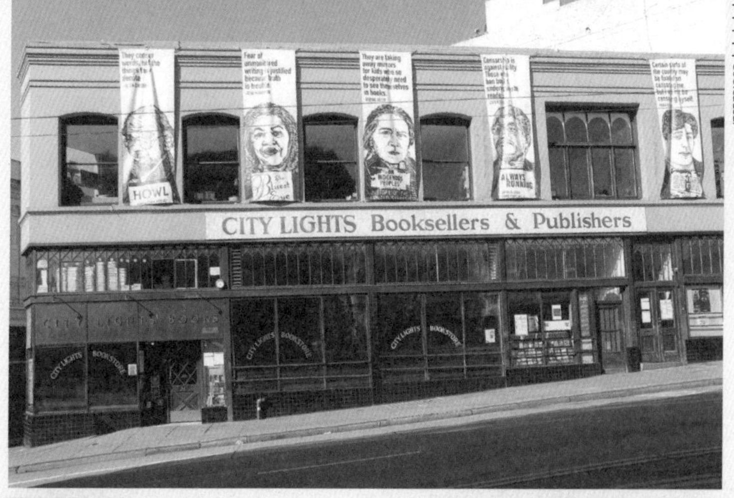

위키피디아 Coolcaesar

위키피디아 Julie

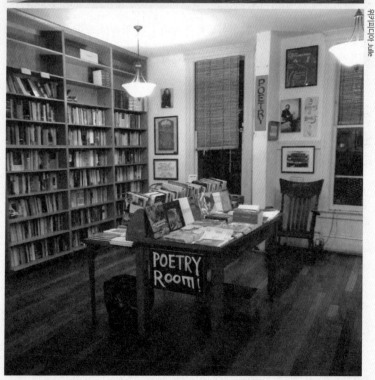

미국 샌프란시스코 '시티라이트' 안팎 전경.

대표되는 '잃어버린 세대' 다음으로 등장한, 이른바 비트 세대의 출발을 알리는 시집으로 평가를 받는다. 비트 세대는 1950년대 만연한 물질 만능주의를 반대하면서 인간 정신의 회복을 주장하는 낙천주의이자 무정부주의자들을 일컫는다. 히피 문화의 원조로도 유명하다. 그래서일까. 젊은 시절 히피 문화에 심취했던 '애플'의 스티브 잡스가 가장 좋아하는 시인이 바로 긴즈버그였다.

긴즈버그는 시집이 출간되자마자 큰 주목을 받았다고 알려졌지만, '시티라이트'의 증언은 다르다. 책방 기록에 따르면 책이 출간된 다음 해인 1957년 6월 1일 경찰이 책방에 들이닥쳐 펄렁거티와 서점 지배인을 음란서적 판매 혐의로 체포한다. 그러자 『울부짖음』은 불티나게 팔리기 시작했고, 이로 인해 미국 사회에서 표현의 자유를 보장하는 수정헌법 제1조의 가치를 천명하는 계기가 만들어지기도 했다.

펄렁거티가 기소되어 법적 절차가 진행되는 동안 긴즈버그는 미국을 떠나 있었다. 파리에 도착한 긴즈버그는 '셰익스피어앤드컴퍼니'의 주간 문학 행사에 참여해 「울부짖음」을 낭독했다. 조지 휘트먼은 "긴즈버그는 소심해서 낭송 전에 술을 몇 잔 마셔야" 했다고 회고했다. 비트 세대 시인 중 한 명인 윌리엄 버로스도 아직 출간 전인 「벌거벗은 점심」을 '셰익스피어앤드컴퍼니'에서 낭독했다. 파리에 머무는 동안 긴즈버그와 버로스는 '셰익스피어앤드컴퍼니'를 마치 도서관처럼 여기며 매일같이 드나들었다. 그래서였을까. 긴즈버그는 1973년 '셰익스피어앤드컴퍼니'에 관한 시를 남기기도 했다.[03]

비트 세대 문학을 비롯해 급진적인 작가들의 책을 펴낸 '시티라이트'의 정신은 시간이 흐른 지금도 여전하다. 책방 2층에 가면 비트 세대의 정신이 깃든 '시인의 방'이 보존되어 있으며, 2층 전체에 걸쳐 시와 관련된 책이 진열되어 있다. 책방의 정신은 지하에도 반영되어 있다. 정치, 종교, 역사, 예술, 여행, 심리학, 철학, 이민자, 여성, 소수자, 장르 소설, 어린이 분야의 책은 물론이고 페미니즘, LGBT, 반자본주의와 환경 등 진보적인 책들이 서가를 가득 채우고 있으며 북아메리카원주민 코너도 따로 두었다. 이곳을 다녀온 구미의 '삼일문고' 김기중 대표는 "그동안 책방의 큐레이션은 팔리는 책이어야 한다고 생각했다. 한 권 한 권 신중히 선별하여 책방이 추구하는 가치와 정체성을 드러내는 '시티라이트'의 서가는 책방의 역할과 정체성, 그리고 큐레이션에 대해 다시 생각하게 했다. 책방 벽에 붙은 '책을 파는 일종의 도서관'a kind of library where book are sold라는 문구에서 어떤 마음으로 책방을 하는지 느껴졌고, '휴대전화기를 끄고 지금 여기에 있어라!'Strash your sell-phone and be here now!라는 문구는 책방이 어떤 곳이어야 하는지를 생각하게 했다."고 말한다.

"우리에게도 전국 어디에나 '불온한' 책방이 있던 시절이 있었다. 지금은 대부분 간판을 내렸으나 그 책방을 통해 이어지던 정신은 여전히 남아 있다고 믿고 싶다."

한 시대의 아이콘이었던 두 책방은 작가를 사랑했고, 작가의 목소리가 묻히지 않도록 힘껏 응원했으며 작가들의 불온한 정신과 그들이 써낸 불온한 책의 안식처였다. 세상의 모든 책은 불온하다. 한국에도, 글자 그대로 '불온한' 책을 품었던 책방의 역사가 있다. 이들 책방은 주로 대학가 앞에 있었다. 1980년대 전성기를 누린 대학가의 책방들은 당시 정권이 금했던 '불온한' 서적을 은밀하게 들여다놓고 팔았다. 1980년대 후반에 대학에 들어간 나 역시 그런 책방 가운데 하나였던 '이어도'를 기억한다. 그곳에서 산 '금지곡 녹음 테이프'를 마르고 닳도록 들었고, 숨겨둔 책을 사는 것만으로도 등골이 서늘했던 기억이 있다. 당시 이들 책방에서는 '대학생이 읽어야 할 필독서 목록집' 같은 걸 만들어 팔기도 했다. 서울대 앞의 '그날이 오면'이나 고려대 앞의 '장백'과 '황토', 성균관대 앞의 '풀무질'과 '논장', 연세대 앞의 '오늘의 책'과 '알' 등을 꼽을 수 있다. 이곳들만은 아니었다. 전국 어디에나 '불온한' 책방이 있던 시절이었다. 지금은 대부분 간판을 내렸으나 그 책방을 통해 이어지던 정신은 여전히 남아 있다고 믿고 싶다.

조지 휘트먼은 책방을 "세상이라는 세로 길과 정신이라는 가로 길이 만나는 곳"이라고 정의했다. 그가 말한 책방의 정의를 지금도 실천하는 곳이 '시티라이트'다. '시티라이트'는 책방 외벽에 사회적 발언을 담은 배너를 거는 것으로 유명하다. 2000년 샌프란시스코의 도시 변혁 움직임에 반대하기 위해 시작했던 것이 지금까지 이어지고 있다. 이라크 전쟁이 시작될 무렵인 2001년에는 건물 전면에 다섯 개의 배너를 걸었다. 배너 속 인물은 흑백으로 그려놓고 그의 입을 틀어막은 성조기는 컬러로 그린 뒤 "반대는 미국적이지 않다."Dissent is Not Un-American라는 문구를 넣었다. 2020년 10월에 내걸린 배너에는 '민주주의는 구경거리가 아니다.'Democracy is not a spectator sport라는 문구가 적혔다. 2023년에는 미국 전역에서 벌어지는 검열에 대한 반대 메시지를 담았다. '시티라이트'의 새로운 배너 소식은 공식 SNS 계정을 통해 접할 수 있다.

책을 만들고 파는 일은 문화 산업이면서 엄연히 비즈니스이기도 하다. 아무리 좋은 의도를 가졌다 해도 운영의 경제적 토대가 무너지면 살아남을 수 없다. 얼핏 모순처럼 보이기도 하는 이러한 이중성 사이에서 끊임없이 줄타기를 이어가며 근본 정신을 잃지 않는 일이 결코 쉽지 않다. 상업적인 이익을 극대화하는 쪽으로 집중하면 본질을 놓치고 악명을 얻기 십상이다. 그 반대에 치중하면 그 자리에 계속 있을 수 없게 된다. 이러한 경계에서 어떻게 해나가느냐가 책을 둘러싼 비즈니스의 어려움이자 또 묘미이다. 이런 줄타기의 경계에서 수많은 서점인들은 책을 통해 사회적 발언을 줄곧 이어왔다. 시인이자 편집자이자 서점인이었던 펄렁거티는 2021년 사망했다. 그러나 '시티라이트'는 오늘도 도시를 밝힌다. 이곳을 떠올리면 책방을 한다는 것이 어떤 의미를 지닌 행위인지 생각하게 된다.

책방, 카페와 더불어 실존주의 문학을 꽃피운 둥지가 되다

_파리 제6구 생제르망데프레 거리

"파리에 가면 카페 옆 책방을 만날 수 있다. 함께 한 시간이 오래 되었으니 얽힌 이야기도 많다. 파리의 책방과 카페는 문인과 예술가들이 전후 실존주의 문학을 꽃피운 둥지다."

"파리의 책방 옆에는 카페가 있다."

파리 사회과학고등연구원 객원교수를 역임한 사회학자 정수복의 말이다. 인테리어가 멋지고 이색적인 카페라면 서울이 파리를 앞설지도 모른다. 요즘 한국의 카페들은 파리만이 아니라 전 세계 어디에도 뒤지지 않을 만큼 훌륭하다. 하지만 '책방 옆에서 책방과 밀접한 관계를 맺고 있는 카페'라는 단서를 붙이면 사정이 달라진다. 카페가 워낙 많아서 책방 주변에서도 쉽게 찾을 수 있다는 것과는 다른 맥락이다.

이문이 박한 업종의 속성 때문에 매출 보존을 위해 책방에서 차와 커피 등 음료를 파는 곳은 많다. 런던의 책방 가운데도 카페를 겸업하는 곳이 종종 눈에 띈다. 영국 박물관 인근에 있는 '런던 리뷰 책방'London Review Bookshop은 케이크 가게를 함께 운영한다. '포일스'나 '워터스톤스' 같은 대형 서점 안에는 직접 운영하거나 위탁 운영 카페가 꼭 있다.

파리 제6구 생제르망데프레 거리에 가면 박물관 옆 동물원처럼 카페 옆 책방을 만날 수 있다. 어쩌다 옆에 있는 게 아니라 오랜 인연을 맺어온 곳이다. 함께 한 시간이 오래 되었으니 둘 사이에 얽힌 이야기도 많다. 파리의 책방과 카페는 장 폴 사르트르와 시몬 드 보부아르를 비롯한 문인과 예술가 들이 전후 실존주의 문학을 꽃피운 둥지다.

유럽 카페 문화와 지성사에 관해서는 서양사학자 이광주의 『담론의 탄생』, 『교양의 탄생』, 『동과 서의 차 이야기』 등에 소상히 나와 있다. 이에 따르면 유럽에서 가장 오래된 카페는 이탈리아 베네치아의 '플로리안'이다. 1683년에 문을 열었다. 베네치아에 일찌감치 카페가 생긴 이유는 활발한 교역 때문이다. 커피가 아프리카의 에티오피아에서 베네치아로 수입된 것이 1639년부터였고, 18세기에 베네치아는 유럽 커피 교역의 중심지로 자리잡았다.

프랑스 최초의 카페는 '프로코프'로 1686년 소르본대학교가 있는 라탱 지구에 문을 열었다. 그전까지 귀족들은 살롱에서 담론을 나눴다. 계몽의 시기인 18세기에 접어들며 문인과 철학자 그리고 시민들이 카페에 드나들었다. 1789년 프랑스대혁명을 전후로 카페 '프로코프'는 혁명의 주역들이 모인 일종의 아지트 노릇을 했다. 신분과 종교를 넘어 담론을 즐기는 프랑스 철학 카페의 전통은 이렇게 시작되어 오늘날까지 이어진다.

> "영국 문학은 개인주의적이고 독일 문학은 관념적이며 프랑스 문학은 사회적이고 사교적이다.[04]

이런 말이 있다. 그만큼 대화를 즐겨 나누는 프랑스 사람들에게 카페는 없어서는 안 될 곳이다. 심지어 모르는 사람끼리도 카페에서 만나 즉석 토론이 벌어진다. 프랑스 사람에게 카페는 커피와 술을 마시는 곳이 아니라 누군가를 만나서 이야기를 나누고 토론하는 곳이다. 지금도 라탱 지구에 가면 문을 연 지 100년이 훨씬 넘은 오래된 카페를 만날 수 있다. 카페 '레 되 마고'와 '드 플로르'다.

19세기 말에서 20세기 초, 파리 북쪽 언덕의 몽마르트르로 예술가들이 모여들었다. 지금도 몽마르트르는 파리를 찾는 관광객이 루브르 박물관 다음으로 꼭 가보는 장소다. 20세기 초 무렵 상대적으로 집세가 저렴한 이곳에 뒤샹, 칸딘스키, 몬드리안, 피카소 등이 터전을 마련했고 삼삼오오 카페에 모여들었다. 이후 20세기가 시작되며 예술과 지성의 중심은 몽마르트르에서 몽파르나스로 옮겨간다.

20세기 프랑스 지성의 산실이 된 카페 '레 되 마고'는 1855년 문을 열었다. 되 마고란 두 개의 중국 인형이란 뜻으로 카페가 있는 건물이 중국에서 건너온 실크를 취급하던 점포이기 때문에 붙여진 이름이다. 지금도 카페 안에 들어가면 두 개의 중국 인형을 볼 수 있다. 말라르메, 랭보와 같은 상징파 시인, 아폴리네르 같은 초현실주의자들, 릴케와 오스카 와일드, 에즈라 파운드 같은 영미 문인이 즐겨 찾았다. 1930년대 유럽에 파시즘이 드리우자 앙드레 말로, 아라공 같은 작가들이 반파시스트 문학가 회의를 소집했는데 그곳이 바로 여기였다.

'레 되 마고'와 이웃한 카페 '드 플로르'는 1885년 시작했다. '드 플로르'의 단골 명단은 어마어마하다. 생텍쥐베리, 앙드레 말로, 피카소, 헤밍웨이, 기호학자인 롤랑 바르트, 대통령이 되기 전 미테랑도 있다. 영화배우 알랭 들롱이나 디자이너 라거펠트도 이곳을 좋아해 무시로 드나들었다. 1940년 무렵부터 '드 플로르'는 실존주의 탄생의 산파 역할을 했다. 사르트르와 보부아르가 아예 작업실로 삼았기 때문이다.

위키커먼스

카페 '드 플로르'와 '레 뒤 마고' 전경.

문학과 예술사의 한 장면을 낳은 두 카페에 들어가려면 긴 대기 줄을 감수해야 한다. 날씨가 좋아지는 5월 이후에 카페 밖 노천 테이블에 앉기란 하늘의 별 따기다. 라탱 지구를 돌아다니다 '드 플로르' 앞에 줄을 선 인파에 놀랐지만 밖이 아니라 안에서 차를 마시겠다고 하자 빨리 입장할 수 있었다. 이곳에서 사르트르와 보부아르는 오전 9시부터 정오까지 원고를 쓰고, 점심을 먹고 친구들과 대화를 하다 오후 4시부터 8시까지 또 원고를 썼다. 내가 방문한 한낮의 '드 플로르'에서 글을 쓰는 사람은 없었다. 하지만 나비넥타이에 흰 앞치마를 두르고 손님에게 커피를 접대하는 '가르송'의 모습은 여전했다. 서울의 스페셜티 커피에 익숙해진 탓인지 커피 맛은 평범했다. 파리의 카페는 커피를 마시는 곳이 아니라 대화를 나누는 곳이라는 말이 맞는 것 같다.

"파리 지식인에게 책방에서 책을 사고 옆에 있는 카페에서 읽는 건 당연하고도 즐거운 일이다. 책방과 카페 모두 지식인이 사랑하는 장소이니 책방과 카페가 나란히 있을 수밖에 없다."

'레 되 마고'와 '드 플로르'가 있는 파리 제6구의 생제르망데프레 거리는 제2차 세계대전 이후부터 문화지구로 자리잡았다. '레 되 마고'와 '드 플로르' 그리고 레스토랑 '브라스리 립'을 이으면 삼각형이 된다. 이 삼각형 주변이 코코 샤넬, 프랑수아즈 사강, 미테랑 등 프랑스의 사상가, 작가, 예술가, 정치인이 즐겨 찾던 만남의 장소였다. 이들이 카페나 레스토랑만 찾은 게 아니다. 책방이 빠질 수 없다.

1949년 문을 연 책방 '라윈느'la hune paris는 배의 망루라는 뜻이다. '레 되 마고'나 '드 플로르'와 더불어 문화예술인에게 사랑받는 장소였다. 최초의 갤러리 책방으로 1957년 피카소도 이곳에서 전시를 했다. 원래는 '레 되 마고' 바로 옆에 있었다. 파리의 전통 그대로 카페 옆 책방이었다. 그러나 임대료가 높아지자 2012년 '루이뷔통'에게 자리를 내주고 인근으로 이전했다. 형편은 나아지지 않았다. 매출이 2009년 350만 유로에서 2013년 230만 유로로 줄어들었다. 결국 견디지 못하고 2015년 문을 닫았다. 물론 '레 되 마고' 옆의 '루이뷔통'은 여전히 자리를 지키고 있다. 생제르망데프레 수도원 건너편, '라윈느'가 이전했던 자리에 지금은 사진 복제 전문점이 '라윈느 옐로코너'라는 이름으로 영업하고 있다.

'드 플로르' 옆에도 책방이 있다. '레큄 데 파주'L'Ecume des Pages다. 책장의 거품이라는 뜻이다. 1980년부터 파리에서 가장 문학적인 이 지역을 지켜온 독립서점이다. 지금 이 지역에 유일하게 남은 책방이기도 하다. 명품 매장이 즐비한 이 거리에서 책으로 가득한 '레큄 데 파주'를 만날 수 있다니 기적이 아닐까 싶었다. 워낙 관광객들이 몰려드는 거리라 기념품이나 굿즈를 적당히 겸비한 편집 매장이 아닐까 싶었다. 내 상상은 여지없이 깨졌다. 4만 권 이상의 책이 빼곡하게 들어찬, 과거 한국의 중형 서점을 떠올리게 하는 곳이었다. 알고 보니 파리의 지식인들이 가장 많이 찾는 책방이라고 한다. '레큄 데 파주'는 베스트셀러를 노출해 판매를 독려하는 대신 다양하고 무게감 있는 고전과 철학서에 집중한 책방다운 책방이다. 대체 이 거리에 어떻게 이런 책방이 건재할 수 있

'레큄 데 파주' 전경. 책방 바로 옆 '드 플로르' 카페의 모습을 확인할 수 있다. '레큄 데 파주' 홈페이지.

을까 궁금했다.

프랑스 사람들은 스스로 "세계에서 가장 지적인 국민"이라는 자부심을 지녔다.[05] 프랑스는 대학 입학 시험인 바칼로레아에 철학 과목을 포함하는 유일한 나라다. 문과에서 최고 수재만 입학한다는 노르말쉬페리와르(고등사범) 출신이 졸업하면 우선 고등학교 철학 교사로 임용되는 나라다. 사르트르와 보부아르 그리고 부르디외 같은 지식인이 모두 철학 교사 출신이었던 이유다. 이런 프랑스의 지적 전통을 이해하면 '레큄 데 파주' 같은 책방이 이 거리에 존재하는 건 당연한 일이 된다.

놀랍게도 이곳은 평일 10시에 문을 열어 무려 자정까지 영업한다. 영국 책방은 대개 6시 무렵이면 문을 닫는다. 저녁 8시 반까지 문을 여는 '토핑'을 발견하고 눈물이 날 뻔했는데, '레큄 데 파주'에 비하면 아무것도 아니었다. 책방이 늦게까지 문을 여는 이유는 간단하다. 어둠이 내리면 파리의 지식인들이 라탱 지구로 몰려든다. 중세부터 학생들이 공부하던 이 지역은 라틴어로 의사소통이 가능했고 그래서 라탱 지구가 되었다. 지금도 대학, 연구소, 출판사, 책방이 밀집해 있다. 파리 지식인에게 이 거리의 책방에서 책을 사고 옆에 있는 카페에 앉아 독서를 하는 건 당연하고도 즐거운 일이다. 책방과 카페 모두 지식인이 사랑하는 장소이니 책방과 카페가 나란히 있을 수밖에 없다.

이 구역에 단 하나 남은 독립서점 '레큄 데 파주'의 앞날은 썩 평탄해 보이지 않았다. 4남매 공동 소유에 15명의 정규 직원이 자율적으로 운영하지만, 매물로 나와 있었다. 2023년 '비방디'Vivendi 그룹과 인수 협상을 진행 중이라는 보도가 나오기도 했다.[06] 미디어 그룹 '비방디'는

2023년 프랑스에서 가장 큰 출판사이자 세계에서 세 번째로 큰 출판사인 '하쉐트'Hachette를 인수하기도 했다. 파리 사람들은 '레컴 데 파주'가 이미 사라진 '라 윈느'와 같은 운명에 처하지 않기를 간절히 바라고 있다.

전후 파리의 문화지구였던 생제르망데프레 거리에는 보석상과 명품 매장이 즐비하다. 당연히 임대료가 만만치 않다. 프랑스에서도 독립서점을 하려는 사람들은 임대료가 비싼 파리 대신 지역을 선호하는 추세다. 물론 프랑스는 우리의 도서정가제와 같은 '랑법'을 시행하는 나라다. 책은 어디에서나 출판사가 지정한 가격으로 판매해야 하며 책방에서는 5퍼센트만 할인할 수 있다. 독립서점이 온라인의 강자 '아마존'과 대형 슈퍼마켓의 가격 할인 공세에 시달리지 않도록 정한 법이다. 영국과 비교할 때 책방을 운영할 수 있는 최소한의 안전망이 있는 나라다. 그런데도 책방은 프랑스에서 수익성이 가장 낮은 소매업 중 하나로 알려져 있다. 프랑스 독립서점의 매출 대비 순이익이 1.2퍼센트라는 결과도 나왔다. 도서정가제가 시행되는 프랑스에서도 책방을 하는 일은 쉽지 않았다. 이방인의 눈에는 그럼에도 불구하고 파리의 책방들은 여전히 책방다운 모습을 지키고 있는 것처럼 보였다. 파리 뤽상부르 공원 가까운 곳에 본점을 둔 '라 프로큐어'La Procure도 인상적이었다. 1919년부터 시작한 기품 있는 중형급 책방이었다. 종교 서점이라 본문에서 다루지는 않았으나 잘 자리잡은 책방의 위상을 느낄 수 있었다.

프랑스의 책방들 역시 고군분투하는 건 분명하다. 그럼에도 어렵지만 존재하기. 파리의 책방이 들려주는 말이다.

18세기부터 등장한 대중 독자의 도시, 새로운 길을 개척하는 이 도시의 책방들

_스코틀랜드 에든버러

"18세기 에든버러에서 가장 장사가 잘되는 업종은 책방이었다. 이는 에든버러에 대중 독자가 존재했다는 뜻이다. 근대적 의미의 출판인인 존 머레이도 에든버러 출신이다."

스코틀랜드 에든버러의 관문인 웨이벌리 역은 혼잡했다. 런던 다음으로 관광객이 몰려드는 도시다웠다. 웨이벌리 역에 도착한 기차에는 다양한 인종의 사람들이 쉴 새 없이 타고 내렸다. 에든버러에 도착했다는 설렘 때문에 허둥대다 좌석에 휴대전화기를 두고 나왔다. 기차의 문이 닫히는 걸 보고 나서야 깨달았다. 어리바리한 여행자에게 절체절명의 위기가 찾아온 것. 한데 신기할 정도로 침착하게 앉았던 좌석을 찾아내고 기차 승무원을 불렀다. 닫힌 문을 열고 들어가 전화기를 찾아준 승무원에게 거듭 고맙다는 인사를 한 뒤에야 겨우 웨이벌리 역을 나왔다. 처음부터 아슬아슬했던 탓인지, 북쪽으로 이동해 몸이 적응하지 못한 탓인지 감기 기운이 감지되었다. 그런데도 에든버러는 이방인을 압도하고도 남았다. 높은 빌딩 하나 없는 이 도시는 시작부터 거대한 모뉴먼트로 방문객을 맞이했다. 에든버러 최고의 작가인 월터 스콧을 기리는 스콧 기념비다. '웨이벌리'라는 역 이름 또한 스콧의 작품에서 따온 것이라 하니 시작부터 에든버러의 문학 사랑은 만만치 않게 여겨졌다.

스코틀랜드와 잉글랜드는 1707년 합병해 하나의 제국이 되었다. 하지만 스코틀랜드는 스코틀랜드고 잉글랜드는 잉글랜드다. 스코틀랜드 사람들에게 수도가 어디냐고 물으면 에든버러라고 답한다. 에든버러는 구시가지와 신시가지가 모두 세계문화유산이다. 절벽 바위 위에 자리한 에든버러 성부터 동쪽으로 1마일, 그러니까 약 1.6킬로미터 정도 떨어진 홀리루드 하우스 궁전까지를 하이 스트리트, 흔히 로열 마일이라고 부른다. 중세 도시의 외관이 그대로 남아 있는 구시가지 거리다. 이름 그대로 왕족과 귀족만이 지나다닐 수 있었다고 한다. 시민들은 로열 마일 옆의 미로처럼 좁은 골목길, 흔히 클로스close라고 부르는 길로 다녔다. 클로스는 서울 종로의 피맛길이었다.

에든버러의 신시가지는 로열 마일 북쪽이다. 오래된 구시가지의 위생과 안전 문제가 대두되며 계획도시로 조성되었다. 뉴타운이라 불리지만 실은 18세기 중반부터 100년 동안 만들어진 지역이다.

유네스코는 2004년 에든버러를 문학의 도시로 지정했다. 그만큼 문학과 학문의 뿌리가 깊다. 18세기 계몽주의가 대두되면서 에든버러는 학문과 문화의 중심지로 자리잡았다. 이를 바로 보여주는 증거가 18세기 에든버러에서 발달한 제지 산업이다. "18세기 중반에 5개 정도 있던 제지 공장이 1794년에는 260개로 늘어났다."[07] 인쇄술 발명 이후 베네치아에서 출판문화가 꽃피웠는데 이유는 종이 수급이 수월했기 때문이었다. 근대 초까지 출판업에서 종이는 상당히 비쌌고 책값이 저렴해지기 어려운 이유 중 하나였다. 제지업이 발달하자 당연히 에든버러에는 인쇄소와 도서관이 증가했다. 18세기 활동한 시인이자 인쇄업자 앨런 램지Allan Ramsays는 가끔씩 자신의 시를 책으로 펴내다 1718년경 아예 책방을 열었다. 1726년에는 유료로 책을 빌려주는 영국 최초의 대여 도서관을 만들었다. 당시 에든버러에서 가장 장사가 잘되는 업종은 책방이었다. 이는 에든버러에 대중 독자가 존재했다는 뜻이다. 근대적

책방 '제임스 신' 앞에 선 제임스 신. 위키커먼스

책방 '제임스 신' 자리에 있는 '블랙웰스'. 위키커먼스

의미의 출판인인 존 머레이도 에든버러 출신이다.

이런 전통이 있기에 에든버러에는 이름난 책방이 많았다. 에든버러 출신 추리 소설가 이언 랜킨은 과거 '제임스 신스'James Thin's와 '바우어마이스터 북스'Bauermeister books가 유명했다고 회고했다. 안타깝게도 2000년대 초반 모두 문을 닫았다. 에든버러 대학생들이 즐겨찾던 '제임스 신스'는 대형 서점 중 하나인 '블랙웰스'가 인수했고 지금은 그 자리에서 '블랙웰스'가 영업 중이다. 하지만 책방의 도시 에든버러가 이렇게 주저앉을 리 없다. 2000년대 이후 꾸준히 독립서점이 생겨나고 있다. 그로 인해 책의 도시라는 명성을 새롭게 만들어가고 있다.

"지난 3년여 동안 에든버러에는 약 네 곳의 독립서점이 문을 열었다. 에든버러의 책방들은 스스로의 길을 새롭게 개척하고 있었다."

웨이벌리 역에서 버스를 타고 10여 분을 가거나 북쪽 뉴타운을 향해 20여 분을 걷다보면 스톡브리지가 나온다. 에든버러의 아름다운 거리 중 하나다. 관광객이 몰려드는 중심지에서 벗어나 있어 조용하고 쾌적한데다 새소리가 들릴 만큼 자연과 가깝다. 이런 곳에서 여행자의 눈길을 잡아끄는 건 비례와 대칭을 강조하는, 18~19세기 조지안 스타일의 주택이다. 하지만 스톡브리지는 내게 '골든헤어북스'Golden Hare Books가 있는 곳으로 기억된다. 2012년 문을 열었으니 벌써 10여 년을 이어온 동네책방이다.

비바람이 왔다 갔다 하는 변덕스러운 영국의 봄날씨에 몸서리를 치며 책방 문을 열자 바로 온기가 느껴졌다. 책이 전하는 온기인가 싶었지만, 그건 아니었다. 책방에 있는 벽난로에서 장작이 활활 타고 있었다. 에든버러의 한기를 몰아내기에 딱 좋은 물리적인 따뜻함이었다.

매니저인 조나단과 재스민이 책방을 지키고 있었다. 처음에는 이렇게 작은 책방에 직원이 둘이나 있다니, 생각했지만 재스민은 책방 주인 마크 존스Mark Jones의 손녀였다. 매니저인 조나단의 친척도 멀지 않은 곳에서 '라이트하우스'lighthous라는 책방을 운영하고 있다고 했다. 역시나 에든버러에는 모종의 책방 연대가 있구나, 싶었다.

'골든헤어북스'를 우리말로 바꾸면 금토끼 책방이다. 실제로 책방 외부에 금빛 토끼 조각이 멋들어지게 걸려 있다. 창업자인 마크 존스가 책방을 시작하며 예술가에게 의뢰해 제작했다는데, 신비하고 마술적인 느낌이 든다. 에코백이나 기념품 등에 금토끼 이미지를 내세우고 있다. 예술서를 전문으로 하지만 문학책과 더불어 어린이책과 그림책도 만날 수 있다. 입구는 아담하지만, 책방 공간이 뒤로 길게 이어져 겹겹의 레이어를 보여준다.

조나단은 '워터스톤스'에서 일하다 '골든헤어북스'에 합류했다. 이곳에서 일하는 이유를 묻는 나에게 그는 "'워터스톤스'에서 일할 때는 원하는 책을 주문할 수 없었다. 그곳에서는 그럴 자유가 없었다. 여기서는 원하는 책이라면 무엇이든 주문하고 책방에 진열할 수 있다. 책방에서 일하는 가장 큰 기쁨을 택한 것이다."라고 답했다.

'워터스톤스'가 '아마존' 그리고 대형 체인슈퍼마켓과 가격 경쟁에

열을 올리던 시절 그곳에서 일했던 듯하다.

영국은 도서정가제 준수 의무가 없지만 '골든헤어북스'에서는 할인 판매를 하지 않는다. 다만 독서클럽 회원이 되면 클럽에서 선정한 도서에 한해 10퍼센트 할인한 가격에 살 수 있다. 그래서야 이 작은 책방이 '워터스톤스'나 '블랙웰스'와 경쟁을 할 수 있을까 싶었지만 조나단의 생각은 달랐다. 그는 '아마존'과 '킨들'이 대중화되는 동안 독립서점들이 차례로 문을 닫은 건 사실이고 그 와중에 영국의 독립서점이 '일종의 정체 상태'에 빠지기도 했다고 말했다. 하지만 그 경험 덕분에 독자는 물론이고 책방 역시 스스로 무엇을 원하는지, 무엇을 해야 하는지 알게 되었다고 했다. '골든헤어북스'를 찾는 독자들은 '워터스톤스'나 '블랙웰스'에 없는 책을 만나러 오는 이들이다. 그러니 할인을 하지 않는다고 불리할 일도 없다고 그는 잘라 말했다. 지난 3년여 동안 에든버러에는 약 네 곳의 독립서점이 새롭게 문을 열었다. 그렇게 에든버러의 책방들은 스스로의 길을 새롭게 개척하고 있었다.

런던에서 만난 홍지혜 선생에게 에든버러의 '골든헤어북스'를 자랑했다. 책방 주인이 마크 존스라고 말해주었더니 어디서 들어본 이름이라고 했다. 며칠 후 홍 선생이 그 정체를 밝혀주었다. 그는 런던의 V&A(빅토리아 앤드 앨버트 뮤지엄)의 관장으로 일했다. 은퇴 후 고향으로 돌아가 책방 주인이 된 것이다. 예술과 디자인에 대한 그의 전문성은 자연스럽게 예술 전문 책방의 콘텐츠로 이어졌다. '골든헤어북스'에서 에든버러 출신 예술가 로버트 파월이 작업한 사계절 연하장이나 아그네스 존스가 그린 드로잉 엽서를 만날 수 있었던 까닭을 이렇게 알게 되었다.

Golden Hare Books
FINE BOOKS
ADT
IMMS
LIVE
BIG

'골든헤어북스'
안팎 전경.

Golden Hare Books

the edinburgh bookshop
Scottish Independent Bookshop of the Year 2022

'에든버러북숍' 안팎 전경.

에든버러에는『해리 포터』와 관련된 이야기가 많다. 조앤 롤링이 살기 때문이다. 해리가 마법 학교 호그와트에 갈 때 기차를 타던 9와 3/4 승강장은 런던 킹스크로스 역에 있다. 조앤 롤링이 에든버러 행 기차가 있는 이 역을 자주 이용했기 때문이다.『해리 포터』등장 인물들 이름을 에든버러 공동묘지 묘비에서 따왔다고도 한다. 가난하던 시절 조앤 롤링이 글을 썼다는 에든버러 성 근처의 '엘리펀트' 카페도 성업 중이다.

그렇다면 에든버러의 책방 중에는 조앤 롤링과 관계가 있는 곳은 없을까. 그럴 리가! 로열 마일 남쪽의 주택가에 있는 '에든버러 북숍'Edinburgh Bookshop에 종종 조앤 롤링이 나타나 책을 산다고 한다.『가디언』은 "이런 책방이 바로 우리 동네에 있었으면 좋겠다"는 말로 이 책방의 진가를 명쾌하게 표현했다. 열정적이고 책에 관한 지식이 풍부한 서점원이 근무하는 걸로 유명하며 소설과 어린이책 컬렉션이 풍부하다. 매주 목요일과 금요일 오전에 이루어지는 다섯 살 미만 어린이를 위한 스토리 타임도 인기가 높다. 책방 벽에 엘모부터 무민, 곰돌이 푸 같은 어린이책 캐릭터들이 그려져 있어 들어가자마자 탄성이 절로 나온다. 창 쪽 작은 소파에는 다섯 살 어린이만 한 체구의 그루팔로 인형이 능청스러운 표정을 짓고 앉아 있었다. 그루팔로와 사진을 찍는 일도 빼놓을 수 없다. 어린이를 유혹하는 건 더 있다. 강아지다. 과거에는 '티가'라는 큰 개가 있었다는데 지금은 강아지 '미스 베티'가 어린이들의 사랑을 한몸에 받고 있다. '에든버러 북숍'은 브런츠필드에 있다. 참 살기좋은 동네라는 말이 나오는 곳이다. 이곳에 잠시 살며 책방을 드나들면 어떨까 하는 상상을 했다. 그리고 이곳을 기념하는 머그컵 하나를 샀다.

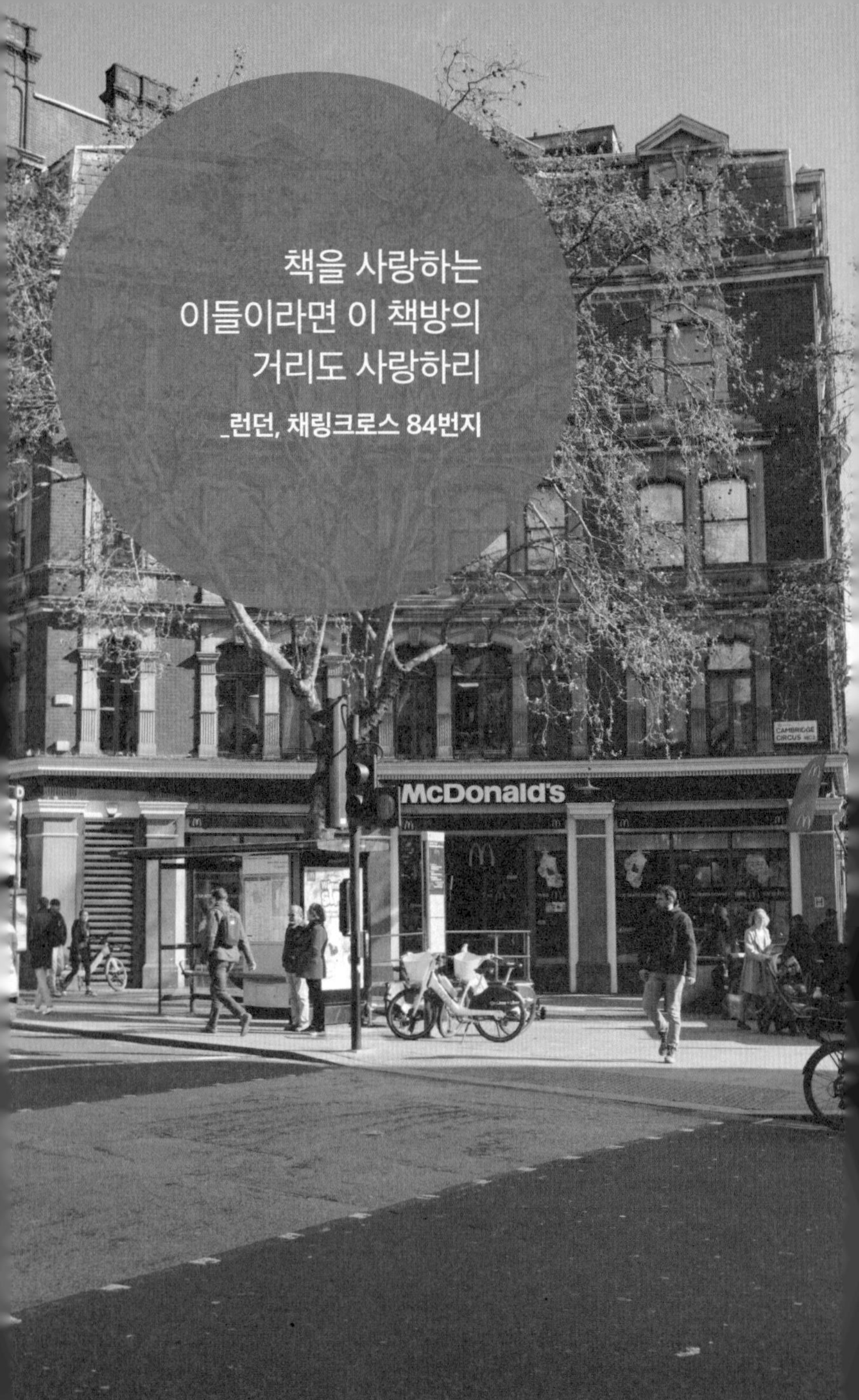

책을 사랑하는 이들이라면 이 책방의 거리도 사랑하리

_런던, 채링크로스 84번지

“책을 좋아하는 사람에게 이 거리는 헬렌 한프가 쓴 『채링크로스 84번지』의 무대다. 한때 채링크로스는 런던의 책방 거리로 유명했다.”

런던에서 번화한 거리를 꼽자면 트래펄가 광장을 빼놓을 수 없다. 광장과 잇닿은 곳에 주로 13~19세기 그림들을 모아놓은 내셔널 갤러리가 있다. 무척 훌륭한 미술관인데 게다가 무료다. 런던 사람들은 물론이고 관광객들도 꼭 들르는 코스 중 하나다.

나 같은 사람에게는 다른 관심사가 있다. 넬슨 제독 기념비가 서 있는 트래펄가 광장과 내셔널 갤러리를 지나 코벤트 가든 쪽으로 걸어가다보면 나오는 채링크로스다. 다섯 방향으로 도로가 뻗어나가는 교차로에는 언제나 사람이 많다. 뮤지컬 전용 극장도 여럿 있고 차이나타운과 한국 마켓도 있다. 다양한 인종의 사람들이 줄을 선 ‘분식’이라는 한국 음식점도 있다. 하지만 책을 좋아하는 사람이라면 무엇보다도 헬렌 한프가 쓴 『채링크로스 84번지』로 이 거리를 기억할 것이다. 한때 채링크로스는 런던의 책방 거리로 유명했다.

런던에는 로마인들이 쌓은 성벽의 흔적이 남아 있다. 이 성벽 안쪽을 시티 오브 런던이라고 부른다. 서울의 사대문 안에 해당하겠다. 어디나 성 밖에는 가난한 사람이 모여 성 안에 기대어 살기 마련이다. 채링크로스는 시티 오브 런던의 서쪽이고 런던의 대표적인 빈민가였다. 1877년 재개발이 이루어지면서 전문 책방과 헌책방이 하나둘 생겨나면서 점차 책방 거리가 조성되었다.

"우리에게도 유명한 책방 거리가 있었다. 서울 광화문에서 종로를 지나 동대문 그리고 청계천 일대까지는 한때 출판 문화의 거리였다."

우리에게도 유명한 책방 거리가 있었다. 서울의 종로, 광주의 계림동, 전주의 풍남동 등이다. 서울 광화문에서 종로를 지나 동대문 그리고 청계천 일대까지는 한때 출판 문화의 거리였다. 신간부터 헌책까지 거의 모든 책을 유통하는 도매상이며 서점, 출판사 들이 자리를 잡았다. 일제강점기 명동과 달리 종로는 조선인이 상권을 장악했다. 그때만 해도 사람이 많이 드나드는 곳에 책방은 빠질 수 없는 곳이었다.

> "1897년 광교 근처에 '회동서관'匯東書館이라는 서울 최초의 책방이 문을 연다. 종각역 4번 출구 청계천 광교 앞 신한은행 건물 화단 내에 '회동서관 터'라는 표지석이 있다."08

역시 종로 인근이다. 이밖에도 '기독교서회책방', '박문서관', '영창서관' 등이 종로에 자리를 잡았다. 당시 서점은 출판을 겸한 터라 지역의 서점업자들은 종로에 와서 책을 구했다고 한다. 한국전쟁 이후 종로에는 더 많은 서점이 생겼다.

> "광화문 '덕수제과' 옆의 '중앙도서전시관', 광화문 네거리의 '숭문서점', 무교동 '무과수제과' 옆 '청구서점', 그리고 그 주변에 외국서적 전문 서점인 '내외기술서적'과 '범문사', '범한서적'

> 이 자리잡고 있었다. 지금 '영풍문고' 자리 옆에는 일본 서적 전문 책방인 '한국출판판매'가 발 빠르게 일본 서적을 공급하고 있었다. 특히 종로2가에는 맏형 격인 '종로서적'을 필두로 '양우당'과 '삼일서적'이 있었고, 당시까지만 해도 대형 서점이라 할 수 있던 '동화서적'이 자리잡고 있었다."[09]

당시 물류와 유통 환경이 정비되지 않아 출판사는 직접 서점으로 책을 배달해야만 했다. 배달하기 좋도록 서점 가까운 종로에 출판사들이 자리를 잡은 건 당연지사. 1970년대 후반 종로에는 서점과 출판사가 밀집해 있었다.

'민음사'를 세운 박맹호 대표의 자서전 『책』에는 처음 낸 사무실이 청진동 청진빌딩 옥탑방이었으며 10년 만에 보신각 옆 관철동 4층짜리 장원빌딩을 사옥으로 매입해 옮겼다는 기록이 나온다. 종로에는 '민음사'뿐 아니라 '창비'와 '문지'도 있었다. 박경리의 『토지』를 펴낸 '지식산업사'와 '삼성출판사', '한림출판사', '마당'이 종로에 있었고, 무교동에는 '평화출판사'와 '고려원' 등이 있었다. 하지만 1980년대로 접어들며 출판사는 하나둘 마포로 자리를 옮긴다. 임대료가 저렴하기도 하거니와 마포구 신수동에 '출판협동조합'이 사옥을 마련한 것도 계기가 되었다.

종로 책방 거리는 청계천 헌책방 거리와 이어진다. 1960년 청계천 복개 공사가 끝나고 '평화시장'이 세워지면서 본격적으로 헌책방이 들어섰다. 일반인에게는 잘 알려지지 않았으나 종로6가와 청계천6가 사이, 동대문종합시장 뒷골목에 숨다시피 자리한 동대문 대학천 도매상도 있다. '대학천'이란 이름의 유래는 옛 서울 문리대 앞을 흐르던 대학천에서 나왔다. 대학천은 청계천과 합류했는데, 이 자리를 복개했고 이곳에 서적상들이 자리를 잡았다. 대학천 도매상의 시작은 1970년에 동대문종합시장이 들어서자 청계천 가에 있던 책 도매상들이 뒷골목으로 모여들면서부터다. 한때 신간을 취급하는 100여 개의 중소형 도매상이 있었다. 내가 출판계에 입문했던 1990년대 중반만 해도 출판사는 동대문 도매상과 활발하게 거래를 했다.

대학천 도매상은 규모가 영세했다. 지금 파주에 있는 '북센' 같은 유통 회사와는 거리가 멀다. 게다가 골목 안에 도매상 점포가 자리를 잡고 있으니 차가 들어갈 수 없었다. 1980년대만 해도 길가에 차를 세우고 지게로 책을 날라야 했다고 한다. 당시 나는 종로에 있던 출판사에 근무하고 있었다. 걸어서 대학천 도매상에 갈 수 있는 거리였다. 종종 선배를 따라 대학천에 갔는데, 도매가로 책을 살 수 있었기 때문이었다. 그 작은 점포에서 수많은 신간을 유통하는 게 신기할 정도였다. 1998년 2월 대표적인 도매상인 '보문당'과 '송인'이 무너지며 동대문 대학천의 도매상은 하나둘 사라졌다. 회생했던 '송인서적'은 2017년 다시 부도가 났고 '인터파크'가 인수했으나 결국 2021년 파산했다. 현재 도매는 '웅진 북센', '한국출판협동조합' 등으로 압축된 상태이고, 여기에 '교보문고', '예스24, '알라딘' 등이 점차 점유율을 넓혀 나가고 있다.

"채링크로스의 책방만 문을 닫은 게 아니다. 독립서점이 모두 문을 닫을 거라는 비관론이 이어진 건 당연한 일이다. 하지만 놀랍게도 영국에서는 독립서점이 증가세를 보이고 있다. 무슨 일이 일어난 걸까."

기록에 가장 먼저 등장하는 런던의 책방 거리는 세인트폴 성당 부근이다. 어린이책의 아버지 뉴베리도 런던으로 올라와 이 거리에서 책방을 시작했다. 16세기 말에는 플리트 스트리트에 인쇄서적상이 자리잡았고 18세기에는 세실 코트로, 다시 19세기 채링크로스로 옮겨간다. 지금은 거의 사라졌다지만 그래도 레스터 스퀘어 역을 지나면 하나둘 책방이 보인다. '애니 어마운트 북스', '헨리 포더스 북스' 그리고 '포일스'다.

채링크로스 84번지의 '마크스'Marks & co는 사라진 지 오래다. 그 자리에 '맥도날드'가 들어와 있다. 다만 여기는 런던이다. 우리처럼 부수고 새로운 건물을 짓지 않는다. 옛 건물이 그대로 남아 있고 왼쪽 기둥에서 '마크스'가 있던 자리임을 알려주는 동판을 만날 수 있다.

『채링크로스 84번지』는 책과 책방 이야기를 좋아하는 독자에게 『서재 결혼 시키기』와 더불어 바이블 같은 존재다. 제2차 세계대전 직후 뉴욕에 사는 작가 헬렌 한프는 런던 채링크로스에 있던 책방 '마크스'에서 책을 사기 위해 편지를 쓴다. 헬렌이 찾는 고전은 미국 책방에서

'마크스' 책방 자리였음을 알리는 동판 표시.

채링크로스 84번지라는 글자가 선명한 마크스 책방의 옛 모습. 궁리출판사 제공.

84
84a HEALT
ALL PURPOSES
MARKS & Co

구할 길이 없었기 때문이다. 『토요 문학 평론지』에 실린 '마크스'의 광고를 보고 첫 주문을 한 이래 헬렌은 이 책방과 무려 20여 년 동안 친교를 맺었다. 그것도 편지로! 헬렌과 '마크스'의 서점원 프랭크 도일과 주고받은 편지를 모은 책이 『채링크로스 84번지』다. 서점원과 독자가 나눈 진실한 우정을 이토록 잘 보여주는 책은 없다.

'마크스'는 1920년 채링크로스 거리에서 문을 열었다. 유대인 벤저민 마크스와 마크 코헨이 동업을 했다. 책방 이름은 두 사람의 이름에서 착안했다는 걸 알 수 있다. 전쟁 이후 유럽의 유대인들이 영국으로 이주해 책방과 출판업에 한창 종사하던 때다. 헬렌과 편지를 주고받은 프랭크 도일은 책방에서 고서를 구매하고 판매하는 일을 맡았다. 직원은 여섯 명이었고 찰리 채플린, 조지 버나드 쇼 같은 저명인사가 단골로 드나들었다. 프랭크 도일은 40년을 근무하다 1968년 세상을 떠났고 책방도 1970년 문을 닫는다.

'마크스'가 세계적으로 유명세를 탄 건 이 무렵부터다. 참으로 아이러니한 일이다. 1970년 편지의 당사자인 헬렌 한프가 『채링크로스 84번지』를 출간해 성공을 거두며 드라마와 연극으로 만들어진 덕분이다. 1987년에는 앤 밴크로프트와 앤서니 홉킨스가 주연을 맡은 영화로 제작되었다. 덕분에 채링크로스는 세계인에게 런던을 대표하는 책방 거리로 각인되었다. 채링크로스 거리에 남아 있는 몇 안 되는 책방 중 하나인 '애니 어마운트 북스'Any Amount of Books의 질리언 맥멀란은 여전히 '마크스'가 어디냐고 묻는 관광객이 있다며 웃었다.

『채링크로스 84번지』가 오래도록, 전 세계적으로 사랑을 받는 이유는 책을 사랑하는 사람들 사이의 유대 때문이다. 얼굴 한 번 본 적 없어도 책을 매개로 친절과 우정을 나눌 수 있다는 믿음이 이 책에 담겨 있다. 제2차 세계대전에서 승리했지만, 전후 영국의 경제 사정은 무척 어려웠다. '마크스' 직원들도 식량을 배급 받고 있었다. 헬렌은 크리스마스, 사순절, 부활절마다 책방 직원들에게 통조림, 달걀 한 상자, 고기, 나일론 양말 같은 선물을 보낸다. '마크스' 사람들이 답례로 가죽 장정에 금테가 둘러진 시집을 보내자 헬렌은 기쁜 마음으로 이렇게 답신한다.

> "제가 보낸 것은 일주일이면 싹 먹어치우고 설날이면 흔적도 남아 있지 않을 텐데, 제가 받은 것은 죽는 날까지 간직했다가 누군가 그것을 아껴줄 이에게 남길 수 있다는 생각에 행복한 마음으로 죽을 수 있는, 그런 선물이잖아요."

책이야말로 영원한 충족감을 선물한다는 말인데, 이런 마음을 간직한 사람들이 지금도 '마크스'의 흔적을 찾고 있는 것이리라.

과거 채링크로스에는 이름난 책방이 여럿 있었다. 1923년 안톤 즈워머가 시작한 '즈워머 북숍'zwemmer's Bookshop은 피카소, 헨리 무어, 윈덤 루이스 등 예술가들의 친구이자 후원자 역할을 한 책방 이상의 책방이었다. '즈워머 북숍'에서 일했던 클레어 드 루앙clairederouen은 2005년 자신의 이름을 내걸고 책방을 열었다. '클레어 드 루앙 북숍'clairederouenbooks이다. 패션, 미술, 사진 서적을 판매했지만 임대료가 상승하자 문을 닫을 위기에 처했다. 책방을 살리자는 운동이 벌어졌지만 역부족이었

'헨리 포더스 북스'와 '애니 어마운트 북스' 전경.

다. 지금은 베스널그린으로 자리를 옮겨 루시 모어가 운영한다. 범죄 및 미스터리 전문인 '머더원'Murder One이나 앤티크 책방을 겸한 '퀸토 북스'Quinto Books 등도 한때 유명했지만 지금은 모두 문을 닫았다.

채링크로스에는 두 곳의 헌책방이 남아 있다. 1983년 시작한 '헨리 포더스 북스'Henry Pordes Books는 창업자 포더가 세상을 떠난 후 딸과 사위가 운영한다. 이름에서 짐작하듯 엄청난 책더미를 자랑하는 '애니 어마운트 북스'는 1920년대부터 시작했다. 지금은 책방에서 일했던 질리언 맥멀란이 운영한다.

그 많던 채링크로스의 책방만 문을 닫은 게 아니다. 영국의 독립서점은 1996년부터 2016년 사이 지속적으로 감소해 2016년 867개로 최저치를 기록했다. 독립서점이 모두 문을 닫을 거라는 비관론이 이어진 건 당연한 일이다. 하지만 놀랍게도 영국책방협회BA에 따르면 6년 연속 독립서점이 증가했고 2022년 말 1,072개를 기록했다. 런던에 도착해 채링크로스를 돌아보던 때까지만 해도 그런 기록이 사실일까 반신반의했다. 사실이라면 대체 영국의 독립서점의 세계에 무슨 일이 일어난 걸까 의아했다. 여행이 이어지며 에든버러와 바스 같은 곳을 돌아보노라니 그 이유를 저절로 체감할 수 있었다. 에든버러의 '골든헤어북스'나 바스의 '토핑' 같은 영국의 독립서점은 온라인서점과 다른 고유한 책방의 길을 찾아가고 있었다.

1797년 문을 연 책방부터 2003년 문을 연 책방까지

_런던 '해처드'부터 '런던 리뷰 북스'까지

"18세기부터 존재한 '해처드'에 특권층과 중산층이 드나든 것은 당연한 일이다. '해처드'의 역사에는 흥미롭게도 18세기 책방의 역동적인 모습이 숨어 있었다."

봄이 되면 국제도서전이 줄줄이 열린다. 유럽의 도서전을 방문하는 출판인들은 전통적으로 봄에 열리는 런던도서전을 시작으로 이탈리아 볼로냐를 경유하곤 했다. 런던도서전에 간다는 S가 책방을 추천해달라고 했다. 출장이니 런던을 떠나 바스나 옥스퍼드까지 가기는 어려울 테니 런던의 어제와 오늘을 가장 잘 보여주는 정수를 골라주고 싶었다. 우선 유서 깊은 책방으로 채링크로스의 '포일스'와 '해처드'가 떠올랐다.

여행자에게 맞춤한 책방으로 빼놓을 수 없는 곳이 있다면 '해처드'다. 런던에서 가장 오래된 책방인 데다 바로 옆에 식료품과 차로 유명한 '포트넘앤드메이슨'이 있다. 아무리 출장이라도 선물은 사야 하는 법. 책방과 '포트넘앤드메이슨'이라니 이보다 좋은 조합은 없다. 물론 단점도 있다. '포트넘앤드메이슨'에는 단체 관광객이 몰려든다. 덕분에 '해처드' 역시 번잡함을 피할 길이 없다. 방법이 없는 건 아니다. 빨리 위층으로 올라가면 된다.

우아한 1층 계단을 반쯤 오르면 벽에 걸린 초상화를 볼 수 있다. 창업자 존 해처드John Hatchard다. 그는 1797년 책방을 시작했다. 1801년 지금 위치인 피카딜리 187번지로 옮긴 이래 한자리를 지키고 있다. 물론 200여 년 전 존 해처드가 문을 연 책방은 지금 우리가 상상하는 책방과는 좀 달랐다. 열람실을 갖춘 상업적 대여 도서관을 겸한 책방이었다.

'해처드' 초창기 모습.

HATCHARDS
ras to the King. 187

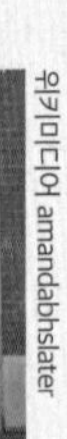

위키미디어 amandabhslater

'해처드' 안팎 전경.

제4부에서 자세히 이야기하겠지만 상업적 대여 도서관circulating libraries 은 연회비를 내고 책을 빌려보는 도서 대여점을 말한다. 19세기 크게 유행했다.

오래도록 한자리를 지킨 책방이니 당연히 이야깃거리가 넘친다. '해처드'는 이런 전통을 곳곳에 전시하고 '파는' 일에 적극적이다. 곳곳에 '해처드'의 역사를 엿볼 수 있는 흔적이 많다. 예컨대 이곳에서 20년 동안 일한 서점원의 책상을 전시하거나 상무이사로 일한 피터 기디와 토마스 조이의 사진도 잘 보이는 곳에 걸어뒀다. 베트 데이비스, 앤서니 홉킨스, 찰톤 헤스톤 등 이곳을 방문한 유명 인사들의 사진도 곳곳에서 만날 수 있다. 아일랜드 출신의 작가이자 빅토리아 시대에 가장 유명한 작가 오스카 와일드는 빼놓을 수 없다. 183센티미터가 넘는 키에 준수한 외모에 특별한 패션 감각까지 자랑한다. 이런 그가 '해처드'를 좋아했고 자주 방문했다. 1층에는 오스카 와일드 테이블도 있다. 심지어 콘스탄스 와일드는 남편인 오스카 와일드와 헤어진 뒤에도 '해처드'에서 전 남편의 책을 여러 권 주문했다는 기록이 남아 있다. '해처드'를 보고 있자면 책방의 전통 역시 만들어가고 보전하는 것이란 생각이 든다.

'해처드'가 자랑스럽게 생각하는 게 또 있다. 타계한 엘리자베스 2세 여왕과 남편인 필립 공 그리고 찰스 왕이 왕세자 시절부터 고객이었다는 사실이다. 다시 말해 '해처드'는 왕실의 책방이다. 책방 1층에는 세 개의 왕실 보증서가 자랑스럽게 걸려 있다. 왕실 보증서란 왕실에 필요한 물품을 납품하는 인증을 말하며 로열 워런트라 불린다. '해처드'에는 1815년 왕실에 도서를 납품한 영수증이 남아 있다.

『에든버러 리뷰』는 일찌감치 '해처드'를 두고 '기존의 모든 제도와 환경에 기뻐하는 집권자들에게 잘 어울리는 책방이며, 매일 부유한 신사들이 모여든다'고 말한 바 있다. 지금도 1층 가장 좋은 자리에 전쟁사, 정치, 역사 전문서 등 집권층이 좋아할 만한 책들이 진열되어 있다.

18세기부터 존재한 '해처드'에 특권층과 중산층이 드나든 것은 당연한 일이다. 18세기 영국에서는 소설에 열광한 여성 독자들이 참여하며 대중 독자가 탄생했다. 그런데도 책값을 감당하려면 귀족이나 부르주아 계층은 되어야 했다. '해처드'의 역사에는 흥미롭게도 18세기 책방의 역동적인 모습이 숨어 있었다. 무엇보다 내 상상력을 자극했던 건 '해처드'가 탄생할 무렵 존재하던 개인 책방의 모습을 미루어 짐작해볼 수 있다는 사실이었다.

"1979년 창간되어 지금껏 세계 최고의 작가들이 리뷰를 쓰는 『런던 리뷰 오브 북스』를 모른다면 이곳의 유명세를 이해하기 어렵다. 우리에게도 출판평론가들의 전성기가 있었다."

런던 여행자가 방문하기 맞춤한 책방이 또 하나 있다. 여행자라면 내셔널 갤러리와 더불어 영국박물관을 빼놓을 수 없다. 가보면 알지만 영국박물관의 컬렉션은 어마어마하다. 반나절로는 턱도 없다. 박물관에 지친 여행자라면 불과 5분 거리에 있는 '런던 리뷰 북숍'London Review Bookshop을 권한다. 적당한 규모를 지닌 현대적인 감각의 책방이다. 인

'런던리뷰오브북스' 안팎 전경.

스타그램 팔로워가 5.3만 명에 이른다. 책방으로서는 보기 드문 숫자다. 막상 여행자가 책방을 방문했다면, 왜 이 책방이 유명할까 하며 고개를 갸웃거릴지도 모르겠다.

1979년 창간되어 지금껏 발행되는 『런던 리뷰 오브 북스』를 모른다면 이런 유명세를 이해하기 어렵다. 월 2회 발행되는 이 잡지는 세계 최고의 작가들이 문학과 논픽션은 물론 다양한 주제를 다룬다. 갈수록 짧은 글만 읽히는 시대에 여전히 장문의 에세이를 싣는 것으로 유명하다. 메리케이 윌머스가 편집장이었던 1992년부터 2021년까지 유럽에서 가장 많은 발행 부수를 기록하는 잡지로 기록되었을 정도다.

2003년 5월, 『런던 리뷰 오브 북스』는 영국 박물관 근처에 '런던 리뷰 북숍'을 열었다. 2007년에는 책방 바로 옆에 차와 케이크를 파는 가게도 열었다. '런던 리뷰 북숍'은 『런던 리뷰 오브 북스』의 집이라고도 할 수 있다. 책방에 가면 당연히 타블로이드판으로 발행하는 『런던 리뷰 오브 북스』를 구매할 수 있다.

이 잡지와 결은 좀 다르지만 나 역시 리뷰어로 글을 쓰기 시작했다. 2004년 한 잡지에 「책 골라주는 책벌레들의 맹활약… 문학 · 영화 평론가의 전성기 넘어 출판평론가의 시대로」라는 기사가 실린 적이 있다. 2000년대로 접어들며 우리 사회에 없던 직업이 하나 생겼다. 출판평론가 혹은 도서평론가라는 이름으로 불리던 일군의 리뷰어다. 한 방송 프로그램에서 「책, 책, 책, 책을 읽읍시다」라는 프로그램을 방영한 이후, 공중파 여기저기에서 책을 소개하는 프로그램을 앞다투어 제작했다. 라디오에서도 책을 주제로 삼은 별도의 방송이 신설되는 것은 물론

이요, 한 코너로 책을 소개하는 일이 부쩍 많아졌다. 여기에 일간지의 책 소개 지면도 성행하던 때였다. 지금은 겨우 한쪽 정도의 지면을 할애하지만 당시만 해도 여러 페이지에 풍성한 출판 기사를 실었다. 방송과 지면이 많아지자 책에 관한 이야기를 들려줄 평론가가 필요했다. 건물 전체가 서가인 고양이 빌딩을 지어 총 20만여 권에 달하는 장서를 보관하는 일본의 다치바나 다카시 같은 사람의 책이 나온 것도 이 무렵이다. 책도 안 읽는데 책에 관한 책이 팔리다니 놀랍다고 생각했지만, 그저 시작일 뿐이었다.

당시 나는 출판평론가와 도서평론가 그룹의 막내였다. 당시 활동하는 평론가는 한기호, 이권우, 최성일, 표정훈 등이었다. 이 새로운 평론가 그룹의 활동이 신기했는지 '70년대가 문학평론가의 한 시대였고, 90년대가 영화평론가의 시대였다면 2000년대는 출판평론가들의 시대가 되고 있다'고 언급해준 기자도 있었다.

한기호 소장은 2024년 『기획회의』 지령 600호를 발행했다. 이권우는 2001년 『어느 게으름뱅이의 책 읽기』(『고전 한 책 깊이 읽기』로 재출간)를 시작으로 지금까지 활발하게 활동한다. 표정훈은 2003년 『책은 나름의 운명을 지닌다』를 시작으로 다수의 책을 펴냈고 번역도 했다. 최성일도 2001년 『베스트셀러 죽이기』를 시작으로 다수의 책을 썼으나 일찍 세상을 떴다.

최성일 선배가 내게 들려준 명언이 몇 가지 있는데, "이틀 읽고, 이틀 생각하고, 이틀 쓰면" 가장 좋다는 말도 그중 하나였다. 나는 당시 출판 잡지를 만들고 있었으니 그럴 여유란 없었다. 한 호에 연재하던 굵직한 연재만 해도 두 꼭지였다. 여기에 잡다한 일까지 처리하고 당시 밤마다 모이던 출판인들의 회식 자리까지 참여하느라 시간이 부족했다. 두 꼭지의 원고 분량을 합하면 150매 가량, 한달에 최소 300매를 써야 했던 시절이었다.

초창기에 연재하던 기사는 나중에 『베스트셀러, 이렇게 만들어졌다』와 『우리 시대의 스테디셀러』로 묶여 출간되었다. 베스트셀러와 스테디셀러 이야기를 지면에 실을 수 있었던 이유 중 하나는 2000년대 우리 출판이 맞이한 르네상스 덕분이기도 했다. 새로운 밀레니엄을 맞이하며 국내에는 '닷컴 버블'이 불어닥쳤고, IMF와 이로 인한 사회 전반의 변화가 어마어마했다. 이런 변혁기에 필요한 책들이 쏟아졌고 해마다 밀리언셀러가 여러 종 탄생했다. 1990년대 자본과 역량을 축적한 국내 출판사는 바야흐로 외서에 의존하던 시기에서 벗어나 굵직굵직한 인문교양서를 기획했다. 쓸거리도 많았고 말할 이야기도 많았던 2000년대였다.

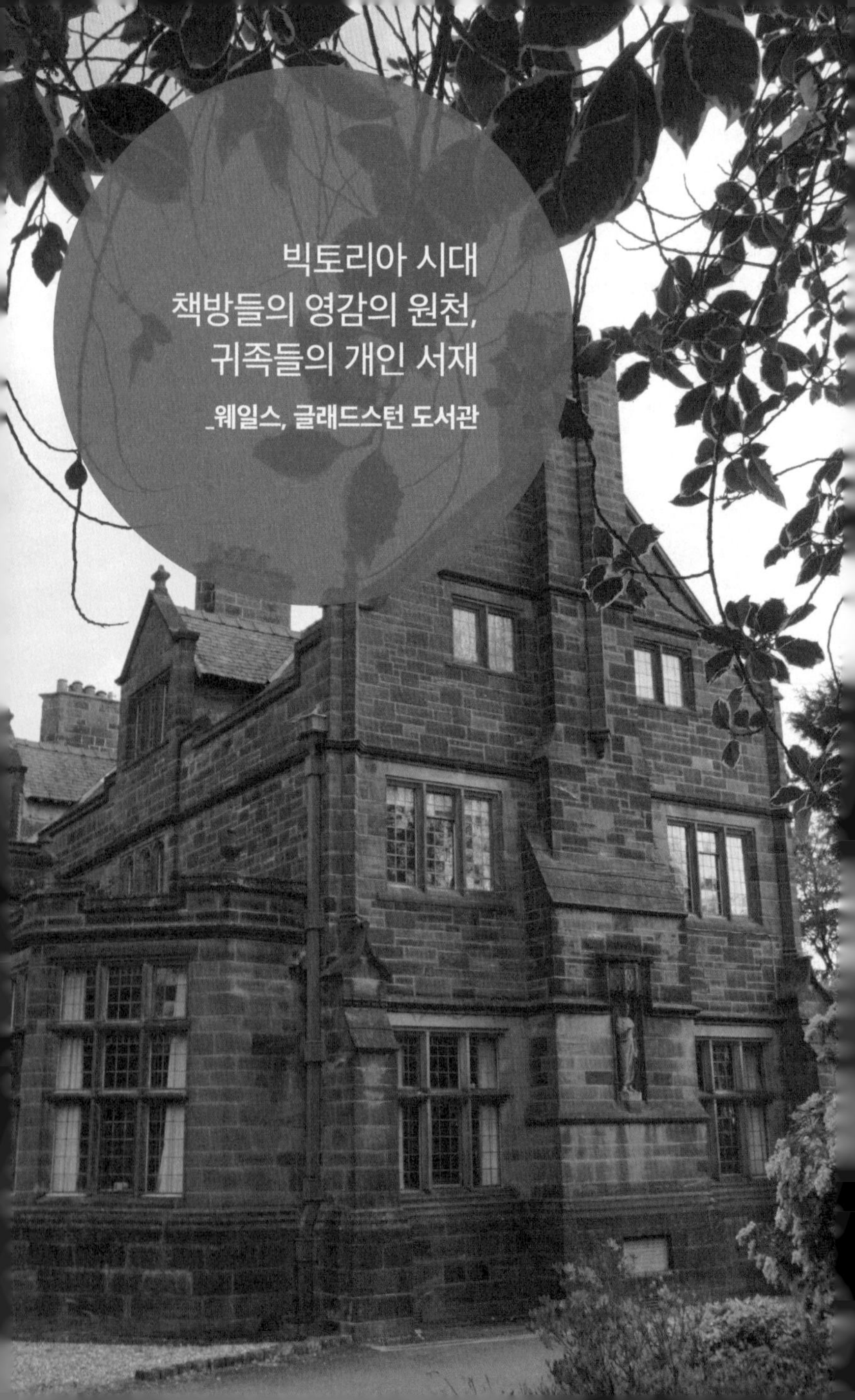

빅토리아 시대 책방들의 영감의 원천, 귀족들의 개인 서재

_웨일스, 글래드스턴 도서관

"글래드스턴 도서관은 영국에서 유일하게 잠자리를 제공하는 곳이다. 방안에 문명의 이기라고는 라디오 한 대. 시간 여행을 떠나게 할 만큼 고풍스러웠다."

런던 히드로 공항에 도착해 일정을 시작하는 많은 이들 가운데는 다음 행선지로 에든버러를 염두에 두는 사람들이 적지 않다. 런던 킹스크로스 역에서 기차를 타고 네 시간이면 에든버러에 도착할 수 있다.

시간이 촉박하다면 런던에서 한 시간 거리인 옥스퍼드나 케임브리지 혹은 두 시간이 채 안 걸리는 바스에 갈 수도 있다. 다행히 에든버러, 옥스퍼드와 케임브리지 그리고 바스에는 볼 만한 책방이 여럿 있다. 하지만 나는 좀 더 멀리 가보고 싶었다. 다행히 여정은 넉넉한 편이었다. 그런 마음으로 선택한 곳 중 하나가 북웨일스 하워든에 있는 글래드스턴Gladstone's 도서관이다. 겁도 없이 가겠다고 나섰지만 이방인이 가기에는 멀고 고된 길이었다. 시작부터 예사롭지 않았다. 1960년대 시골 간이역처럼 생긴 하워든 역이 수리 중이라 기차가 서지 않았다. 하워든 근처 서튼 역에 내려 대체 버스를 타야 했다. 버스는 또 얼마나 낡았는지, 정말 굴러갈까 의심스러웠다. 내려야 할 역을 놓칠까봐 조바심을 내며 겨우 하워든에 도착했다.

이렇게까지 해서 가야 할까, 싶은 마음이 없지 않았다. 우여곡절 끝에 도서관에 도착하자마자 모든 불평이 사라졌다. 가기 어렵다는 것은 그만큼 세상과 좀 떨어져 있다는 뜻이다. 고요함을 누리고 싶다면, 휴식이 필요하다면 이곳에 가야 한다.

나는 한국을 떠나기 전 이미 글래드스턴에서의 1박을 예약해뒀다. 런던에서 멀기도 하고 도서관에 숙소가 있다고도 하니 이왕이면 경험해보고 싶었다. 도착해 서무실 같은 곳에서 열쇠를 받았다. 요즘 보기 어려운 아날로그 열쇠였다. 숙소는 3층이었다. 카펫을 깐 나무계단을 천천히 올라가고 있자니 한 번도 다녀본 적 없는 기숙 사립학교로 걸어 들어가는 기분이 들었다. 문을 열자 빨간머리 앤이 묵었을 것 같은 소박한 방이 나왔다. 옛날식 창문의 걸쇠를 활짝 여니 새소리와 맑은 공기가 방안으로 들어왔다.

글래드스턴 도서관은 영국에서 유일하게 잠자리를 제공하는 곳이다. 우리도 책방에서 운영하는 북스테이는 여럿 있다. 나 역시 해본 적 있지만, 도서관 스테이는 처음이었다. 방에는 텔레비전이 없고 대신 검박한 침대와 나무 책상이 있다. 침대에서 혹은 책상에서 책을 읽는 여행자를 위해 조명 장치를 세심하게 준비해두었다. 문명의 이기라고는 라디오 한 대. 로버츠 라디오인데 시간 여행을 떠나게 할 만큼 고풍스러웠다. 혹시 이상한 생각은 금물. 라디오가 사라지면 200파운드의 요금이 부과된다.

도서관 근처에 윌리엄 이워트 글래드스턴이 살았던 하워든 성이 있다. 글래드스턴은 1833년 토리 당원(보수당)으로 의회에 입성해 다양한 정부 직책을 맡으며 서서히 자유주의자가 되었고 1866년에는 자유당 대표를 맡았다. 그는 남성 투표권 확장[10]과 아일랜드 자치를 위해 노력했고 19세기, 그러니까 빅토리아 시대에 무려 네 차례나 총리직을 역임했다. 지금은 폐허가 되어 1년에 단 두 번만 문을 연다. 주변에 관광

글래드스턴 도서관
숙소 창가 전경.

하워든 성으로
향하는 길.

지가 없으니 짐을 풀고 성이나 가보자고 나섰다. 성까지 이어지는 길이 이토록 아름다울 수 없었다. 도중에 개를 데리고 산책하는 마을 사람들을 여럿 만났다. 넓게 펼쳐진 초지에 마음껏 자란 나무들이 드문드문 뻗어 있었다. 동화 속 곰돌이 푸우가 앉았던 아름드리나무가 이런 거였겠구나 싶었다. 미풍이 봄을 데려오고 있는 중이라 보드라운 새잎이 돋아난 풍경이 점묘화 같았다. 이 동네에 볼 건 도서관밖에 없다고 했던 말을 서둘러 거두어들였다.

이 아름다운 도서관은 글래드스턴이 1894년 설립한 개인 도서관으로부터 출발한다. 1895년, 85세였던 그는 딸과 하인의 도움을 받아 직접 하워든 성에서 이곳까지 책을 옮겼다고 한다. 그는 자신의 관심사인 신학과 역사에 관한 장서를 3만 권이나 가지고 있었는데 이와 함께 4만 파운드의 유산을 기부했다. 1898년 글래드스턴이 사망한 뒤 기금을 마련해 지금의 도서관이 지어졌다. 현재 도서관은 누구나 무료로 이용할 수 있다. 학생, 성직자, 작가는 숙박비를 무려 40퍼센트나 할인 받을 수 있다. 글래드스턴은 생전에 지역 어린이와 청소년이 도서관을 이용할 수 있도록 허락했고, 재정적으로 취약한 작가나 연구자 등에게 주거 혜택을 주고 싶어했다. 그의 유지에 따라 도서관은 일종의 작가 레지던시 역할을 겸한다. 200여 년 전 모습 그대로를 간직한 이곳에 가면 연구자와 작가들이 지금도 조용히 공부하는 모습을 볼 수 있다. 여러 의미로 여전히 살아 있는 도서관이다.

도서관에는 저렴한 가격에 최고의 음식을 제공하는 'Thought for food'가 있다. 아침을 먹다가 나도 모르게 앓는 소리가 나왔다. 장기 여

행자가 되고 보니 숙박비를 아끼려고 저렴한 호텔을 전전하거나 아침을 대충 때우곤 했다. 따뜻한 죽 한그릇과 구름처럼 부푼 크루아상을 한입 베어물자 저절로 탄성이 나왔다. 아침 식사에는 찐 달걀, 웨일스에서 난 신선한 치즈와 질 좋은 베이컨 그리고 아직 탱탱한 말린 살구와 절인 무화과까지 포함된다. 예약을 하면 훌륭한 영국식 저녁식사를 일반 식당에 비해 저렴한 가격으로 맛볼 수 있다.

뭐니뭐니해도 하이라이트는 밤의 도서관이다. 투숙객에 한해 밤 10시까지 이용할 수 있다. 식당에서 저녁을 먹은 후 천천히 도서관으로 갔다. 창을 마주 보는 책상 하나를 차지하고 앉아 한참을 있었다. 밤의 도서관을 만끽한 탓인지 꿈도 없이 단잠이 들었다.

"글래드스턴 도서관 같은 개인 서재는 빅토리아 시대 책방들에게 영감을 주었다. 책방들은 부와 권력과 지성의 상징이었던 격조 높은 개인 서재 분위기를 옮겨놓았다. '해처드'가 그 역사를 증명한다."

이 책에서 유일하게 책방이 아닌, 도서관 이야기를 풀어놓은 이유는 따로 있다. 18~19세기 영국에서 대중 독자가 탄생하며 책을 둘러싼 다양한 문화가 꽃을 피웠는데 그 모습의 편린을 글래드스턴 도서관을 통해 짐작할 수 있다.

1708년 런던에는 작가와 정치적 후원자가 모이던 커피하우스가 3천 개 이상 있었다고 한다.[11] 피커딜리에서 책방을 시작하기 전, 존 해처드도 커피하우스를 수년 간 운영했다고 한다.[12] 말하자면 이 시기에 현대적인 의미의 독자 그리고 책방과 도서관의 모습이 탄생했다 해도 과언이 아니다.

필사본의 시대와 달리 인쇄술이 탄생하고 책이 보급되자 부유한 일부 계층은 개인 서재를 갖출 수 있게 되었다. 영국 체스터 필드에는 1549년부터 캐번디시 가문이 소유했던 채스워스 하우스가 남아 있다. 2005년 조 라이트 감독은 이 저택과 정원을 배경으로 영화 〈오만과 편견〉을 만들었다. 입장료가 비싸지만, 이곳에 가면 귀족의 개인 서재가 어떤 모습이었는지를 직접 볼 수 있다. 캐번디시 가문의 제6대 공작은 특히 조각품과 서적 수집가로 유명했다. 덕분에 저택에는 꽃무늬 벽지와 화려한 카펫이 깔린 공작실을 비롯해 여섯 개의 개인 서재가 남아 있다. 채스워스 하우스의 서가를 보고 있자면, 개인 서재를 갖는다는 게 얼마나 큰 로망이었는지를 미루어 짐작할 수 있다. 개인 서재란 캐번디시 가문 정도의 귀족이거나 빅토리아 시대 총리로 활약했던 글래드스턴 정도가 되어야 가능한 일이었다.

18~19세기에도 여전히 책값은 비쌌다. 1815년 당시 세 권짜리 소설 한 권의 가격은 오늘날 돈으로 100달러 이상이었다.[13] 그래서 상업적 대여 도서관이 등장했다. 여기서 도서관library이라는 단어는 책을 보관하고 열람할 수 있는 장소를 말하며 오늘날처럼 공공도서관만을 의미하지는 않는다. 영국에서는 1850년 공공도서관법이 통과되었지만, 실행까지는 많은 시간이 걸렸다. 멀리 갈 것 없이 우리나라 역시 2000년대가 되어서야 작은 도서관과 공공도서관의 설립이 활발해졌다. 박

채스워스 하우스 개인 서재 전경.

완서의 『그 많던 싱아는 누가 먹었을까』나 황선미의 『들키고 싶은 비밀』 같은 문학작품을 읽다보면 책과 도서관이 귀했던 시대의 풍경이 그려진다.

영국은 18세기 무렵 대중 독자가 탄생했지만, 여전히 책값은 비쌌다. 그래서 생겨난 것이 회원제 구독 도서관과 상업적 대여 도서관이다. 회원제 구독 도서관은 일정 자격을 갖춘 지식인이 회원으로 가입해 입회비와 연회비를 내고 전문서적을 빌릴 수 있는 곳이다. 상업적 대여 도서관은 서적상이 이익을 목적으로 이용료를 받는 대신 고객에 제한을 두지 않고 책을 빌려주는 곳이다. 이 무렵 상업적 대여 도서관의 인기를 알 수 있는 자료가 있다. 1814년 제인 오스틴은 『맨스필드 공원』의 제2판을 준비하며 이렇게 썼다.

"사람들은 사기보다는 빌려 읽고 칭찬할 준비가 되어 있다."

책값이 그때보다 저렴해진 오늘날이라고 크게 다르지 않다. 당시 일부 상업적 대여 도서관은 출판과 서점업을 겸했다. 그편이 수익이 훨씬 높았기 때문이다. 런던의 '해처드' 역시 출판과 서점업을 병행했다. '해처드'는 "해처드' 라이브러리'라는 이름으로 이 전통을 이어가고 있다. 매년 몇 권의 타이틀을 선정해 출판한다. 천으로 제본하고, 세련된 더스트 재킷dust jaket을 씌운 장정으로 만들어 오로지 '해처드'에서만 파는 한정판이다.

글래드스턴 도서관 같은 개인 서재는 빅토리아 시대 책방들에게 당연히 영감을 주었다. 당시 개인 서재를 갖는다는 건 부와 권력과 지성의 상징이었다. 가질 수 없을수록 더 욕망하는 것이 인간의 일. 새로 시작하는 책방들은 독자를 유혹하기 위해 격조 높은 개인 서재 분위기를 옮겨놓았다. '해처드'는 그 역사를 증명하고 있는 셈이다.

글래드스턴 도서관을 통해 오늘의 책방을 복기할 수 있다. 이곳은 박제되지 않은 역사, 과거의 모습을 간직하면서 당대의 연구자와 독자들을 맞이하는 도서관이다. 유구한 출판 콘텐츠의 하나인 도서관이 현대의 독자에게 여전히 지대한 영감을 안겨주고 있다. 유럽의 책방과 도서관은 그 자체로도 흥미로운 볼거리지만 동시에 책과 책방을 둘러싼 근대의 원형을 간직하고 있었다. 이 사실을 깨닫자 내 여정은 조금씩 더 흥미진진해졌다.

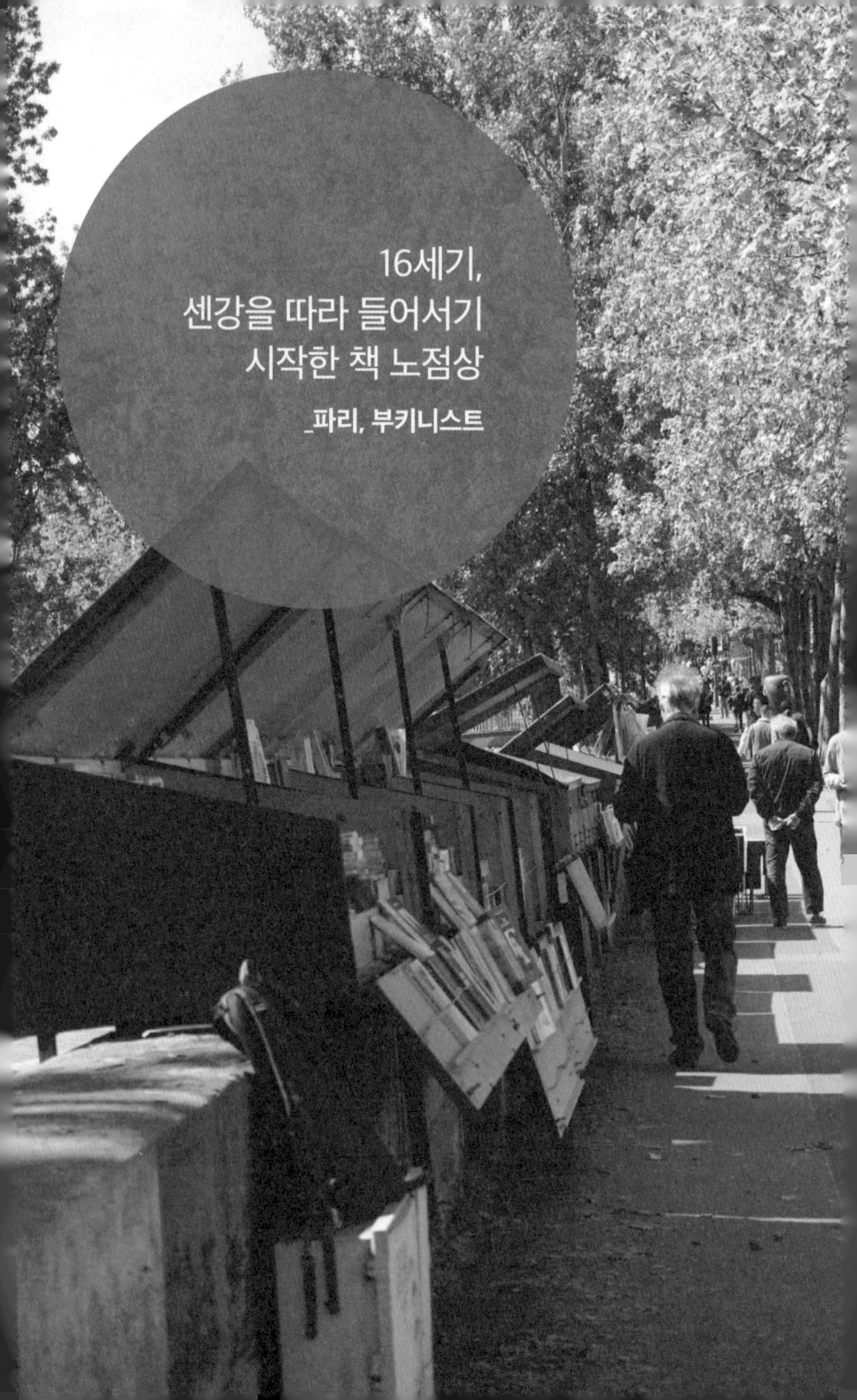

16세기,
센강을 따라 들어서기
시작한 책 노점상

_파리, 부키니스트

"센강 주위로 200여 개가 넘는 노점 책방이 있는데 이를 부키니스트라고 부른다. 노점상이지만 1991년 유네스코 세계문화유산으로 지정될 만큼 긴 역사를 지녔다."

2000년대 초반 볼로냐 국제 아동 도서전에 갔다가 파리에 잠시 들른 적이 있다. 체류 시간은 단 하루. 파리는 난생 처음이었다. 머물 수 있는 시간은 짧았고, 도시는 낯설었다. 가이드를 따라 다녔다. 불 타기 전 노트르담 대성당에 갔고 에펠탑이 보이는 곳에서 사진을 찍었고 마지막으로 루브르 박물관에 갔다. 가이드를 놓칠 세라 거의 뛰다시피 박물관을 돌았다. 또다시 파리를 방문했을 때도 출장길이었다. 가이드 없이 일행 몇 명과 함께 지하철로 오르세 미술관과 퐁피두센터를 방문했다. 센강 유람선도 탔다. 그런데도 알지 못했다. 세 번째 파리를 방문해서야 센강의 노점상에 깃든 역사성을 눈여겨볼 수 있었다.

런던에 템스강이 있다면, 파리에는 센강이 있다. 센강은 상파뉴에서 시작해 파리를 거쳐 트르와, 르 아브르, 루앙을 지나 영국해협으로 흘러간다. 프랑스에서 세 번째로 길다는 센강 위에 놓인 다리는 모두 37개다. 레오스 카락스 감독의 영화 〈퐁네프의 연인〉을 기억하는 이들이라면 퐁뇌프 다리를 지나칠 수 없다. '새로운 다리'라는 뜻과 달리 16세기 말 공사를 시작해 17세기 초에 완공되었다. 파리 최초로 돌로 지은 다리이지만 이제는 매우 오래된 다리이기도 하다.

센강의 좌우에는 노트르담 대성당, 루브르 박물관, 오르세 미술관, 에펠탑 등 이름도 익숙한 곳들이 즐비하다. 파리를 찾는 이들이 유람선을 타는 이유이기도 하다. 하지만 이게 다는 아니다. 센강을 흥미롭게 하는 명물이 하나 더 있다. 강가의 책방이다.

센강 주위로 200여 개가 넘는 노점상 책방이 있는데 이를 부키니스트Bouquinistes라고 부른다. 센강 오른쪽 기슭의 퐁마리 다리부터 루브르 선창까지, 왼쪽 기슭의 투르넬 선창부터 볼테르 선창까지 이어지는 세상에서 가장 긴 책방이다. 초록색을 칠한 상자 네 개에 헌책과 고서적, 그림과 엽서 등을 담아 판매한다. 노점상이라 부르지만 부키니스트는 1991년 유네스코 세계문화유산으로 지정될 만큼 긴 역사를 지녔다. 파리인이 사랑하는 건 물론이요, 여행자라도 한 번쯤 기웃거리며 오래된 책방을 즐기는 것이 낯설지 않다.

부키니스트가 어떻게 시작 되었는지를 살피면 놀랍게도 책 판매의 기원을 만날 수 있다. 점포를 갖기 전까지 모든 판매는 거리에서 이루어졌다. 사람들이 모이는 곳에서는 자연 발생적으로 사고파는 행위가 이어진다. 인쇄술이 발명되기 전, 필사본도 비슷한 방식으로 거래되었다. 사람의 왕래가 잦은 성당이나 시장으로 가는 길에서 필사본을 판매했다. 원칙적으로 중세에는 누구나 함부로 물건을 팔 수 없었다. 길드[14]에 소속되지 않은 자가 아무 곳에나 자리를 잡고 물건을 팔다가는 큰 봉변을 당하기 십상이었다.

길드는 직업이나 목적이 같은 중세 기능인의 조합이다. "12세기 초부터 왕의 칙허에 의해 설립되기 시작했고 1400년대에 이르러서는 100여 개가 넘는 길드가 런던 각 분야 산업의 독점권을 행사하며 도시의 경제적이고 정치적인 실권을 쥐고" 있었다.[15] 유럽 전역에서 모든 산업 분야에 길드가 존재했다. 지금도 길드의 흔적이 남아 있다. 런던 세인트폴 성당 근처에는 브레드bread 스트리트가 있다. 중세 시대 빵 굽는 사람들이 모여 있던 곳임을 짐작할 수 있다. 런던 성곽 근처에 있는 우드wood 스트리트에는 목수들이, 그 옆 밀크 스트리트는 우유배달 상인들이, 아이언멍거ironmonger 스트리트는 철물상들이 모여 있던 거리였다. 이처럼 길드의 역사가 지명에 남아 있다. 또한 시티 오브 런던 한복판에 800년 역사를 자랑하는 길드홀이 있다. 시장과 길드의 대표들이 모여 법을 만들고 재판을 하며 도시를 다스려왔던 곳이다.

중세 길드는 특정 산업을 독점했다. 빵이나 철물을 만들어 팔고 싶다면 먼저 길드에 소속되어야 했다. 대략 7년 동안 이어지는 도제식 견습 기간은 필수였다. 견습을 거치지 않은 자는 해당 분야에서 일하는 게 엄격하게 금지되었다. 견습 기간 동안 월급은 없고, 견습생은 결혼을 하거나 술집에 가서도 안 되는 등 엄한 규율을 지켜야 했다. 길드는 견습을 통해 종사자들의 체계적인 교육을 책임졌고, 길드에 속한 상인이 질 낮은 제품을 팔거나 손님을 속이면 벌금을 물리거나 추방하는 감독 기능도 했다. 또 전문 기술자의 수를 제한하고 상품의 공급량까지 조정하며 독점권을 행사하고 관리했다. 결국 경제력을 지닌 길드는 자유를 원했고 중세 자유도시가 탄생하는 기반이 되었다. 중세 도시의 시민권이란 결국 길드의 회원임을 전제로 했다.

15세기 등장한 인쇄서적업에도 당연히 길드가 존재했다. 18세기 런던의 인쇄서적상으로 유명한 에드먼드 컬은 견습생으로 일하다 주인이 파산하자 책방을 이어받았다. 18세기 서적상이었던 뉴베리 또한 열

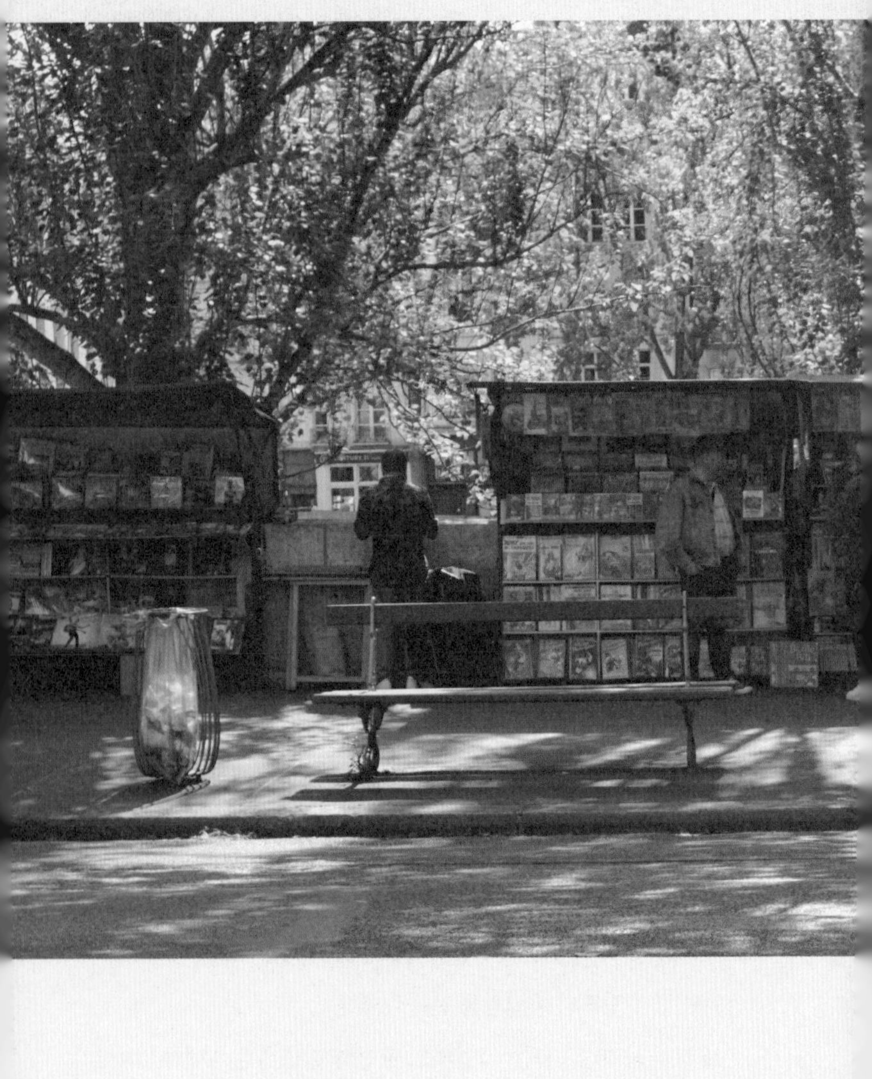

여섯 살에 인쇄업자 윌리엄 에이어스의 견습생으로 시작했다.

인쇄 장인들이 뭉친 길드는 이탈리아 베네치아에서는 1548년, 런던에서는 1557년, 파리에서는 1570년에 등장했다.[16] 16세기 인쇄업은 요즘 식으로 표현하면 인공지능에 버금가는 최첨단 테크놀로지 산업이었다. 인쇄 장인은 글을 읽고 쓸 줄 알아야 했으니 아무나 될 수 없었다. 값비싼 금속활자와 인쇄기가 필요했으니 자본이 필요한 사업이었다. 인쇄기 한 대당 4~5명의 인력이 필요했으니 자금과 인력을 조달해야 가능한 대규모 벤처 사업이었다. 지금이야 인쇄, 제본, 출판, 책방이 모두 전문화되어 있지만, 초기 인쇄업자는 인쇄와 서적상을 겸했다.

우리나라도 마찬가지였다. 1938년 『조광』의 보도에 따르면 당시 책방은 인쇄업을 병행했다. 책방들은 각기 인쇄한 책을 물물교환 방식으로 바꿔가며 유통했다.[17] 전국 유통망을 지닌 도매상이 존재하지 않던 시절이기에 책방은 자기가 인쇄한 책만을 팔았다.

중세 시대 막강했던 길드는 16~17세기에 이르러 상공업이 근대화되고 특허와 저작권 그리고 상표 등이 생기며 사라진다.

이탈리아 물라조 지역의 몬테레지오는 책 보부상의 도시로 알려져 있다. 이곳에 16세기 책 보부상의 역사가 남아 있다. 책이 귀했던 중세 시대 몬테레지오 사람들은 유럽 전역으로 책을 팔러 다녔다.

파리의 부키니스트 전통 역시 16세기 센강을 따라 들어선 책 노점상과 행상인들로부터 시작됐다. 부키니스트란 프랑스어로 헌책과 고서적을 이르는 부캥Bouquin에서 유래했는데, '헌책 노점상'이란 뜻이다.

17세기 초 퐁네프 다리가 완공되자 이곳은 온갖 노점상들의 거래의 장이자 만남의 장소 노릇을 했다. 당연히 책 노점도 있었다. 책 노점상은 바로 정부와 길드의 견제를 받았다. 당시 절대왕정은 불온한 내용이 담긴 책을 파는 부키니스트를 눈엣가시로 여겼고, 인쇄서적상 길드를 내세워 이들을 통제하려고 했다. 1649년 길드의 압력으로 서적상 이외의 사람이 이동식 상점 형태로 센강 기슭이나 퐁네트 광장에서 책을 진열하고 파는 것이 법으로 금지됐다. 이후 검열 기준에 맞춘 책만 팔겠으니 허락해달라고 청원하지만, 규제는 사라지지 않았다. 1810년에 이르러서야 나폴레옹이 허가증을 갖춘 상인은 책을 판매할 수 있도록 허용했다.[18] 이때부터 부키니스트는 파리 공인 상점들과 같은 지위를 획득했다.

1991년 부키니스트가 유네스코 세계문화유산에 등재되고 난 뒤 1994년 당시 파리 시장이었던 자크 시라크 전 대통령이 부키니스트가 사용하는 매대 기준과 세금 및 임대료 면제 등을 법으로 제정했다. 이에 따라 노점상처럼 보이지만 부키니스트는 정식 책방의 권리를 지니며 동시에 엄격한 기준을 지켜야 한다. 부키니스트는 지정된 자리에서 2미터 길이의 초록색 상자 네 개를 매대로 사용할 수 있다. 상자는 파리 시내 곳곳에 있는 모리스 원기둥이나 왈라스 분수와 같은 초록색이어야 한다. 매일 아침부터 해지기 전까지 장사하며 일주일에 적어도 나흘 이상은 영업을 해야 한다. 6주의 휴가와 3개월의 병가를 사용할 수 있다. 세금이나 임대료는 없다. 언뜻 보기에는 비슷해도 부키니스트는 각자 전문 영역이 있다. 예컨대 부키니스트 샬롯chalotte은 프랑스 영화와 문학을 전문으로 한다.

파리의 부키니스트 규정에는 '신간 서적을 팔 수 없고, 기념품의 판매 비율을 준수해야' 한다는 조항까지 있다. 점차 책 판매가 줄어들자 기념품 판매를 늘리고 싶다는 요청을 한 예도 있지만, 파리 시는 그러려면 상점을 빌려야 한다는 입장을 고수했다. 다만 '코로나19' 팬데믹 봉쇄로 책 판매가 급감하자 기념품 판매를 허용했다. 팬데믹 기간에 부키니스트의 매출은 80퍼센트 이상 감소했고, 젊은 부키니스트는 온라인 판매bouquinistesdeparis.com도 시작했다. 2023년 내가 방문했을 때도 센강의 부키니스트는 여전히 잠들어 있었다. 초록색 매대가 단단히 잠겨 있거나 책보다 기념품이 될 법한 물건을 파는 부키니스트가 더 많았다.

"한국전쟁 후 살림이 피폐해지자 귀중품이었던 책이 매물로 나왔다. 헌책방 거리로 알려진 인천의 배다리에 책방이 모여들기 시작한 것도 한국전쟁 때문이다. 우리의 책 노점상은 그렇게 시작되었다."

우리의 경우 책 노점상이 비교적 근대까지 존재했다. 이유는 한국전쟁 때문이다. 전쟁으로 살림이 피폐해지자 그때까지 귀중품이었던 책이 매물로 나왔다. 삼선교 '대학서관'에서 처음 책방 일을 시작했던 '범우사'의 윤형두 대표는 자서전에서 이때 일을 기록하고 있다.

> "삼선교 북쪽의 성북동은 이태준 등 월북 작가나 문인, 학자들이 살던 곳이고, 동쪽의 돈암동은 한설야, 백남운 등 북으로

간 인텔리들이 살던 곳이라 좋은 책이 많이 나왔다."[19]

헌책방 거리로 알려진 인천의 배다리에 책방이 모여들기 시작한 것도 한국전쟁 때문이다. 전쟁통이던 1951년 무렵, 작은 배들이 드나들던 배다리에 가마니를 깔고 헌책 장사를 시작하는 사람들이 생겨났다. 배다리에서 가장 오래된 헌책방으로 알려진 '집현전'의 창업자 오태운 부부는 먹고살 길이 막막하자 생계를 유지하기 위해 가지고 있던 책으로 책방을 시작했다. 전쟁으로 폐허가 된 배다리 일대에 오태운 부부처럼 노점이나 이동식 손수레 책방이 하나둘 생겨나며 이 근방은 책방 거리가 됐다. 이곳의 처음을 기억하는 오태운 대표는 2019년 92세의 나이로 세상을 떠났다.

부산 보수동 헌책방 거리도 시작은 한국전쟁으로 고향을 떠난 피난민들의 호구지책이었다. 처마 밑에서 포장지를 깔아놓고 미군 부대에서 흘러나온 책을 팔았다고 한다. 장사가 되자 두어 칸짜리 문간방에서 책방을 열고, 뒤를 이어 비슷한 책방들이 늘어나면서 책방 골목이 자연스레 형성되었다.

노점에서 책을 파는 일은 점차 사라졌지만, 생각보다 오래 지속되었다. 2023년 제53회 한국출판 공로상 및 한국출판 유공자상을 받은 서점인 가운데 구리 '동원서적'의 장동원 대표가 있다. 40년 넘게 구리에서 책방을 운영하고 있는데, 놀랍게도 고등학교 3학년이던 1974년 길거리에 노점 좌판으로 책을 팔기 시작해 오늘에 이르렀다. 4년 동안 노점에서 책을 팔다 1978년 점포를 마련했고, 지금은 4층짜리 단독 건물에서 서점을 운영하고 있다.

내가 마지막으로 길거리에서 책을 샀던 건 1980년대 후반이다. 이원복의 『먼 나라 이웃나라』를 노점에서 샀다. 아마도 덤핑 판매 등으로 흘러나온 책이 아니었나 싶다.

"부키니스트를 지키는 것이 프랑스라서 가능한 일이라고 넘어갈 수도 있지만, 책방을 파리의 영혼으로 여기는 프랑스 사람들의 인식은 한 번쯤 곱씹어볼 필요가 있겠다."

2024년 파리 올림픽 개최로 부키니스트의 존재가 다시 한 번 부각되었다. 일반적으로 올림픽 개막식은 시 외곽의 대형 경기장에서 개최하는데 파리 올림픽은 도심 센강이 무대다. 올림픽 참가 선수 수천 명이 160척의 배를 타고 센강을 이동하면, 강가에서 수십만 명이 이를 관람할 계획을 세웠다. 사정이 이러자 프랑스 경찰은 안전을 위해 부키니스트를 일시적으로 철수하고 이전하려 했다.

파리는 그동안 '세계에서 가장 긴 책방을 가진 도시'라고 불렸다. 무려 3킬로미터에 이르는 강가에 200여 개의 부키니스트가 자리잡고 900여 개의 상자에 30만 권 이상의 책과 잡지를 담아 팔았다.[20] 부키니스트는 서적 판매의 과거를 엿볼 수 있는 현장이자 아날로그 방식으로 책을 파는 전통 책방이다. 파리 사람들은 '부키니스트가 없는 파리는 곤돌라가 없는 베네치아와 같다'고 여긴다. 그런 프랑스 사람들이니 안전을 명분으로 몇백 년 동안 파리 중심부에 자리잡아온 부키니스트에게 내려진 올림픽 기간 폐쇄 명령을 가만히 보고 있을 리 없었다. 『르 몽드』에 곧장 실린 반박 칼럼의 첫 문장은 알베르 카뮈의 말로 시작한다.

"문화를 타락시키는 모든 것은 노예의 길을 앞당긴다."

프랑스 작가 알렉상드르 자르댕도 "부키니스트를 단순히 책방이라고 생각하는 것은 아무것도 이해하지 못하는 것이다. 부키니스트는 파리의 정체성은 물론 문학과도 깊은 관계를 맺는다. 파리는 작가들의 꿈에서 태어난 도시다."라고 입장을 밝히며 폐쇄 명령 반대자로 이름을 올렸다. 일대 소란이 일자 결국 마크롱 대통령은 "(부키니스트를) 수도의 살아 있는 유산으로 간주하고 올림픽 기간 동안 그 자리에 있게 하겠다."[21]라고 입장을 밝혔다.

프랑스라서 가능한 일이라고, 부러운 마음으로 그러려니 하고 넘어갈 수도 있지만, 책방을 파리의 영혼으로 여기는 프랑스 사람들의 인식은 한 번쯤 진지하게 곱씹어볼 필요가 있겠다.

크고 작은 책방들, 대학의 도시를 빛내다

_옥스퍼드와 케임브리지의 책방 풍경

"대학이 생겨나며 필사본을 판매하는 서적상이 등장했으니 옥스퍼드나 케임브리지는 필연적으로 오래된 책방의 도시일 수밖에 없다. 각각 100년이 넘는 책방이 현재도 영업하고 있다."

영국 대학의 역사는 12~13세기로 거슬러 올라간다. 영국 최초의 대학인 옥스퍼드와 케임브리지 대학교가 이 무렵 세워졌다. 관광지로 이름 높은 두 도시에서 최고의 구경거리는 대학이다.

옥스퍼드 크라이스트 처치 칼리지의 식당인 그레이트홀은 영화 〈해리 포터〉 시리즈의 모델이다. 이곳 스테인드글라스 창문 어딘가에 '이상한 나라의 앨리스'가 숨어 있다. 케임브리지는 아이작 뉴턴, 찰스 다윈, 스티븐 호킹 같은 과학자를 배출했고 뉴턴이 만들었다는 '수학의 다리'도 남아 있다.

두 도시에서 역사와 명성을 자랑하는 곳은 셀 수 없이 많다. 책방도 한자리를 차지한다. 대학이 생겨나며 필사본을 판매하는 서적상이 등장한다. 옥스퍼드나 케임브리지는 필연적으로 오래된 책방의 도시일 수밖에 없다. 각각 100년이 넘는 책방이 현재도 영업하고 있다. 옥스퍼드에는 '블랙웰스'가, 케임브리지에는 '헤퍼스'heffers가 있다.

'블랙웰스'는 전통을, '헤퍼스'는 새로움을 중시한다. 공통점은 지역 기반이다. 1876년 '헤퍼스'를 창업한 윌리엄 헤퍼William Heffer는 "헤퍼스'는 케임브리지와 한몸'이라고 말하곤 했다. 지금도 케임브리셔 지역 어린이책 축제, 푸드뱅크, 병원 등에 열정적으로 책을 기증하고 돕는다. '블랙웰스' 역시 5월에 열리는 옥스퍼드 문학 축제뿐 아니라 작가와 독자가 만나는 숱한 지역 행사를 펼친다.

두 곳 모두 이제 주인은 바뀌었다. '헤퍼스'는 1999년 '블랙웰스'에 경영권을 넘겼다. '헤퍼스' 매니저 데이비드 로빈슨David Robinson은 '헤퍼 집안에서 더 책방을 맡을 사람이 없었기' 때문이라고 했다. '블랙웰스' 역시 '코로나19' 팬데믹 기간 동안 경영 악화를 견디지 못하고 '워터스톤스'에 매각되었다. 하지만 그 전통과 이름은 남았다. 정체성을 이어가되 변화하는 것, 영국 책방 비즈니스에서 흔한 모습이다. 덕분에 오래된 이야기가 살아남는다. 오래된 곳과 새로운 곳이 공존하고 끊임없이 스토리텔링을 만드는 곳이 영국의 책방이다.

"1879년에 문을 연 '블랙웰스'는 옥스퍼드를 대표하는 책방이다. '블랙웰스'가 있으니 옥스퍼드에 작은 책방이 설 자리가 있겠나 싶었다. 착각이었다."

토머스 에디슨이 전구를 발명한 1879년에 문을 연 '블랙웰스'는 옥스퍼드를 대표하는 책방이다. 처음 1제곱미터, 즉 0.33평 크기의 작은 책방으로 시작해 한때 영국 전역에 30여 개의 지점을 둘 만큼 융성했다. 옥스퍼드 본점은 총 4개 층을 사용하며 지하층은 노팅턴룸이라 부른다. 1966년 트리니티 칼리지 총장의 이름을 따서 지었다. 140년이 넘은 장구한 역사는 여기저기에 숨어 있다. 1층 계단 꼭대기 첫 번째 책장에는 작은 명판이 붙어 있다. 1879년 개업 당시 사용했던 책장이라는 표식이다.

긴 세월 동안 '블랙웰스'를 사랑한 사람도 많다. 『반지의 제왕』을 쓴 톨킨은 '블랙웰스'에서 외상으로 책을 산 적이 있다. 그는 외상값을 시로 갚았다. 「고블린 발」Gobliin feet이라는 톨킨의 첫 시는 이런 이유로 '블랙웰스' 출판사에서 발표됐다. 옥스퍼드 대학교수로 재직하며 『반지의 제왕』과 『나니아 나라 이야기』를 쓴 톨킨과 루이스를 기념하는 코너가 '블랙웰스'에 별도로 있다.

규모가 크지만 여기저기 서점원이 큐레이팅한 책들을 세심하게 배치해두었다. '단숨에 읽는'in one sitting, '당신이 놓쳤을지도 모르는 위대한 책'great book you might have missed 등 호기심을 자아내는 주제 아래 책을 진열한다. 바로 옆에는 세월이 말랑말랑하게 녹아든 편안한 가죽 의자가 있다.

옥스퍼드 교수였던 톨킨과 루이스는 '잉클링스'Inklings라는 문학 모임을 만들고 '이글앤드차일드'라는 펍에서 자주 모였다고 한다. 내가 방문했을 때는 아쉽게도 문을 닫았다. 그냥 발길을 돌릴 수 없어 '블랙웰스' 옆 '화이트호스'라는 작은 펍에 들렀다. 1900년대 초부터 '블랙웰스' 옆을 지키던 오래된 펍이다. 톨킨이나 루이스가 '블랙웰스'에 와서 책을 샀다면 바로 옆에 있는 이곳에서 맥주를 마시지 않았을까, 미지근한 영국 펍의 맥주를 마시며 그런 상상을 했다.

'블랙웰스'가 있으니 옥스퍼드에 작은 책방이 설 자리가 있겠나 싶었다. 착각이었다. 옥스퍼드에는 1774년에 문을 연 '커버드 마켓'Covered Market이 있다. 정육, 야채, 과일은 물론 아이스크림, 피자, 고기파이, 쿠

옥스퍼드 트리니티 칼리지 인근 '블랙웰스' 매장들. 위는 본점, 아래는 만화 전문 매장.

THROUGH TO THE NORRINGTON ROOM

Welcome to
BLACKWELL'S
BLACKWELL
The best Bookshop in Britain since 1879

in one
sitting

'블랙웰스' 본점 실내 전경.

GULP FICTION
BOOKS COFFEE
WINE BEER
COCKTAILS
OPEN
THINGS WE FOUND IN BOOKS
~NON-FICTION~
UPSTAIRS
~FICTION~
GROUND FLOOR
PRIZE WOMEN
THE GOLDEN NOTEBOOK
THE BOOK OF GOOSE YIYUN LI
YAN LIANKE HEART SUTRA
ROSEWATER

'걸프픽션' 안팎 전경.

키, 샌드위치 등 다양한 음식을 판다. 끼니를 해결하려고 기웃거리다 책방 '걸프 픽션'Gulp fiction을 만났다. 2022년 올리버 메이슨Oliver Mason이 시작했다. 올리버는 바리스타 출신으로 '블랙웰스'를 뻔질나게 드나들던 소설광이었다.

'블랙웰스'가 있는 옥스퍼드에서 올리버가 책방을 하는 법은 이랬다. '걸프 픽션'에서는 책과 더불어 커피, 와인, 맥주를 함께 판다. 톨킨과 루이스가 통음을 하며 문학을 논했던 위대한 문학의 도시 옥스퍼드가 아닌가. '걸프 픽션'에서 음료를 마시는 방법은 두 가지다. 돈을 내고 마실 수도 있고, 책을 사고 마실 수도 있다. 지정 테이블 위의 하드커버 도서를 한 권 사면 와인 한 잔, 소프트 커버를 한 권 사면 커피 한 잔이 무료다. 아담한 규모지만 몇 개의 테이블과 좌석도 있다. 2층에 올라가자 와인을 마시며 책을 읽는 젊은 친구가 있었다. 두리번거리며 책을 들었다놨다 하는 내게 '그 책 재미있다'며 친절한 설명을 해주었다.

2층 한쪽 벽에는 사진과 메모지가 가득 붙어 있었다. 독자의 메모인가 했더니 헌책에서 나온 사진과 편지, 영수증을 모아둔 것이었다. 영화배우 키아누 리브스 엽서, 친구들과 찍었을 단체 사진, 책소개 기사 조각 등을 보고 있자니 이런 걸 책 속에 끼워놓은 이들은 잘살고 있나 싶어 아련해졌다. '블랙웰스'의 전통과는 또 다른 MZ세대가 좋아할 만한 레트로 감성이 가득했다. 이제 서른 살이 된 젊은 책방 주인 올리버는 이렇게 말했다.

"사람들이 다양한 방식으로 책을 구매하기 때문에 판매 방법도 달라져야 한다. 번창하고 싶다면 과거의 판매 방식에 새로운 것을 도입하고 책방에 간다는 경험 외에 더 많은 걸 만들어야 한다."

무거운 건 질색이라 옥스퍼드 구경을 마치고 '걸프 픽션'에 다시 가서 책을 사기로 했다. 와인도 마실 겸. 도착해보니 책방 문을 닫고 있었다. '커버드 마켓'의 모든 상점은 저녁 6시 전에 문을 닫는다. 다만 목요일에서 토요일은 밤 11시까지 영업하는 '커버드 마켓 나이츠'Covered Market Nights가 열린다. 옥스퍼드 로컬 브루어리 '탭쇼설'에서 만든 수제 맥주 전문점 '마캣탭'Market Tap과 '걸프 픽션' 등이 참여한다. 기약은 없지만 '걸프 픽션'에 와인 한 잔을 예약해두고 발길을 돌렸다.

"대학 도시 옥스퍼드에 '블랙웰스'가 있다면, 케임브리지에도 당연히 오래된 책방이 있을 텐데, 생각했는데 바로 그게 '헤퍼스'였다. 케임브리지 사람들에게 '헤퍼스'는 책방 이상이었다."

케임브리지는 건너뛸 생각이었다. 케임브리지에서 오래 산 홍지혜 선생이 이곳에 '헤퍼스'가 있다는 이야기를 해주었다. 대학 도시 옥스퍼드에 '블랙웰스'가 있다면, 케임브리지에도 당연히 오래된 책방이 있을 텐데, 생각했는데 바로 그게 '헤퍼스'였다.

케임브리지에서 가장 많은 사람이 오가는 트리니티 칼리지 앞 골목에 '헤퍼스'가 자리잡고 있다. 윌리엄 헤퍼가 1876년 시작한 뒤 1880년 무렵 학교 납품을 시작하며 급성장했다. 1970년 지금 자리로 이전하며 '헤퍼스'는 대학 서점을 고집하지 않고 대중적인 책방으로 탈바꿈을 시도했다. 당시만 해도 빅토리아풍 책방이 대세였지만 '헤퍼스'는 현대식 인테리어로 단장했다. 이를 두고 급진적이라는 부정적 평가가 따라붙기도 했다.

'헤퍼스'는 이밖에도 혁신적인 시도를 많이 했다. 1957년 오직 '펭귄' 출판사의 페이퍼백만 파는 '헤퍼스 펭귄' 책방을 열었고, 1982년 비디오 및 컴퓨터 소프트웨어를 취급하는 부서를 만들고 책방에서 비디오테이프를 대여했다. 음악 전문 '헤퍼스 사운드', 예술 전문 '헤퍼스 아트앤드그래픽', 지도를 판매하는 '헤퍼스 맵' 같은 전문 책방도 열었다. 가장 앞선 시도는 1969년 문을 연 '헤퍼스 어린이 책방'이다. 어린이책에 대한 인식이 낮았던 시기에 전문성 높은 서점원이 매장을 책임졌고, 자체 어린이책 목록도 만들었다. 높은 임대료 때문에 2002년 문을 닫았지만 2010년 '헤퍼스' 본점의 카페가 있던 자리에 다시 문을 열었다. 영국의 인기 어린이책 작가 악셀 셰플러가 오픈 행사에 참여했다. '헤퍼스'에서 30여 년을 근무한 매니저 데이비드 로빈슨이 한여름에 거대하고 무거운 그루팔로 인형 옷을 입고 어린이들과 사진을 찍었다. 이 자리에 있던 어린이들은 그루팔로와 함께 '헤퍼스'를 두고두고 기억할 것이다.

데이비드 로빈슨은 책방에 온 작가 중 스티븐 호킹과 마거릿 대처가 가장 기억에 남는다고 했다. 케임브리지에 재직한 스티븐 호킹은 정기

heffers
A Blackwell's Bookshop

CAMBRIDGE IMPRINT
heffers
HAPPY BIRTHDAY

'헤퍼스' 안팎 전경.

적으로 '헤퍼스'를 방문했고, 마거릿 대처는 총리직에서 물러난 후 자서전 출간 행사로 왔다. 로빈슨은 대처가 사인회를 하러 왔을 당시 '600명이 넘는 독자가 책방 앞부터 한참이나 떨어진 마켓까지 줄을 섰고 두 시간여를 기다렸다'고 했다. 실제로 『케임브리지 이브닝』이 '1993년 10월 27일 대처가 케임브리지를 정복했다'고 썼을 정도로 인파가 어마어마했다. 대처는 옥스퍼드의 서머빌 칼리지를 나왔으니 철의 여인 대처가 케임브리지를 정복한 게 맞기는 맞다.

케임브리지 사람들에게 '헤퍼스'는 책방 이상이다. 안식처라고나 할까. 서지학자 프랭크 콜리슨Frank Collieson은 '가장 좋은 날들은 '헤퍼스'에서 보낸 날들'이라고 했다. 그에게만 그런 건 아니다. 잠시 들렀을 뿐인 내게도 '헤퍼스'는 평화로운 케임브리지의 봄날로 오래오래 떠오를 것이다.

제3부.

동네책방은 지역을 어떻게 빛나게 하는가

아름다운 건물과 개성 있는 프로그램으로 빛이 나는 곳

_바스, '토핑' 그리고 '미스터 비'

"런던에도 볼거리가 많지만, 패딩턴 역에서 기차로 한 시간 20분 정도 걸리는 바스에는 독특한 아름다움이 있다. 꼭 가봐야 할 책방이 여럿 있다."

도시마다 공기와 햇살이 달라서일까. 저마다 향기가 있다. 낯선 기차역에 내리면 가장 먼저 크게 숨을 쉬고 도시의 냄새를 맡는다. 영국 남부의 바스에 내리자 투명하고 밝은 햇살이 도시를 비추고 있었다. 가볍고 나른한 향기도 났다. 바스라는 지명에서 목욕이란 말의 기원이 나왔으니 그 향기에는 유황 성분이 포함되어 있을지도 모르겠다. 로마시대부터 온천으로 유명한 이 도시는 기차역에서 북쪽 로열 크레센트까지 30분 이내로 걸어갈 수 있는 자그마한 규모지만 여행자를 쉽게 놓아주지 않았다. 여행 책자에서 늘 보았던 로만바스는 규모가 대단해서 한바퀴 둘러보는 데도 시간이 제법 소요되었고, 5년 간이나 여기 살았던 제인 오스틴과 관련된 이야깃거리도 풍부했다.

1세기에 영국을 점령한 로마인은 바스에 치유와 온천의 여신 술리에게 바치는 사원을 짓고 로마식 온천탕을 세웠다. 로만바스는 유네스코 세계문화유산이며, 로마의 목욕탕을 가장 잘 복원한 유적지다. 로마인이 떠난 후 다시 바스가 주목받기까지 시간이 좀 필요했다. 18세기에 이르러 영국 앤 여왕을 비롯한 왕족과 귀족 그리고 부유층이 휴양과 사교를 겸할 수 있는 바스를 즐겨 찾으며 영광은 다시 시작되었다. 제인 오스틴도 바스에서 잠시 살았다. 제인의 부모가 결혼 적령기에 든 딸을 사교계에 데뷔시키기 위해 이곳에 머물렀다는 추측이 있을 만큼 바스는 사교의 도시였다. 덕분에 바스는 제인 오스틴의 『노생거 사원』과 『설득』의 배경이 되었다.

18세기 온천수를 마시는 치료법이 유행했다. 상류층은 서둘러 바스를 찾았고 온천수를 마시러 매일 바스의 펌프룸을 방문했다. 지금도 로만바스를 관람하는 마지막 코스는 온천수 시음이며 기념품 가게에서 온천수를 판다. 바스의 펌프룸은 사교장 역할을 했고, 무도회와 음악회를 개최하는 어셈블리룸도 여럿 있었다.

사람들이 몰려들었고 인구는 18세기 이전보다 무려 열 배 이상 늘었다. 대대적인 건축 붐이 일었다. 이때 신고전주의 양식의 우아한 건축물이 지어진다. 로만바스를 지나 걷다보면 중앙에 커다란 정원을 둔 원형의 건축물 서커스와 반달 모양의 로열 크레센트를 만날 수 있다. 바스를 대표하는 신고전주의 건축물이다. 18세기 글을 읽을 수 있는 상류층이 모여들자 왕족과 귀족 회원에게 유료로 책을 빌려주는 '마셜스'Marshall's 도서관이 문을 열었다. 도자기로 유명한 웨지우드도 1772년 바스의 유명한 쇼핑거리 밀섬 스트리트에 처음 문을 열었다. 모두 바스의 풍요로움이 만든 결과다.

런던 패딩턴 역에서 기차를 타면 바스까지 1시간 20분 정도가 소요된다. 런던에도 볼거리가 많지만, 바스가 지닌 독특한 아름다움이 있다. 특히 바스에는 꼭 가봐야 할 책방이 여럿 있다.

"온라인서점이 알고리즘으로 책을 소개한다면 거리의 책방은 독자가 책을 발견하고 경험하는 곳이다. 특히 우아한 건물에 자리를 잡은 '토핑'은 디지털이 줄 수 없는 뜻밖의 환대를 선사하는 책방이다."

바스에서 책방으로 가는 길은 느긋했다. 1680년부터 오리지널 번을 구워냈다는 오래된 레스토랑 '샐리 런'Sally Lunn's에서 이른 저녁을 먹고 저녁 7시경 책방으로 향했다. 언제나 관광객으로 북적이는 로만바스에서 빠져나와 걷기 좋은 요크 스트리트로 접어들면 그리스 신전 같은 건물을 만날 수 있다. 책방이 맞나 싶을 만한 외관이다.

바스의 '토핑'은 두 개의 기둥이 지지하는 돌출된, 웅장한 조지아풍 건축물에 자리하고 있다. 2006년 조지 왕조 시대의 3층 주택이 늘어선 파라곤 지역에서 책방을 시작해 2021년 지금 건물로 이전했다. 내셔널 갤러리를 설계한 건축가 윌리엄 윌킨스가 1817~1818년 설계한 건축물이다. 원래는 프리메이슨홀로 설계했고 가장 최근에는 퀘이커 교도들의 모임지인 프렌즈 미팅 하우스로 사용되었다. 하지만 그리스 신전 같은 이 건축물에 가장 잘 어울리는 건 책방이 아닐까.

문을 열고 들어가면 무척 넓은 메인홀에 입이 벌어진다. 네 벽에 손으로 짠 서가가 높이 서 있다. 서가가 높으면 독자는 책 속에 파묻힌 기분이 든다. 현실과 거리를 둔 은밀하고 비밀스러운 공간, 책들의 신전이다. 이 건물은 층고가 높다. 발코니를 만들어 2층 서가를 꾸몄다. 서울 선릉역 부근 '최인아 책방'을 떠올리면 쉽게 상상할 수 있다.

책방의 2층 발코니는 런던 '돈트북스', 인버네스의 '리키즈북숍'에서도 만날 수 있었다. 이쯤 되면 역사적 전통이 있다는 걸 눈치챌 수 있다. 1602년 중세 수서 수집가인 토머스 보들리경이 옥스퍼드 도서관을

바스의 '토핑' 안팎 전경.

복원하여 재개관했다. 당시의 책은 2절판으로 컸고 사슬에 묶여 있었다. 책의 사슬 이야기는 제4부에서 다시 하기로 하자. 한데 점차 작은 책들이 생산되고 도서관으로 유입되었다. 이 작은 책들을 사슬에 매달지 않고 보관하기 위해 서가 위에 갤러리를 추가로 만들었다. 계단을 통해 갤러리에 올라갈 수 있고 입구에 문을 달아 도난을 방지했다.[01] 1675년 듀크 험프리 도서관 양옆의 방을 그린 그림에서 이 갤러리의 모습을 확인할 수 있다. 책방의 2층 갤러리의 역사만 해도 400년이 넘는다. 대개 책에 깃든 역사란 이 정도가 기본이다.

'토핑'은 가족 책방이다. 창업자 로버트 토핑과 루이스 토핑은 부부다. 부부가 힘을 모아 시작했고, 자녀들이 성장하자 지금은 아들 휴Hugh가 바스 지점을, 딸 코르넬리아Cornelia가 에든버러 지점을 책임진다. 가족이 경영하지만 각 지점은 자율적으로 운영한다.

'토핑' 역시 '코로나19' 팬데믹 기간은 어려웠다. 일리, 바스, 세인트앤드루스, 에든버러 매장을 모두 폐쇄했고, 문학 행사나 북클럽도 취소했다. 그러나 로버트 토핑은 도리어 이 시기에 깨달은 바가 있다고 했다.

"독자들이 독립서점을 지지한다는 사실을 알게 되었다."

그래서였을까. 2020년 말 네 곳의 지점은 모두 재개장했고 매출도 회복했으며 연간 문학 축제도 진행 중이다. 2023년 4월, 한강 작가가 『희랍어 시간』의 영문판 출간을 기념해 '토핑' 바스 지점을 다녀가기도 했다. 온라인서점이 알고리즘으로 책을 소개한다면 거리의 책방은 독

1675년 듀크 험프리 도서관의 아트 엔드 룸을 그린 그림과 도서관 전경. 위키피디아.

자가 책을 발견하고 경험하는 곳이다. 특히 '토핑'은 디지털이 줄 수 없는 뜻밖의 환대를 선사하는 책방이다. '토핑'에서 의자에 앉아 책을 보고 있으면 직원이 다가와 차를 권한다. 처음 들른 에든버러 지점에서는 돈을 내라고 할까봐 필요 없다고 서둘러 거절했다. 알고 보니 독자에게 차와 쿠키를 무료로 제공하는 것은 기본 서비스였다. 파란 물방울무늬 찻주전자와 찻잔에 담긴 차나 커피를 마시며 책방에 한동안 머물렀던 독자가 이곳을 좋아하지 않을 수는 없다. 지하층에서 2층 갤러리까지 천천히 둘러보는 데 시간이 필요했다. 어느덧 해는 완전히 떨어지고 책방의 불빛이 요크 스트리트를 밝히고 있었다. 바스의 '토핑'은 책방의 아름다움이 어디에서 오는지를 잘 보여주었다. 책방이 사랑하는 도시가 있다. 역사가 깊고 아름다운 옛 건물이 남아 있으며 문학적 전통이 살아 있는 곳이다. 책방을 나와 숙소를 향해 걸으며 속으로 이렇게 중얼거렸다.

'멋진 책방이 있다면 그 도시는 아름다운 게 맞구나.'

'미스터 비'는 세심하게 기획한 프로그램을 갖추고 있다. 책을 주제로 "다양한 경험을 만든다. 책은 탈출구이자 모험이며 즐거운 경험이다. 그러려면 마법이 피어날 듯한 공간이 되어야 한다."

바스에는 개성 있는 책방이 여럿 있는데, 그중 다소 긴 이름을 지닌 이

책방도 꼭 가야 한다. '미스터 비스 엠포리엄 오브 리딩 딜라이트'Mr. B's Emporium of Reading Delight(이하 '미스터 비')이다. 해석하자면 미스터 비가 운영하는 읽기의 즐거움이 가득한 백화점쯤 된다.

책방의 주인은 닉 보톰리Nic Bottomley다. 닉과 그의 아내인 줄리엣은 변호사였다. 신혼여행 중에 앞으로 무엇을 할지 대화를 나누다 책방 이야기가 나왔다. 특히 시애틀의 멋진 책방 '엘리엇 베이북 컴퍼니'The Elliott Bay Book Company를 방문한 것이 직접적인 계기가 되었다. 잉글랜드와 스코틀랜드 남부의 여러 독립서점을 돌아다니다 2006년 바스에서 책방을 시작했다. 지하 1층과 지상 2층을 사용하다 2019년 옆 건물까지 확장해 공간을 넓혔다.

1층에는 온천의 도시 바스를 기념하는 욕조를 개조한 책 전시대가 있다. 책방 한쪽에 '이매지나리움'Imaginarium 공간도 색다르다. 작가 사인회와 행사를 하는데, 신진 작가들에게 영감을 주는 창작 공간으로 대여하는 지정 공간이기도 하다. 작은 방처럼 생긴 이 공간 뒷면에 그림이 그려져 있고, 책방을 다녀간 예술가의 작품 등이 전시되어 있다. 아기자기한 전시물을 하나씩 보고 있으면 책방의 지난 시간으로 들어가는 것 같다. 매혹적인 공간이다. 지하층도 걸작이다. 특히 화장실 문을 꼭 열어볼 것. 크리스 리델이 그린 그림이 화장실을 가득 채우고 있다.

'미스터 비'는 세심하게 기획한 프로그램을 갖추고 있다. 독자 개인에게 맞춤한 책을 추천하는 유료 프로그램 '리딩 스파'가 있다. 출판사와 협력해 '리딩 스파'를 위한 한정판을 만들기도 한다. 저자와의 대화를 색다르게 하고 싶어 음식과 음악을 제공한다. 아예 밴드를 조직해,

'미스터 비' 안팎 전경.

작가가 쓴 책을 소재로 노래를 만들어 이 행사에서 선보인다. 밴드가 유명해 순회 공연도 다닌다. 이매지나리움에서는 밴드가 발표한 음반도 만날 수 있다.

'미스터 비'는 책을 주제로 다양한 경험을 만든다. 북클럽도 일반적이지 않다. 스타워즈 제국의 습격을 패러디한 '엠포리움의 반격'Emporium Strikes Back이나 '걷기 북클럽'The Paperback Ramblers처럼 특별한 걸 만든다. '다다른 축구팀', '풋볼 로맨스', 등산 독서모임 '산타' 등 다른 책방에서 볼 수 없는 북클럽을 운영하는 대전의 '다다르다'가 떠올랐다. 영국인의 축구 사랑이 유별나니 나중에 바스와 대전의 책방이 연합으로 풋볼 북클럽을 한 번 해봐도 좋겠다.

'미스터 비'의 어린이책 코너는 정말 꼭 봐야 한다. 닉은 책을 경험해야 하는 가장 중요한 독자가 어린이라고 생각한다. 책은 지겨운 게 아니라 탈출구이자 모험이며 즐거운 경험이다. 그렇다면 어린이 코너는 어때야 할까. 재미있고, 마법이 피어날 듯한 공간이 되어야 한다. 2019년 닉은 일러스트레이터 루카스 앤틱스에게 리딩 트리와 공간 구성을 의뢰한다. 그 결과 지금 어린이 코너에는 목재로 만든 보라색 줄기의 나무가 있다. 나무 위에는 여러 동물이 매달려 있고, 둘레에 어린이가 앉을 자리도 있다. 어린이 매장의 서가 위, 아래 혹은 여기저기에 카피바라, 나무늘보, 여우, 다양한 곤충과 벌레 캐릭터가 숨은 듯 아닌 듯 보인다. 어린이뿐만 아니라 어른들을 위한 특별한 공간이다. 왜 이 책방이 '미스터 비스 엠포리엄 오브 리딩 딜라이트'라는 긴 이름을 갖고 있는지 짐작 가능하다. 이 책방은 독자를 위한 기쁨의 궁전이다.

책방이 된 기차역과 오래된 교회, 사람들을 불러모으다

_안위크의 '바터북스', 인버네스의 '리키즈북숍'

"'바터북스'는 유럽 최대 규모를 자랑하는 헌책방이다. 이 책방이 명성을 얻은 이유는 낡은 기차역을 책방으로 바꾸었기 때문이다. 대체 기차역이 책방이 되면 어떤 모습일까."

언어학자로 서울대 국어교육과 교수를 지낸 로버트 파우저의 『도시독법』을 읽다가 인천 배다리의 '아벨서점'을 만났다. 깊은 애정을 담고 배다리 헌책방 거리를 살핀 저자의 글을 읽자니 기분이 묘했다. 인천 원도심에 있는 학교에 다녔으니 나야말로 배다리 헌책방 골목에 추억이 있다. 하지만 저자만큼 따뜻한 마음으로 살핀 적은 없다. 기껏해야 신학기에 헌 참고서를 사거나 근처 극장 가는 길에 들르곤 했을 뿐. 지금 송림동, 창영동 등 도심 인근 지역은 알아볼 수 없을 만큼 바뀌었다.

아름답기로 첫손에 꼽히는 파리나 에든버러 같은 도시도 몇백 년 전 개발되어 오늘에 이른다. 낙후된 환경을 개선하는 건 어느 도시나 필요하다. 런던 역시 빈민가였던 체링크로스나 한웨이 스트리트를 재개발했다. 우리는 한국전쟁이라는 특수한 상황을 겪었으니 개발은 불가피했다. 다만 성장지상주의가 점령한 근대화 기간 동안 왜곡된 개발 심리가 몰고온 폐해도 적지 않다. 개발과 보존이 균형을 이룰 때 도시의 이야기는 훨씬 풍성해진다. 이 균형점을 찾지 못하고 어느 쪽으로 치우칠 때 이상한 도시가 만들어진다.

잉글랜드 북부 노섬벌랜드 안위크에 가면 '바터북스'Barter Books가 있다. 단일 매장 규모로 유럽 최대를 자랑하는 헌책방이다. 이 책방이 명성을 얻은 이유는 규모 때문이 아니다. 낡은 기차역을 책방으로 바꾸었기 때문이다. 오래된 건축물을 보전하고 오늘에 되살리는 고민이 어때야 하는지 잘 보여준다. 대체 기차역이 책방이 되면 어떤 모습일까, 상상이 되지 않았다. 아무래도 직접 가봐야겠다고 마음먹었다.

'바터북스'에 가겠다는 내 결심은 하나만 알고 둘은 모르는 일이었다. 기차역이 책방이 되었다니 얼마나 흥미로울까만 생각했다. 기차역이 폐쇄되었다는 건, 사람의 발길이 드물다는 뜻이다. 게다가 기차역이 없으니 여행자가 거기까지 어떻게 갈 것인가. 안위크는 잉글랜드 북동쪽에 있다. 에든버러로 가는 길에 혹은 스카이 섬에서 잉글랜드 중부로 내려오는 길에 안위크를 경유하려고 일정을 짜보았지만, 너무 고되었다. 하는 수없이 중부로 내려가 무거운 짐을 맡겨두고 단출하게 배낭을 꾸렸다. 뉴캐슬에서 1박을 하고 안위크에 가기로 했다.

영국의 기차는 예고도 없이 취소된다. 뉴캐슬로 가는 도중에 역시나 갈아타야 할 기차가 취소되는 바람에 낯선 기차역에서 내렸다. 두 번이나 기차를 갈아탄 뒤에야 뉴캐슬로 접어들었다. 뉴캐슬은 다리의 도시다. 차창 밖으로 다리가 나타나자 그렇게 반가울 수 없었다. 뉴캐슬의 공식 지명은 뉴캐슬어폰타인. 타인 강 위에 자리잡은 도시다. 도시가 생겨난 지는 2천 년 정도. 기차역 근처에 스코틀랜드 사람들의 침략을 막기 위해 로마시대 만들었다는 성벽과 성이 남아 있다.

뉴캐슬에는 후배 J가 살고 있다. J는 이 먼 곳까지 책방을 가려고 왔다는 내 말을 듣더니 기함을 했다. 옛날에도 선배가 턱없이 용감했다는 말도 했다. J는 안위크를 잘 알고 있었다. 심지어 주말마다 간다고 했다. 다만 나와 목적이 달랐다.

"안위크에는 꽃 보러 자주 가는데, 거기 책방이 있어요?"

그럼 어떤가. J가 안위크로 가는 길을 알기에 덕을 보았다. 뉴캐슬에서 기차를 타고 알론머스 역까지 가서 다시 버스를 갈아타고 안위크에 도착해야 하는 험난한 일정 대신 J의 중고 전기 자동차를 타고 '바터북스'에 도착했다.

안위크는 성으로 유명하다. 영화 「해리 포터」 시리즈 1편에서 해리가 마법학교에 입학해 빗자루를 타며 퀴디치 연습을 하는 장면이 있다. 안위크 성에서 촬영했다. 14세기에 세워졌고 지금도 노섬벌랜드 공작인 퍼시 가문 소유이며, 12대 공작 랄프 퍼시와 부인이 살고 있다. 윈저성에 이어 잉글랜드에서 두 번째로 규모가 크다. 영국에 오래 산 후배는 성 구경에 신물을 내며 정원이 최고라고 했다. 책방을 보고 나서 뉴캐슬의 정원에서 벚꽃 구경을 하는 호사를 누렸다.

"조용한 마을의 기차역을 책방으로 만든 '바터북스'는 사람들을 불러모았다. 70여 명의 직원도 고용했다. 이 한적한 마을의 지역 공동체를 되살리고 있었다."

'바터북스'가 자리잡은 기차역은 1887년 완공되었다. 알론모스에서 안위크 역까지 다녔던 기차 노선은 효용 가치가 없어지자 1968년 폐쇄되었다. 기차를 사랑하는 잉글랜드 남자 스튜어트 맨리Stuart Manley와 책을 사랑하는 미국 여자 메리가 1991년 안위크의 빅토리아 시대 기차역 안에 책방을 차렸다. 기차역의 새로운 역사가 시작된 것. 처음에 부부는 역 일부만 이용했으나 점점 확장해 오늘날처럼 규모가 커졌다.

'바터북스'에 도착한 건 일요일 오전. 근방에 사는 영국 사람들이 모두 왔는지 책방은 이미 북적였지만 넓어서 번잡하지는 않았다. 방문객의 절반 정도는 대개 다른 지역에서 온 사람이라고 한다. '바터북스'에는 볼거리가 많다. 어린이를 위한 별도의 방은 과거 기차역의 입구였다고 한다. 중앙홀의 책장 기둥과 기둥 사이에는 시구가 걸려 있다. 서가를 걸으며 솔로몬 왕의 시 「나의 사랑, 나의 공정한 자, 일어나라」Rise Up, My Love, My Fair One 혹은 제라드 맨리 홉킨스Gerard Manley Hopkins의 「Heaven-Haven」 중 한 구절을 만날 수 있다. 중앙홀을 비롯해 곳곳에 앉을 수 있는 좌석도 넉넉했다.

책방에는 기차역 시절의 유산이 보물처럼 남아 있다. 벽돌로 쌓은 벽과 아치형 문 그리고 유리 지붕도 일부 남아 있다. 승객들이 목을 축였을 음수대도 그대로 있다. 책방 입구 쪽 책장 위에 모형 기차가 칙칙폭폭 소리를 내며 달리는 모습도 눈길을 끈다. 과거 대기실 공간은 그때 그 시절의 벽난로가 남아 있고, 역장 사무실은 차와 커피 그리고 따뜻한 한끼 식사가 가능한 스테이션 레스토랑으로 변했다. 이곳에서 점심을 먹었다. 내가 시킨 햄버거는 미국인 안주인의 영향인지 양이 꽤 많았다. 후배는 영국인이 사랑하는 감자요리 재킷 포테이토를 먹었다. 식당과 주문 받는 곳이 꽤 멀어 테이블 번호를 꼭 알아두고 주문을 해야 무사히 식사를 마칠 수 있다.

기차역 말고 '바터북스'에는 유명한 게 또 있다. 'Keep Calm and Carry on'이라고 쓴 포스터다. 우리말로는 침착하게 계속 나아가자 정도로 해석할 수 있겠다. 이 문구가 새겨진 머그잔이나 열쇠고리는 우리나라에서도 볼 수 있는데 그 시작이 이곳이다.

영국 정부는 제2차 세계대전을 앞둔 1939년 국민 의식 고취를 위해 세 종류의 포스터를 준비했다. 초록색 바탕에 영국 왕실을 상징하는 왕관 이미지 아래 결연한 고딕체로 쓴 첫 번째 포스터의 문구는 "Freedom is in peril. Defend it with all your might."(자유가 위기에 처했다. 전력을 다해 방어하자.)였다. 빨간 바탕에 역시 문구를 담은 두 번째 포스터에는 "Your courage, your cheerfullness, your resolution will bring us victory."(너의 용기, 너의 활기, 너의 결심이 우리의 승리를 낳는다.)였다. 이렇게 두 개의 포스터를 배포하고, 혹시라도 전쟁 중 국민의 의지가 꺾였을 때를 대비해 세 번째 포스터까지 만들었다. 하지만 세 번째까지는 배포되지 않았고 기억에서 잊혔다.

제2차 세계대전 때 신임 총리로 임기를 시작한 윈스턴 처칠을 다룬 〈다키스트 아워〉Darkest Hour 같은 영화를 보면 왜 포스터가 필요했는지 짐작할 수 있다. 그만큼 전시 상황이 급박했다. 제2차 세계대전 당시의 위급한 상황을 웨일스의 최대 도시 카디프에서도 느낀 적이 있다. 카디프 성을 돌아보다 내부에 방공호가 있다는 걸 알았다. 전쟁 당시의 분위기를 그대로 보존한 방공호에도 여기저기 포스터가 붙어 있었다.

2000년 '바터북스'의 주인인 스튜어트와 메리 부부는 헌책이 담긴 상자를 경매를 통해 사들였다. 거기서 "Keep Calm and Carry on" 포스터를 발견했다. 부부는 포스터를 액자에 담아 책방 벽에 걸어두었다. 이를 본 고객들이 포스터를 살 수 있는지 묻기 시작했다. 부부는 2001년부터 복사본을 만들어 판매했다. 2005년『가디언』에 보도된 뒤 한 달에 무려 9천 장이 팔릴 정도로 큰 인기를 얻었다. 책방 구경을 마치고 직원에게 이 포스터를 어디서 살 수 있는지 물었다. 직원은 책방 뒤쪽 식당 쪽을 손으로 가리켰다. 너무 잘 팔려서 판매처를 따로 두었나 했는데 아니었다. 다시 카운터로 돌아가 문의를 하니 직원이 따라오란다. 알고 보니 그는 오리지널 포스터가 걸려 있는 곳을 가리킨 것! 혹시 오리지널 포스터를 보고 싶다면 화장실로 통하는 대기실 입구를 살피시라.

'바터북스'는 '코로나19' 이전에 1년에 35만 명이 다녀갔던 지역 명소다. 한 주에 3천 권의 책이 팔렸다. 기차도 서지 않는 한적한 마을, 볼거라고는 안위크 성이 전부인 이곳. 그나마 겨울부터 초봄까지는 성도 문을 닫는다. 스코틀랜드 경계와 가까운 이곳은 춥다. J는 뉴캐슬에 갈 예정이라고 소식을 전한 내게 여기는 5월까지 겨울옷이 필수라며 준비를 단단히 해오라고 당부했다. 나 역시 책방이 없었다면 평생 갈 일이 없었을 안위크였다.

'바터북스'와 안위크의 정원을 돌아보고 알론모스 역에서 J와 헤어질 시간이 되었다. 나는 여기서 기차를 타고 맨체스터로 갈 예정이었다. 내비게이션을 보고 운전을 하던 J는 연신 "여기 정말 기차역이 있겠죠?"하고 물었다. 기차역이 절대 있을 것 같지 않은 언덕이 이어졌고 출발 시각은 코앞이었다. 다행스럽게도 기차역은 존재했다. 가까스로 알론모스 역에 도착한 나는 여기 내려 버스를 타고 '바터북스'까지 어찌 가려고 했나 아찔했다. 이 조용한 마을에 자리잡은 '바터북스'는 그러나 사람들을 불러 모았다. 기적에 가까웠다. 16세에서 76세까지 70여 명의 직원을 고용했다. 이 정도면 단순한 헌책방 이상이다. '바터북스'는 이 한적한 마을의 지역 공동체를 되살리고 있었다.

"도심을 가로지르는 네스 강가에 '리키즈북숍'이 있다. 17세기에 지어진 오래된 교회 건물 중 일부를 책방으로 바꾸었다. 스코틀랜드에서 가장 큰 헌책방이다."

리버풀은 맨체스터와 더불어 산업혁명의 중심 기지였다. 1845년 앨버트 독에서 첫 배를 띄운 이래 80년 동안 무역항으로 중요한 역할을 했다. 화물선이 증기기관 열차로 대체되며 도시는 쇠락했고 실업자가 넘쳐났다. 오랫동안 퇴물 취급을 받았던 앨버트 독은 이제 도시 재생의 아이콘이 되었다. 재개발된 앨버트 독에는 해양 박물관, 비틀스 스토리 전시관, 테이트 갤러리 등이 들어섰고 많은 관광객이 찾아온다.

세계에서 가장 먼저 산업혁명이 일어난 영국에는 쓸모를 다한 산업 시설을 재생한 사례가 많다. 런던의 테이트 모던 갤러리도 원래는 화력발전소였다. 폐쇄된 기차역, 경매장, 교회, 제분소 등도 새로운 용도로 활용된다. 안위크의 기차역이 책방이 된 것처럼 말이다.

여행 계획을 세우며 남쪽 런던에서 북쪽 스카이 섬까지가 얼마나 먼 지를 절감했다. 런던에서 기차를 타고 요크를 거쳐 에든버러를 방문

BOOK SHOP
BOOK SHOP
BOOK SHOP
BARTER BOOKS
PUNCH
PULL
ROMANCES

'바터북스' 안팎 전경.

KEEP
CALM
AND
CARRY
ON

하는 것까지는 그럭저럭 할 만했다. 조금 더 멀리 북쪽 하이랜드로 눈을 돌리자 가는 시간이 만만치 않고 여행도 복잡해졌다. 그런데도 기차를 타고 하이랜드의 중심지 인버네스에 간 이유 중 하나는 빌 브라이슨 때문이다. 여간해서는 마음에 드는 게 없는 투덜이 빌 브라이슨이 『발칙한 영국 산책』에서 "인버네스는 첫눈에 마음에 들었다. 미를 다투는 대회에 나가 1등을 할 정도는 아니었지만 사람들의 호감을 사는 면이 있었다."고 했기 때문이다. 빌 브라이슨의 책은 1995년 출간되었다. 30년이 지났으니 아마도 변했겠지, 하면서도 꾸역꾸역 그 먼 곳을 가보았다. 옛날 모습을 본 적이 없어 비교는 불가하지만 아마도 30년 전에도 이랬을 것 같았다. 빌 브라이슨이 책에서 말한 것들이 그대로 남아 있었다. 아케이드 시장은 '빅토리안 시장'으로, '샌드스톤 성'은 '인버네스 성'으로 이름만 바꾸었을 뿐.

에든버러부터 시작된 감기를 달고 인버네스까지 온 터라 일찍 잠자리에 들었다. 밤새 호텔 앞 바에서 음악 소리가 끊이지 않았다. 하이랜드의 젊은이가 모두 금요일 저녁 이곳에 온 모양이었다. 다음 날 아침, 네스 강가를 산책하지 않았다면 여길 왜 왔나 후회했을지도 모르겠다. 날은 아직 차가웠지만, 공기는 청량했다. 네스 강물이 흘러흘러 괴물이 산다는 네스 호로 가는 건데, 이렇게 맑은 물에서 산다면 별로 무섭지 않을 것 같았다. 하늘은 파랗고 좁은 강가에 햇살이 부서져 반짝거렸다. 강둑에 핀 노란 수선화를 한참 바라보았다.

도심을 가로지르는 네스 강가에 '리키즈북숍'Leakey's Bookshop이 있다. 17세기에 지어진 오래된 게일 교회와 묘지가 있는데, 교회 건물 중 일부를 책방으로 바꾸었다. 책방 주인은 찰스 리키Charles Leakey. 1979년 인버네스 기차역 부근에서 처음 헌책방을 열었고 지금의 자리로 이전했다. 스코틀랜드에서 가장 큰 헌책방이다.

교회가 책방이 된 사례가 없는 건 아니다. 네덜란드의 '도미니카넌'은 800년 된 고딕 교회에 자리잡았다. 중세 도시의 흔적이 남은 마스트리히트라는 작은 도시에 남아 있던 도미니크회 수도회 건물이 2004년 책방이 되었다. 건물 전체가 문화재다.

'도미니카넌' 정도의 장엄함은 기대할 수 없었지만 '리키즈북숍'에도 스테인드글라스나 아치형 창문 등 과거 교회였던 흔적이 남아 있었다. 그 시절 사용한 설교단도 쓰고 있다. 상대적으로 높은 설교단에는 주인 리키가 앉아 책방을 굽어본다. 교회로 사용했으니 건물 층고도 높다. 1층에서 나선형 철제 계단을 오르면 2층 발코니 서가에 오를 수 있다. 여기서 책방이 한눈에 내려다보인다. 2층 발코니 끝 쪽으로 갔더니 심각한 표정으로 노트북을 보던 책방 대표 리키가 무얼 하고 있는지도 보였다. 축구를 보고 있었다.

인버네스는 7~8월에도 최고 기온이 20도를 넘지 않는다. 천장이 높고 창문이 큰 건물의 특성상 추울 수밖에 없다. 커다란 장작 난로는 필수. 책방 한가운데를 차지한 난로에서 탁탁탁 나무를 태우는 소리와 냄새가 난다. 들어설 때부터 방문객을 반기는 오래된 책 냄새도 코를 찌른다. 오래된 책, 옛 그림, 고지도뿐 아니라 이 모든 아날로그적인 감각과 풍경이 합쳐져 '리키즈북숍'은 독특한 분위기를 만들어내고 있었다.

위키커먼스 Ben Bender

위키커먼스 Georges Seguin(Okki)

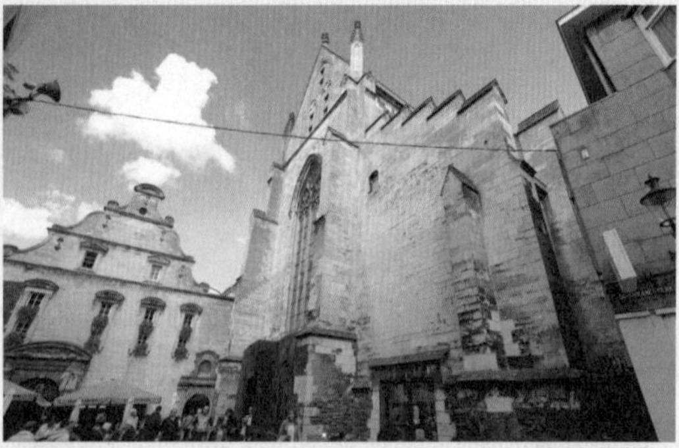

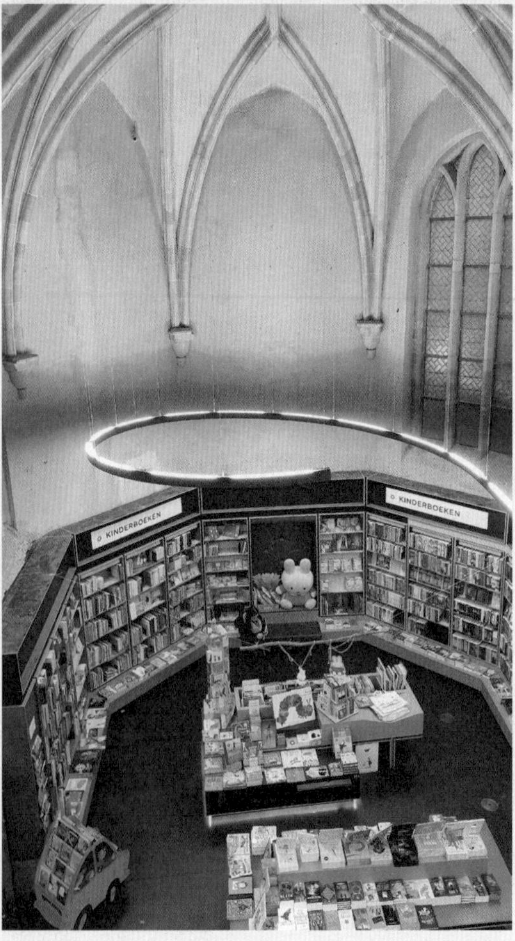

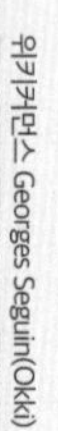

'도미니카넌' 안팎 전경.

'리키즈북숍'이 일부를
사용하고 있는 게일 교회 전경.

'리키즈북숍' 실내 전경.

LEAKEYS
BOOKSHOP

"영국의 책방들은 마을을 살리는 기적을 만들기도 한다. 이런 책방들이 있기에 독자는 그곳에 갈 이유가 생긴다. 작은 마을 공동체도 그 덕에 유지된다."

영국은 전통 건축물을 철저하게 보호한다. 1914년 이전 지어진 건물은 전통 건축물로 보호받는다. 전체 건축물의 20퍼센트 정도를 차지한다. 문화재로 등록되는 전통 건축물은 세 단계로 분류하여 관리한다. 1등급은 국가적 가치를 가진 건축물, 2등급은 지역적 가치를 가진 건축물, 3등급은 가로街路 환경적 가치를 가진 건축물이다. 런던의 경우 지정된 13곳에서 영국 의회와 세인트폴 성당이 보여야 하는 보존 경관 정책을 펴고 있다.

이런 전통 건축물이 종종 책방이 된다. 앞에서 살핀 대로 바스의 '토핑'은 14년 동안 파라곤 지역에 있다가 웅장한 조지아풍 건물로 이전했다. 이 건축물은 2등급 문화재로 보호를 받고 있었다. 건물 외벽에 책방 간판을 달아야 했지만, 함부로 할 수 없었다. 건물 상단의 'The Friends Meeting House'라는 글을 훼손해서는 안 된다는 방침에 따라다. 결국 간판 없이 외부에 패널을 걸어두는 방식을 선택했다.

스코틀랜드의 '애버펠디'에는 오트밀을 제분하던 물레방앗간이 남아 있다. 테이 강 인근이라 과거에는 물레방앗간이 흔했다. 1825년 지어졌다가 1970년대 후반 폐쇄된 물레방앗간이 '워터밀북숍'Aberfeldy Watermill Bookshop&Café이 되었다. 1등급 건축물로 지정된 까닭에 벽을 뚫고 배수관과 케이블을 숨길 수조차 없었다. 하는 수 없이 구리를 이용해 외부로 선을 빼는 차선책을 사용해 보수를 마무리했다. 런던에서 책방을 하다 에버펠디로 자리를 옮긴 책방 주인 부부는 카페와 갤러리까지 열었다. 스코틀랜드의 중심 도시인 글래스고나 에든버러에서 이곳까지 1시간 30분 정도면 올 수 있다. 나들이 삼아 오기 딱 좋은 거리다.

우리 역시 비슷한 사례가 많다. 강화의 '조양방직' 공장은 카페가 되었고, 서울 경복궁역 근처 체부동 교회는 생활문화지원센터가 되었다. 하지만 책방이 넘볼 수 있는 건물은 한옥을 제외하고는 별로 없다. 투자 대비 이익률을 따진다면 답이 없기 때문일 테다. 책방은 다른 상업 시설보다 공간 안에 과거의 역사를 그대로 살릴 수 있는 장점이 있다. 또 책과 독자가 만나 새로운 역사를 써내려갈 수도 있다. 디지털 변혁기에 가장 중요하다는 공간 감수성을 오롯이 간직한 영국의 책방들은 그 자체로도 매력적이다. 안위크의 '바터북스'처럼 잊혀져가는 마을을 살리는 기적을 만들기도 한다.

스코틀랜드 북쪽, 인버네스까지 간 건 스카이 섬을 가기 위해서였다. 스카이 섬에는 기차가 가지 않는다. 차를 빌릴 엄두야 못 냈지만 인버네스에서 출발하는 버스 투어 프로그램이 있다. 아침 일찍 올라탄 관광버스에서 인솔자는 인버네스와 스카이 섬 자랑을 끝없이 해댔다. 그 와중에 인버네스의 '리키즈 북숍' 이야기도 빼놓지 않았다. '리키즈 북숍'은 이 작은 마을을 빛내는 명소였다. '워터밀북숍'도 마찬가지다. 이 책방들이 있기에 독자는 오지와 다름없는 그곳에 갈 이유가 생긴다. 작은 마을 공동체도 그 덕에 유지된다.

버려진 마을을 자랑스러운 곳으로 만들어낸 책마을의 힘

_스코틀랜드 위그타운과 웨일스의 헤이온와이

"위그타운은 버려진 마을이었다. 마을 사람들은 책마을과 축제에 열성을 다한다. 위그타운의 어린이가 마을을 자랑스럽게 여기는 일, 위그타운 사람들이 책마을을 통해 이룬 일이다."

위그타운을 가보리라 마음먹었다. 스코틀랜드 최초의 공식 책마을이 있기 때문이다. 이 사실을 어떻게 알았냐 하면, '더 북숍'the bookshop이라는 책방의 주인 숀 비텔shaun bythell 때문이다. 그의 책이 국내에 두 권이나 번역 출간되어 있다. 2021년에 나온 『서점 일기』와 2022년에 나온 『귀한 서점에 누추하신 분이』이다.

『서점 일기』와 『귀한 서점에 누추하신 분이』를 읽어보면 숀 비텔의 위트를 느낄 수 있다. 영국 코미디를 보고 있는 듯하다. 가까운 동네책방 주인 중에 책방의 민낯을 약간은 시니컬하게 드러낸 『서점 일기』를 재미있게 읽었다는 이도 있었다. 이번 기회에 숀 비텔을 만나보면 어떨까 싶었다. 책방에 오는 온갖 고객의 유형을 분류하고 그 손님들의 면면을 영국식 유머로 풀어낸 책을 읽고 나니 호기심이 발동했다. 호기롭게 책마을의 대명사로 알려진 헤이온와이가 아니라 위그타운을 가리라 마음먹었다.

정말 갔느냐고? 책마을은 헤이온와이가 정답이라는 결론을 내렸다! 위그타운에 가려고 이리저리 고민을 했다. 결론은, 가이드가 있는 단체여행이라면 모를까, 대중교통을 이용해 홀로 찾아가기에 위그타운은 너무도 머나먼 곳이고, 교통도 불편했다.

위그타운에서 가장 가까운 기차역은 덤프리스다. 이곳에 내려 87킬로미터를 자동차로 달려야 위그타운에 도착한다. 서울 수도권의 편리한 대중교통에 익숙해져 있는 나는 정말로 영국 시골 마을에서 버스를 기다리다가 속이 터져 죽는 줄 알았다. 하물며 위그타운이라니, 갈 엄두가 나지 않았다. 덕분에 수확도 있었다. 막연하게 상상했던 책마을의 실체를 확실하게 깨달았다. 일반인이 가기 어려운 오지, 또는 여러 이유로 쇠락해서 사람들이 점점 떠나는 마을이 책마을의 첫째 조건이었다. 책마을은 마을 재생 프로그램이었다.

물론 위그타운도 처음부터 이랬던 건 아니다. 기차가 정차하던 시절이 있었다. 안위크 역과 똑같이 1960년대 무렵 철로가 폐쇄되었다. 기차가 사라지자 마을 사람들이 주로 일하던 블래드목 크리머리라는 유제품 가공업체가 문을 닫았다. 일자리가 사라지자 사람들이 떠났다. 위그타운 초등학교에 다녔다는 한 여성은 "텅 빈 거리, 무인 건물, 판자로 된 창문과 페인트칠이 벗겨진 주택이 있는 황량한 마을에 대한 기억"을 간직하고 있었다. 책마을로 지정되기 전 위그타운은 빈집과 황폐한 건물, 마을 광장의 옛 카운티 건물이 무너질 듯 위험해 보이는 버려진 마을이었다.

1990년대 중반, 웨일스 헤이온와이의 책마을이 성공하자 스코틀랜드에서 이를 모델로 삼고자 했다. 책마을을 만들어 공동체 재생을 돕자는 분위기가 조성되었다. 스코틀랜드에서 가장 실업률이 높은 여섯 개의 소도시가 책마을 기획서를 제출했다. 1998년 스코틀랜드 의회는 위그타운을 스코틀랜드의 국립 책마을로 선정했다. 책마을은 이렇게 탄생하는 거였다.

1998년 위그타운에서 첫 번째 책 축제가 열렸다. 이제 위그타운의 축제에는 영국은 물론이고 외국에서도 관광객이 모여든다. 축제 기간 중 마을에 있는 책방 외벽에 그림을 그린다. 잠시 마을은 동화처럼 변한다. 열흘 동안의 축제 기간 중 무려 200여 가지 행사가 펼쳐진다니 위그타운의 책 축제는 광적일 만큼 대단한가보다.

첫 축제를 시작했던 1998년 당시 위그타운에는 83채의 건물이 매물로 나와 있었다. 하지만 현재 빈 건물은 네 채밖에 남지 않았다. 위그타운에는 현재 17개의 책방이 있다. 책 관련 사업, 연중 문학 행사 기획 등 이런저런 일로 사람들이 모여들었다. 마을은 다시 북적거리고 빈집도 사라졌다. 위그타운 책 축제는 연간 400만 파운드 이상의 경제적 이익을 창출한다. 폐허와 다름없던 과거를 기억하는 마을 사람들은 축제를 통해 위그타운을 지켜낸 공동체 정신을 자랑스러워 한다. 다시는 과거로 돌아가지 않기 위해 책마을과 축제에 열성을 다한다. 위그타운의 어린이가 마을을 자랑스럽게 여기는 일, 위그타운 사람들이 책마을을 통해 이룬 일이다.

"위그타운은 지역 경제를 활성화하는 좋은 사례다. 위그타운의 인구라 해봤자 고작 1천 명 남짓이다. 이렇게 작은 마을이 살아남았다. 그것도 책의 힘으로. 이것이야말로 책마을의 힘이다."

숀 비텔은 위그타운에서 '더 북숍'을 운영하며 책방에 붙어 있는 집에서 산다. 집으로 오르는 계단에 '관계자 외 출입 금지'라는 팻말이 붙어 있지만, 축제 기간은 예외다. 파리의 '셰익스피어앤드컴퍼니'를 참고해 축제 기간에는 책방에 더블 침대를 두고 사람들을 재운다. 부러 이 체험을 하고 싶어 미리 예약을 하고 돈을 지불하는 사람들이 있다.

책을 읽어보면 대충 숀 비텔이 어떤 사람인지를 짐작할 수 있다. 마치 책방을 배경으로 한 오래된 영국 드라마 「블랙북스」에 등장하는 책방 주인 버나드와 비슷하지 싶다. 『귀한 서점에 누추하신 분이』에서 숀 비텔은 파트타임 직원인 질리언 이야기를 들려준다. 질리언은 과거 에든버러의 한 책방에서 일했는데 그 결과 '고객은 왕이다' 같은 끔찍한 신조와 말도 안 되는 생각에 세뇌당했다. 숀 비텔은 질리언이 "친절하고 가끔은 거슬릴 정도로 근면하며, 이런 서점원이야말로 헌책방에 맞지 않는 자질"을 갖추었다고 단언한다. 기회가 된다면 '더 북숍'의 직원으로 일해도 좋겠다.

숀 비텔의 '더북숍' 말고도 위그타운에는 흥미로운 책방들이 있다.[02] 위그타운 중심부인 갤러웨이에 자리한 '오픈북'The Open Book이다. 정확히 말하면 책방이자 에어비앤비 숙소다. 이곳을 예약한 고객은 진짜 책방인 '오픈북'을 운영해볼 수 있다. 숙박 기간 동안 숙박과 취사가 가능한 위층에 머물며 1층 책방을 임시 운영할 수 있다. 책방 주인이 된 손님은 서가와 매대 진열을 바꾸고 가격표를 매길 수 있다. 물론 책도 다시 분류할 수 있다. 책방에 있는 칠판도 마음대로 꾸밀 수 있다.

우리나라에서도 책방을 방문하다보면 가끔 일일 책방지기를 만날 때가 있다. 서울 구로구 항동에 있는 '책방 공책'에 가서도 그랬다. 오래된 타운하우스로 알려진 '그린빌라' 옆에 1980년대 분위기를 간직한 상가 건물이 있다. 거기 2층에 '책방 공책'이 있었다. 상가가 쇠락해 이웃한 점포는 거의 모두 문을 닫았다. 상가 건물 앞쪽에 있는 슈퍼를 돌아 2층으로 오르는 계단은 '도기다시'로 마감되어 있었다. 시간 여행자가 된 기분이었다 드르륵 문을 열자 '책방 공책'의 단골이 일일 책방지기를 하고 있었다. 주인 없는 책방에서 나와 일일 책방지기가 신이 났다. 책방 공책의 비기祕器라 할 수 있는 작은 노트며, 문구와 찻잔을 꺼내 보며 즐거워했다. 부모 없는 집에서 왕 노릇을 하는 어린이 같은 기분이었다. '오픈북'에서 책방 주인 행세를 하면 이런 기분이 아닐까.

위그타운 중심지에서 조금만 걸어나가면 바다와 초원이 펼쳐진다. 조용하고 아름다운 이 마을에서 책방 주인으로 산다면 어떨까. 단 며칠이지만 '오픈북'에서 이 상상을 실현해볼 수 있다. 물론 '오픈북'의 목표는 책과 책방을 기념하고 전 세계 사람들을 스코틀랜드 국립 책마을로 초대하는 것이다.

또다른 책방인 '리딘글래시즈북숍'Readinglasses Bookshop&Café에서도 북스테이가 가능하다. 심지어 결혼식도 가능하다. 결혼식이 끝나면 마을의 모든 건물에서 종을 울리고, 백파이프 연주자들이 음악을 연주한다. 아하, 여기는 스코틀랜드다. 그리고 함께 파티를 연다. 뉴욕 공공도서관이나 리버풀의 아테네움도 결혼식 장소로 활용되는데 책이 있는 공간이 의외로 연인들과 잘 어울린다.

『인디펜던트』의 언급처럼 "스코틀랜드의 다른 지역에게 위그타운은 지역 경제를 활성화하는 좋은 사례"임에 분명하다. 위그타운의 인구

위키피디아 Colin Tennant

위키피디아 Colin Tennant

위키피디아 Colin Tennant

위키피디아 Colin Tennant

'오픈북' 안팎 전경.

라 해봤자 고작 1천 명 남짓이다. 이렇게 작은 마을이 살아남았다. 그것도 책의 힘으로. 이것이야말로 책마을의 힘이다.

"책방이 자리를 잡자 심하게 반대하던 마을 사람들도 점차 책방을 시작했다. 헤이온와이의 성공은 전 세계에 이와 비슷한 책마을을 만드는 기폭제가 되었다."

위그타운을 포기하고 웨일스의 헤이온와이Hay-on-Wye를 살펴보니 여기도 만만치 않았다. 책마을의 시초로 유명하다지만 꼭 가고 싶은 마음은 들지 않았다. 영어도 시원찮은데 홀로 멀고도 먼 웨일스의 헤이온와이까지 어떻게 간단 말인가. 헤이온와이 축제 기간에 맞춰서 갈 수 있는 것도 아니었다. 계속 갈까, 말까 망설였다. 안 가면 그만인데 쉽게 포기를 못 한 이유는 '영국에 가면 헤이온와이도 가보라'고 했던 K의 말이 자꾸 마음에 걸려서다.

맨체스터에 머물던 중 R과 C가 혹시 버밍엄에 같이 가겠느냐고 물었다. 버밍엄은 영국에서 두 번째로 큰 도시다. 산업혁명 시기에 부흥했고 당시 많은 운하가 만들어져 물의 도시로 유명하다. 제2차 세계대전 중에 많은 건물이 파괴되었지만, 빅토리아 스퀘어에 가면 르네상스 양식의 카운실 하우스council House, 중앙 우체국, 타운홀 등을 볼 수 있다. 거대 쇼핑몰이 있는 뉴스트리트 역처럼 새로 지어진 건물도 많다. 간단히 말해 볼거리와 놀거리가 많은 젊은이의 도시였다. 여기에 C가 결정타를 날렸다. 버밍엄의 도서관이 특히 볼거리라고 했다. 혹했다.

마침 버밍엄의 뉴스트리트 역에서 헤이온와이의 관문인 해리퍼드 역까지 기차로 한 시간 반 거리였다. 먼 길도 한걸음부터다. 일단 버밍엄까지 간다고 생각하니 조금 기운이 났다. 버밍엄에서 일행과 헤어져 해리퍼드로 가서 1박을 하고 다음날 39번 버스를 타고 헤이온와이로 가기로 했다. 해리퍼드에서 헤이온와이까지 한 시간여 거리다. 다만 한 시간에 한 대 다니는 버스는 주말은 그나마도 축소 운행한다. 해리퍼드의 한 체인호텔에 가방을 부리고 버스 정류장을 확인한 뒤 마을을 한바퀴 돌았다. 아름다운 해리퍼드 대성당을 보고 나서야 불안했던 마음이 다소 누그러졌다.

웨일스의 시골 마을에 최초로 책마을을 만든 사람은 리처드 부스Richard Booth다. 2003년에 나온 『헌책방마을 헤이온와이』를 읽어보면 리처드 부스가 어쩌다 책마을을 하게 되었는지 소상히 나온다. 1962년 옥스퍼드대학교를 졸업한 그는 상속받은 재산으로 고향인 헤이온와이에 있는 낡은 소방서를 샀다. 당시 경제 사정이 매우 좋지 않은 헤이온와이를 문학의 힘으로 살리겠다고 마음먹은 그는 소방서를 책방으로 만들었다. 가족들은 당연히 반대했다.

"왜 그러니, 네가 사업을 하겠다니 지나가던 개도 웃겠구나!"

마을 사람들은 더 심하게 반대했다.

헤이온와이 마을 전경.

WYE BOOKSELLERS
NUMBER TWO

"어이, 자네 이사 온 지 얼마 안 돼서 뭘 모르나본데, 헤이온와이 사람들은 책을 절대 읽지 않는다고."

리처드와 친구들은 미국까지 돌아다니며 수많은 고서적과 헌책을 사들여 책방으로 보냈다. 리처드의 책방이 자리를 잡자 점차 마을 사람들도 책방을 시작했다. 영국 각지에서 책방을 하거나 책방을 하고 싶은 사람들이 헤이온와이에 하나둘 모였다. 1970년대 말이 되자 헤이온와이는 책마을로 널리 알려지게 되었다. 헤이온와이의 성공은 전 세계에 이와 비슷한 책마을을 만드는 기폭제가 되었다. 자신을 헤이온와이 왕국의 왕으로 선포했던 리처드 부스는 2019년 8월에 80세의 나이로 사망했지만, 그가 꿈꾼 책마을은 남아 있다.

토요일 아침 첫 버스를 타고 헤이온와이에 갔다. 첫차라고 했지만 토요일 헤이온와이를 가는 첫 버스는 10시에 출발한다. 얼마나 외진 곳인지, 버스는 비포장도로 외길을 한 시간 내내 천천히 달렸다. 반대쪽에서 차가 오면 서로 후진을 해서 비켜 가야 하는 수고가 따랐다. 다행이라면 변덕스럽고 추운 잉글랜드와 비교할 때 웨일스는 온화했다. 윤기가 도는 검은 흙을 간직한 대지가 끝도 없이 창밖으로 펼쳐졌다. 유채를 심은 언덕 하나가 노란색으로 물든 풍경은 현대미술인가 싶었다. 그런데도 이 버스를 타고 가면 정말로 헤이온와이가 나올까 의심스러웠다.

가고 또 가다 거짓말처럼 헤이온와이가 나타났다. 헤이온와이 성 정류장에 내리니 넓은 주차장에 차들이 많았다. 골목으로 접어들자 많은 사람이 카페에 앉아 커피를 마시거나 식사를 하고 있었다. 주말의 헤이온와이란 이런 풍경이었다. 헤이온와이 성에 오르면 마을 전경이 보인다. 이곳에 리처드 부스가 책방 '킹오브헤이'King of hay를 열었으나 지금은 문을 닫았고 흔적만 남았다. 대신 1층 카페와 마주한 공간에 책방이 있다.

골목에 책방은 물론이고 카페, 식당 그리고 아기자기한 가게들이 늘어서 있다. 헤이온와이의 공식 홈페이지에는 14곳의 책방이 소개되어 있다. 한때 25곳의 책방이 존재했고 제본소도 2곳이나 있었다고 한다. 리처드 부스가 처음 문을 연 '리처드 부스 북숍'Richard Booth's Bookshop에는 가족 단위 손님이 북적였다. 부모와 함께 온 어린이들이 삐걱거리는 지하 계단을 오르내리며 신나게 놀고 있었다. 책방은 지하와 지상 2층에 걸쳐 있다. 헌책은 물론 신간을 파는데, 특히 2층 시집 코너는 왕다운 대접을 받고 있었다. '리처드 부스 북숍'은 흠잡을 데 없는 책방이었다.

헤이온와이에는 특색 있는 책방이 여럿 있다. 중심부에는 영화관을 개조한 '시네마북숍'이 있다. 채링크로스에 있던 '프랜시스 에드워드'도 헤이온와이로 이전했다. '프랜시스 에드워드'는 런던 메릴리본의 '돈트북스' 자리에 있던 고서점이다. 1980년대에 채링크로스로 이전했고, 지금은 헤이온와이에 자리를 잡았다. 1855년부터 골동품 및 희귀 도서를 전문으로 팔던 곳으로 지금은 '시네마북숍'의 꼭대기층에 자리잡고 있다. 옛날 소녀 잡지들을 볼 수 있는 '칠드런스 북숍'은 내가 종종 책방 홈페이지에서 희귀 어린이책을 조사하는 곳이기도 하다. 고전 탐정 소

헤이 성과 리처드 부스의 '킹오브헤이' 안팎 전경.

'리처드 부스 북숍' 안팎 전경.

설과 추리 소설을 취급하는 '머더앤드메이헴'Murder&Mayhem 책방도 있다.

"책마을로 성공하기 위한 첫 번째 조건은 과연 무엇일까. 책도 책이지만 무척이나 아름다운 헤이온와이 한복판에서 책마을이 성공한 그 까닭을 곰곰 떠올려보았다."

한국에서 헤이온와이까지 가는 여행자의 목적은 단 하나, 유명하다는 책마을을 보기 위해서다. 인솔자를 따라 단체여행으로 다닐 확률이 높다. 모르긴 몰라도 리처드 부스의 책방을 보고 약간의 자유 시간을 가진 후 다음 행선지로 이동하는 동선일 것이다.

직접 가보니, 오지에 자리한 이곳은 책이 전부가 아니었다. 우선 자연이 아름다웠다. 헤이는 '브레콘 비콘스'Brecon Beacons 국립공원 북동쪽 아래, 잉글랜드와 웨일스의 국경에 있는 작은 마을이다. 가까이에 와이 강이 흐르고 블랙 마운틴과 호수 그리고 숲이 있다. 헤이에 오면 강에서 카누를 타거나 블랙 마운틴에서 산악자전거를 타면 좋다. 격한 스포츠가 어렵다면 헤이의 걷기 좋은 산책로를 택해도 좋다. 헤이 성의 책방에는 여러 트레킹 코스를 안내하는 지도책을 판다. 잠깐이라도 소풍을 겸할 수 있다면 그야말로 평화로운 휴일을 보낼 수 있다.

마을 안에서도 충분한 휴식을 즐길 수 있다. 낮에는 카페, 저녁에는 라이브 음악과 맛있는 칵테일을 준비하는 '올드 일렉트릭 숍'이 있다. 할 일 없이 중고 가정용품이나 헌옷 등을 파는 가게를 구경해도 좋다. '킬버트'나 '올드 블랙 라이온'에서 영국 사람들처럼 맥주 한 병을 두고 수다를 떨어도 된다.

헤이온와이에는 다양한 시장이 열린다. 매주 목요일은 '헤이 마켓의 날'이다. 지역 농부와 장인들이 농산물, 공예품, 빈티지 제품 등 다양한 물건을 판다. 금요일에는 벼룩시장이 열린다. 토요일은 '헤이 치즈 마켓홀'에서 아프리카 양탄자와 바구니, 현지 염소 치즈, 손으로 짠 원사 및 양모 등 다양한 물건을 판매한다. 헤이는 책마을이지만 책마을만은 아니었다.

헤이온와이라는 좀 이상한 이름은 '와이 강가의 헤이'라는 뜻이다. 그냥 헤이라고 불러도 무방하다. 뭐라고 부르건 인근 도시 사람들이 고즈넉한 휴일을 즐기기 좋은 곳이다. 책마을로 성공하기 위한 첫 번째 조건은 과연 무엇일까. 헤이온와이가 성공한 것은 왜일까. 헤이온와이에 가보기 전에는 특색 있는 책방들이 이루어내는 조화 덕분일 거라고 막연하게 생각했다. 막상 가보니 책도 책이지만 평온한 자연 환경이 한몫을 단단히 하고 있었다. 책을 읽으려면 여유가 필요하다. 바쁜 현대인에게 책 읽는 시간은 휴식과 같다. 아름다운 자연 아래 책방을 거니는 시간을 만끽하는 것, 그것이야말로 사람들이 이곳에 오는 이유가 아닐까.

책방은 책을 파는 공간이며, 마을의 새로운 가능성을 이어가는 곳

_영국 '올해의 독립서점 상'을 받은 책방들

"'올해의 독립서점 상'의 시상을 위한 모든 과정은 일종의 축제다. 출판서점인들은 여전히 살아 움직이는 독서의 세계를 확인하고 독자와 관계자를 연결하는 축제를 만든다."

여기까지 읽은 독자라면 궁금하지 않을까. 태어나 처음 간 배낭여행인데 어떻게 알고 영국 각지에 흩어져 있는 독립서점들을 찾아다녔을까. 물론 검색으로 안 되는 게 없는 세상이다. 또 '아마존'에서 '책방 여행'Bookshop Tours이라고 검색을 한 뒤 몇 권의 안내서를 샀다. 하지만 가장 중요한 정보원은 따로 있었다. '올해의 독립서점 상'Independent Bookshop of the Year Award이다. 에든버러에서 방문했던 '골든헤어북스'나 '에든버러북숍', 바스의 '미스터 비' 등은 모두 '올해의 독립서점 상'을 받은 곳들이다. 반신반의했지만 직접 방문해보니 기대 이상으로 좋은 책방들이었다.

'올해의 독립서점 상'을 주관하는 '북셀러'The Bookseller는 출판과 도서 판매 관련 잡지를 만드는 곳이다. 1858년 창간호를 발행했다. 미국에 『퍼블리셔스 위클리』가 있다면 영국에는 『북셀러』가 있었다. 매년 '브리티시 북 어워드'British Book Award를 주관하기도 한다. 최고의 영국 작가와 작품에게 수여하는 상이다. 작가와 작품에게만 수여하는 게 아니다. 책과 책을 만든 모든 사람을 기념하는 행사다. 크게 '올해의 도서'와 '올해의 도서 판매' 분야로 나뉜다.

도서 판매 분야 안에 17개의 상이 있다. 올해의 독립서점 상, 올해의 어린이출판사 상, 올해의 편집자 상, 올해의 디자이너 상, 올해의 문학 에이전시 상, 올해의 독립출판사 상 등이다. 무슨 상을 이렇게 많이 수여하나 싶었는데, '브리티시 북 어워드'는 일종의 축제였다. 한 해 동안 축제를 준비한다. 전년도에 나온 책 가운데 최고의 영국 작가와 작품 그리고 출판과 서점인 중에서 후보를 추천하며, 최종 목록을 발표한다. 이 과정을 통해 출판 서점인들은 여전히 살아 움직이는 독서의 세계를 확인하고 독자와 관계자를 연결하는 축제를 만든다.

『북셀러』가 도서 판매 분야를 비중 있게 다루는 이유는 감동적이다. 책의 성공은 단순히 하나의 이유로 이루어지지 않는다. 업력이 쌓일수록 나 역시 이 생각을 자주, 많이 한다. 책 한 권의 탄생에는 저자를 넘어 편집자, 디자이너, 제작자가 참여하고, 책이 나온 뒤에는 독자들에게 닿기 위해 마케터와 서점원을 비롯한 여러 사람의 노고가 들어간다. 올해의 도서판매상은 이들을 잊지 않겠다는 뜻이다.

그러니 상도 중요하지만 과정에 공을 들인다. 시상식은 매년 5월이지만 그 이전 여러 단계를 거친다. 잉글랜드, 웨일스, 아일랜드, 스코틀랜드 전역을 19개[03]로 나누고 후보를 모집한다. 각 지역에서 결승 진출자를 선정한다. 지역 우승자 중에 최종적으로 올해의 독립서점 상 수상자가 결정된다. 예컨대 '에든버러 북숍'은 스코틀랜드 '올해의 독립서점 상'을 두 차례나 수상했다.

9곳의 결승 진출 책방 중에 심사위원이 최종 우승자를 고른다. '올해의 독립서점'으로 선정되면 후원사인 '가드너스'Gardners로부터 지원금 5천 파운드, 우리 돈으로 약 800만 원을 상금으로 받는다. 내가 방문했던 에든버러의 '골든헤어북스'는 진열장에 이 상패를 자랑스럽게 진열해뒀다. 이 상을 받으면 멀리서 찾아오는 독자가 생기고 책방은 전국적으로 유명해진다. '골든헤어북스' 매니저 조나단의 말이다.

한국에서도 서점인에게 주는 상이 있다. 대한출판문화협회에서 매년 '한국출판공로상' 및 '한국출판유공자상'을 수여한다. 한국출판유공자상 분야에서 인쇄, 제책, 서점 수상자가 정해진다. 또 매년 11월 1일 서점의 날을 기념한 '서점문화발전유공자' 포상도 있다. 상을 받는 일은 언제나, 누구에게나 기쁘다. 하지만 이 상들은 대체로 공로상에 해당한다. 물론 대부분의 상은 과거의 업적에 수여한다. 그렇지만 우리는 유독 수상자를 선정할 때 과거에 방점을 둔다. 수상자 개인에게는 영광이지만 책과 책방 그리고 독자를 잇는 활력을 기대하기에는 조금 아쉽다.

"'부커리'는 마을 공동체의 좋은 모델이다. 30명이 넘는 자원봉사자가 활동한다. '그리핀 북스'는 "책방은 지역에서 가장 민주주의적인 장소라는 이상을 수호"하기 위해 노력한다."

2022년과 2023년 '올해의 독립서점 상'은 작은 마을의 책방이 수상했다. 아마도 '코로나19' 펜데믹 여파가 아닌가 싶다. 2022년에는 잉글랜드 남서부 크레디톤에 있는 '부커리'The Bookery 책방이 받았다. 2023년에는 웨일스의 최대 도시 카디프에서 차로 20여 분 이상 떨어진 바닷가 마을에 있는 '그리핀 북스'Griffin Books가 받았다. 모두 지역 사회와 커뮤니티를 중심에 두었다는 공통점을 지닌다.

크레디톤에 있던 책방 주인이 2012년에 은퇴하면서 마을의 책방이 사라질 위기에 처했다. 마을 주민 500명은 책방이 없는 마을은 죽은 것과 다름없다고 여겼다. 사회적 기업을 설립하고 공동으로 책방 운영을 이어갔다. 2016년 '변화하는 힘'Power to Change으로부터 15만 2,000파운드의 보조금을 받고 외진 곳에 있던 책방을 중심지로 옮겼다. '크레디톤 커뮤니티 북숍'에서 '부커리'로 이름도 바꿨다.

'부커리'는 엄연한 책방이지만 마을 공동체의 좋은 모델이기도 하다. 가장 중요한 활동은 지역 사회의 어린이와 노인에게 읽고 쓰는 활동을 지원하는 것이다. 매년 3천여 명의 어린이가 읽고 쓸 수 있도록 돕는다. 또 스스로 읽기 어려운 요양원의 노인들에게 자원봉사자를 파견하는 '웰빙 독서' 사업도 한다. 책방 뒤편의 빈 건물을 개조해 회의와 워크숍이 가능한 공간도 만들었다. 300명이 넘는 주주가 월간 단위로 책방 사업에 대해 논의하며 30명이 넘는 자원봉사자가 활동한다. 이만하면 '올해의 독립서점 상'을 수상할 자격이 충분해 보인다.

'그리핀 북스'는 카디프 외곽의 아름다운 해안 마을인 페나스에 있다. 2014년 9월에 문을 열었고 2023년 '올해의 독립서점 상'을 수상했다. 매력적인 진열장 구성과 큐레이션, 도서 구독 서비스, 모든 연령대를 포괄하는 여섯 개의 북클럽, 저자 이벤트, 문학 축제 등 작은 책방이라고는 믿을 수 없는 다양한 사업을 한다. 매출도 높다. 웨일스의 일부 빈곤 지역 학교, 자선 단체와 함께 봉사 활동을 수행하고 지역 축구팀을 후원한다. "책방은 지역에서 가장 안전한 공간이자 모든 사람이 동등하게 책에 접근할 수 있는 민주주의적인 장소라는 이상을 수호"하기 위해 노력한다. "커뮤니티 안에서 그리고 커뮤니티를 위해 열심히 일하고 있다"는 것이 '그리핀 북스'를 '올해의 독립서점 상' 수상자로 결정한 이유다.

> "사람들의 삶에 의미 있는 변화를 가져오는 것이 우리가 하는 일의 핵심입니다. 당신이 책방에서 구입하는 모든 책은 우리가 봉사하는 지역 사회에 변화를 가져옵니다."

'부커리' 책방의 모토다. 나아가 궁극적으로 지역의 모든 책방들이 나아가야 할 방향이기도 하다.

"책방은 책을 파는 공간이면서 동시에 마을과 공존하며 새로운 가능성을 이어가는 꿈을 품을 만한 곳이 아닐까. 그런 가능성에 책방만큼 어울리는 곳이 또 어디에 있을까."

지역 책방은 크게 몇 가지 유형으로 나눌 수 있다. 우선 바스나 옥스퍼드처럼 손꼽히는 관광지에 있는 책방이다. 여행지에서는 많은 이들이 비교적 주머니를 쉽게 연다. 아름다운 지역에서 만나는 책방에서는 기념할 만한 걸 사고 싶어 하니까. 제주도를 떠올리면 쉽다. 제주도에 책방이 많듯 휴양지나 관광지 등에도 책방이 꽤 있다. 이들 가운데는 런던이나 파리의 비싼 임대료를 견디다 못해 지역으로 이전한 곳들도 있다. 20여 년 동안 런던 블룸즈버리 중심가에 있던 페미니즘 책방 '페르세포네북스'Persephone Books도 2021년 4월 바스로 이전, 로열 크레센토로 가는 골목에 자리를 잡고 독자를 만나고 있다.

문화적 기반이 갖추어진 지역 도시에 자리를 잡기도 한다. 대학이 있거나 은퇴자들이 선호하는 곳이라면 지역 책방의 존재 이유가 분명해진다. 앞에서 살핀, 영국의 일리나 세인트앤드루스, 스코틀랜드의 에든버러 또는 프랑스의 보르도 등도 예가 될 수 있다. 이런 지역에서의 책방들은 그 수는 점점 줄어들지만 분명히 존재하는 독서가와 함께 책의 세계를 굳건히 지키고 있다.

마지막으로 크레디톤이나 페나스에서처럼 철저하게 지역민을 위한 공간으로 자리잡은 책방이 있다. 이런 책방은 지역 커뮤니티의 중심 역할을 한다. 지역 사회에 필요한 서비스를 제공하고 이는 고스란히 책방의 존재 이유로 돌아온다. 책방과 지역이 서로 상생하며 발전하고 궁극적으로 지역을 지켜낸다.

대전 유성구에는 '버찌책방'이 있다. 대전역에서 내려 지하철을 타고 마지막 정거장인 반석역에 내려 다시 버스를 탄다. 그러고도 17분 정도를 걸어가야 한다. 외지인이 가기에는 낯설고 먼 길이었다. 계룡산 자락 매봉산 기슭의 단독주택 택지에 자리를 잡고 있다. 산을 넘으면 대전이 아닌 충청남도 공주다. 1층은 책방이고 2~3층에 주거 공간과 북스테이를 할 수 있는 방이 있다. 이런 책방에 과연 누가 올까 싶지만, 나 같은 책방 유랑자는 간혹 찾아올 뿐, 대부분 인근 주민들이 찾는 곳이다. 주말이면 가족 단위 고객이 많다. 방문 독자들의 성향을 고려해서, 처음에는 문학을 중심으로 꾸렸던 책방의 서가는 차츰 가족 독자를 위한 큐레이션으로 변화했다. '버찌책방'은 구태여 비교하자면 크레디톤의 '부커리'나 페나스의 '그리핀 북스'처럼 지역민을 위한 책방이다. 물론 영국과 우리의 사정이 같을 수야 없다. '버찌책방' 조예은 대표는 소형 자동차에 책을 싣고 인근 학교 등으로 '찾아가는 버찌책방' 행사를 종종 한다. 또한 '버찌책방'은 지역민을 위한 책방이자 전국구 책방이다. 제주를 제외한다면 당일 배송이 가능하다.

책방을 단순히 책을 사는 곳으로 여긴다면 사라져도 그만이라고 여길 수도 있다. 하지만 책방은 일종의 복지 시설이다. 우체국이나 미장원 혹은 약국처럼 마을을 지탱해주는 공공 시설이다. 책방과 마을이 공존할 때 마을은 조금 더 살기 좋은 곳이 된다. 사람들이 모이고 커뮤니티가 이어지는 곳, 그 오랜 역사성을 오늘의 동네책방이 이어간다. 이런 공간이 존재함으로써 동시에 더 나은 지역 공동체를 꿈꾸는 일이 가능해진다.

제4부.

책이 있는 세상의 더 깊은 세계 속으로

책방이 영원을 얻는 길

_윈체스터로 찾아 떠난 제인 오스틴의 흔적

"영국 남부의 도시를 돌아보는 길에 윈체스터를 일정에 넣었다. 윈체스터에는 영국에서 현존하는 가장 오래된 책방 'P&G 웰스'가 있다. 그게 이곳을 찾아가는 이유였다."

책방이 영원을 얻는 길이 있다면 친구들로부터다. 정확히 말하면 작가와 친구의 인연을 맺으면 그 책방은 역사에 남을 가능성이 커진다. 프랑스 파리의 '셰익스피어앤드컴퍼니'가 사람들 입에 오르내리는 이유는 제임스 조이스가 이 책방의 단골이었고 결정적으로 『율리시스』가 이곳에서 탄생했기 때문이다. 미국 캘리포니아 샌프란시스코의 '시티라이트'도 비슷하다. 책방을 운영한 로렌스 펄링거티가 앨런 긴즈버그의 『울부짖음』을 출간했고 비트 세대 작가의 둥지 역할을 했기에 영원함을 얻었다.

우리 책방에도 작가와 깃든 인연이 없을 리 없다. 시인 김용택이 일요일마다 서서 책을 읽었더니 직원이 아예 의자를 내주었다는 전주의 책방, 소설가 박경리가 인천 배다리에서 열었다던 책방 등이 기록 속에 존재한다. 하지만 오래도록 이야기를 품고, 여전히 살아 있는 책방은 안타깝게도 만나기 어렵다. 이제 막 생겨났지만 동네책방이 이런 이야기를 만들어갈 수 있지 않을까.

김포의 '꿈틀책방'은 친구가 많다. 작은 동네책방이지만 힘써 지지하는 작가가 여럿 있다. 인문학자 김경집과 강창래, 동화작가 박성희와 번역가 허진 그리고 미국의 그림책 작가 맥 바넷 등이 친구다. 2023년 '현대어린이책미술관' 전시에 맞춰 한국을 방문한 맥 바넷은 바쁜 일정에도 불구하고 김포의 '꿈틀책방' 2호점 '코뿔소 책방'을 찾아 독자들과 각별한 만남을 가졌다. 맥 바넷의 장모도 동네책방 주인이라는 말을 전하며 말이다.

영국 남부의 도시를 돌아보는 길에 윈체스터를 일정에 넣었다. 동행한 F는 의심쩍은 목소리로 옥스퍼드에서 바스로 바로 가지 않고 우회하는 까닭을 물었다. 윈체스터는 대성당이 유명하지만, 나는 성지 순례를 위해 떠나온 게 아니었다. 윈체스터에는 영국에서 현존하는 가장 오래된 책방 'P&G 웰스'P&G wells가 있다. 그게 이곳을 찾아가는 이유였다. 여행은 막바지에 접어들었고 몸은 매우 피곤했다. 책방도 볼 만큼 본 뒤였다. 그래도 한 번은 가보고 싶었다. 남몰래 품은 이유도 있었다. 『오만과 편견』을 쓴 제인 오스틴이 'P&G 웰스'를 다녀갔을지도 모른다는 상상을 하고 있었다. 직접 보고 싶었다. 생각만 해도 가슴이 콩닥거렸다.

'P&G 웰스'의 시작점을 보여주는 흔적이 남아 있다. 기록의 나라 영국이 아닌가. 1729년 이 책방이 지역 대학과 거래한 영수증으로 설립 시기를 추측할 수 있다. 이후 책방은 1750년대에 지금 자리인 칼리지 스트리트로 이사를 했다. 최초의 주인은 앰브로스 할러웨이였지만 1750년대 버든 부부가 인수했다. 버든 부부는 교재 출판을 겸하며 사업을 확장했다. 다시 1866년 조셉 웰스가 책방을 인수했다. 이런 식으로 영국의 책방은 이어지고 이어져 현재에 이른다.

윈체스터는 조용하고 작은 도시지만 앵글로색슨 시대 잉글랜드 수도였다. 그 때문에 유럽에서 가장 큰 고딕 성당인 윈체스터 대성당과 윈체스터대학이 있다. 이런 조건을 갖춘 지역에 없어서는 안 될 것이 책방이다. 아마도 1700년대 이전부터 책이 거래되었겠지만 정확한 건 알 수 없다. 다만 'P&G 웰스'에는 옛 책방의 모습을 짐작할 수 있는 흔적이 남아 있다. 마호가니로 만든 카운터, 책상과 책장 등은 1889년부터 내려왔고, 진열장이 있는 책방 전면은 1891년 만들어져 오늘에 이른다.

역시 기차역이 수리 중이라 대체 버스를 타고 디드콧 파크웨이 역에 가야 했다. 거기서 윈체스터 행 기차를 탔다. 기차를 타면 목적지에는 갈 수 있으니 마음이 놓였다. 샌드위치를 한입 물었는데 안내방송이 나왔다. 동행한 F는 '산사태로 기차가 갈 수 없다고 한다'고 했다. 어쩐지 거짓말 같았다. 같은 칸 승객 중에 아무도 동요하지 않았다. 잘못 알아들은 게 아닐까 내심 의심했다. 리딩 역에 도착하자 기차는 왔던 길로 후진했다. 베이징 스토크 역이 가까워지자 승무원이 느지막이 나타났다. 산사태로 기차가 윈체스터 역에 갈 수 없다고 했다. 방법은 두 가지란다. 훨씬 남쪽인 사우스햄튼 역까지 가서 윈체스터로 가는 기차를 다시 타거나 베이징 스토크 역에서 내려 대체 버스를 타고 윈체스터로 가란다.

이미 날이 저물고 있었다. 대체 버스 쪽이 빠를 것 같았다. 역 앞으로 향하니 이미 100여 명의 승객이 버스를 기다리고 있었다. 버스는 기다려도 오지 않았다. 영국인들은 하나둘 떠나고 날은 추워졌다. 담당자는 대체 버스를 수배하기로 한 상사와 연락이 되지 않는다는 등 말도 안 되는 변명을 늘어놓았다. 우버를 불렀지만 응하는 기사가 없었다. 대기

Wessex
Book Supplies
P &
BIG IDEAS YOUNG THINKERS
ROBOTICS!
ENGINEER ACADEMY
UNDER YOUR FEET
GENIUS INVENTIONS
COLOSSUS

위키피디아.

Booksellers
& Stationers
LITTLE WOMEN
GUEST LIST
WHO THEY WAS
THE MERCIES
WHAT WE NEED TO DO NOW

시간이 두 시간이 넘어가자 지금까지 기다린 게 아까웠다. 담당자가 다시 나타나 '보상 청구서'를 내밀었다. 참았던 울화통이 터졌다. 간신히 20여 분 거리에 있는 숙소를 찾았다.

그 고생을 하고도 미련이 남았다. 다음 날 상황이 나아지면 가볼까 궁리를 하고 있었다. F가 화를 냈다. 심지어 '평생 윈체스터에는 절대로 가지 않겠다"고 선언했다. 어쩔 도리가 없었다. 결국 그렇게 나의 윈체스터 행은 불발에 그치고 말았다.

"윈체스터 숙소 바로 옆에 책방이 있다는 걸 알았다면, 제인은 분명히 가지 않았을까. 나의 추측은 이렇게 이어졌다. 추측이 사실이 되려면 물증이 필요했다."

제인 오스틴은 1775년 잉글랜드 남부 전원 지대 햄프셔 주 스티븐턴에서 태어났다. 열다섯 살 무렵인 1801년 목사인 아버지가 은퇴하면서 사교의 중심지였던 바스로 이사해 1806년까지 살았다. 그가 살던 집은 '제인 오스틴 센터'가 되었다.

바스는 에든버러와 함께 통일된 주거 양식을 볼 수 있는 아름다운 도시다. 1767~1774년 무렵인 영국 조지 왕조 시대에 지어진 우아한 신고전주의 양식의 건축물을 볼 수 있다. 서른 채의 계단식 주택이 초승달 모양으로 펼쳐진 로열 크레센트와 작은 잔디 정원을 끼고 있는 원형의 주택 서커스다. 걸어다니기 좋아한 『오만과 편견』 속 주인공 엘리자베스 베넷처럼 제인 오스틴도 넓은 잔디밭이 펼쳐진 로열 크레센트와 서커스뿐만 아니라 바스의 골목길과 펄트니 브리지를 걸어다녔으리라.

1805년 아버지가 세상을 떠난 뒤 그는 여기저기 떠돌다 1809년 부잣집에 양자로 간 셋째 오빠 에드워드의 호의로 고향 근처 초튼의 코티지에 머물게 된다. 이곳에서 1811년부터 1816년까지 해마다 한 권씩의 작품이 탄생한다. 순서대로 목록을 읊자면『이성과 감성』,『오만과 편견』,『맨스필드 파크』,『에마』,『설득』이다. 제인이 살았던 초튼의 시골집은 '제인 오스틴 박물관'이 되었다.

제인은 마흔 살 무렵 드디어 작가로 인정받았다. 호사다마라고 1816년부터 건강이 급격히 안 좋아졌다. 1817년에는 돌이킬 수 없을 만큼 나빠져 4월 중순부터는 침대에 머무는 시간이 많아졌다. 언니인 카산드라는 1817년 치료를 위해 제인 오스틴을 윈체스터로 데려갔다. 하지만 아무 소용이 없었다. 제인은 사망했고 윈체스터 대성당에 묻혔다. 이제 'P&G 웰스'가 등장할 차례다. 제인이 윈체스터에서 마지막에 머물렀던 집이 공교롭게도 책방과 지척이다. 이 집은 일반인에게 공개하지 않지만 여기서 나의 상상력이 발동한다.

제인은 아버지가 소유한 500여 권의 장서를 읽으며 자랐다. 어릴 때부터 글을 써 가족들 앞에서 낭독하길 즐겼다. 열여섯 살 때 제인이 글을 쓰고 언니인 카산드라가 그림을 그린 '영국사'가 남아 있을 정도다. '제인 오스틴 센터'에 가면 복제본을 살 수 있다. 아버지는 딸의 재능을 지지했고 제인이 열아홉 살 때 글쓰기 책상을 선물했다. 제인이 스무 살에 쓴 첫 소설『첫인상』을 출간해줄 런던의 출판사를 알아보기도

제인 오스틴이 머물렀던 초튼의 코티지. 지금은 '제인 오스틴 박물관'이 되어 있다. 위키피디아.

제인 오스틴이 머물렀던 윈체스터 숙소. 그는 이곳에서 생을 마감했다. 위키피디아.

제인 오스틴이 안장되어 있는 윈체스터 대성당과 묘비. 위키피디아.

했다. 이 책은 뒷날『오만과 편견』으로 수정, 재출간된다.

당시 여성은 정규 교육을 받을 수 없었다. 공부는 독서를 통해서만 가능했다. 제인의 독서 폭은 상당히 넓었다. 윈체스터 숙소 바로 옆에 책방이 있다는 걸 알았다면, 제인은 분명히 가지 않았을까. 나의 추측은 이렇게 이어졌다. 추측이 사실이 되려면 물증이 필요했다.

편지와 기록을 통해 제인 오스틴을 입체적으로 복원한 존 스펜서의 책을 읽고 난 뒤 고개를 저었다. 그가 쓴『제인 오스틴』에 의하면 제인이 윈체스터에 온 날짜는 1817년 5월 24일이다. 의사인 라이퍼드가 진찰했지만 절망적이었다. 결국 제인은 7월 18일 통증에 시달리다 사망했다.[01] 윈체스터에서 머문 시간은 겨우 두 달 남짓. 게다가 너무 위중한 상태였다. 유령이 되어서라면 모를까, 제인 오스틴이 윈체스터에 머물며 'P&G 웰스'에 가기는 어려웠겠다. 나의 상상은 이렇게 막을 내렸다. 아무래도 독서는 여유와 시간과 체력이 필요한 일이니 그러하다.

"200여 년 뒤 독자는 제인 오스틴이 잠시 스쳤을지 모를 책방을 쫓는다. 한 가닥 상상만으로 그 흔적을 뒤쫓아 평생 갈 일 없는 작은 도시를 헤맨다. 책방과 작가 그리고 독자의 관계는 이만큼이나 각별하다."

『문학의 죽음에 대한 소문과 진실』을 쓴 강창래 선생은 제인 오스틴에 관한 두 가지 오해를 지적했다. 하나는 제인 오스틴이 거실에 앉아 글을 썼을 거라는 오해다. 버지니아 울프는『자기만의 방』에서 제인 오스틴 같은 여성 작가가 자기만의 방도 없이 "공동으로 사용하는 방에 앉아", 그러니까 공동 응접실에서 가족과 방문객의 방해를 받으며 짬짬이 글을 썼을 거라고 적었다. 여성이 글을 쓰기 어려운 시대상을 말했지만 적어도 제인 오스틴은 달랐다.

두 번째로 그는 취미 삼아 글을 쓴 게 아니라 작가라는 자의식을 갖고 글을 썼다고 강창래 선생은 정정했다. 가장 최근의 연구 결과를 바탕으로 제인 오스틴을 재구성한 영화 〈비커밍 제인〉도 버지니아 울프와는 다른 생각을 보여준다. 목사의 딸로 태어나 책을 좋아했던 여성 제인이 스스로 작가가 되겠다고 결심하는 과정을 그린다. 물론 첫사랑 톰 러프로이와의 사랑을 곁들여서 말이다.

'P&G 웰스'에는 못 갔지만, 상상의 나래 덕분에 새로운 제인 오스틴을 만났다. 200여 년 전 빅토리아 시대를 살았던 제인 오스틴의 작가의식은 어떻게 만들어졌을까. 제인 오스틴이 자신을 작가로 여겼다는 사실 자체가 놀라웠다. 그도 그럴 것이 제인 오스틴은 여성을 '가정의 꽃' 정도로 여겼던 빅토리아 시대를 살았고, 여성이 돈을 벌 수 있는 길이 없어 결혼이 필수인 시대를 살았다. 그런 시대에 스스로에게 작가라는 정체성을 부여했다니, 놀라운 일이 아닐 수 없다. 그는 평생 결혼하지 않았다. 살기 위해서라도 돈을 벌어야 했을 거다. 하층 계급까지는 아니지만 그렇다고 넉넉한 집안도 아니었다.

제인은 작가가 되기를 '선택'했다. 그냥 작가가 아니라 글을 써서 돈을 번 최초의 여성 작가 중 한 명이었다. 결과도 성공적이었다. 제인 오스틴의 소설은 당대에도 인기가 많았고 책이 잘 팔려 작가로서 상당한 수입을 거두었다. 그런 그가 있었기에 200여 년 뒤에 살고 있는 내가, 그가 잠시 머물렀다는 작은 도시와 책방의 흔적을 이렇게 뒤지고 있다. 그것도 한 가닥 상상만으로 말이다. 비록 제인 오스틴이 윈체스터에 머물며 'P&G 웰스'에 가기는 어려웠겠다는 결론으로 나의 상상은 막을 내렸지만, 그만큼 작가와 책방의 관계는 상상의 나래를 펼치는 동력이 된다.

현실의 친구를 사귀는 데도 오랜 시간과 정성이 필요하다. 책방이 친구를 만드는 과정도 비슷하다. 분명한 건 책과 책방이 존재하는 날까지 작가와 책방은 떼려야 뗄 수 없는 관계라는 사실이다. 나아가 무릇 작가라면 사랑하는 책방을 만들어야 한다. 때로는 책방의 단골로, 또 때로는 책방과 뜻을 같이 하는 저자로 책방에 영원한 생명을 불어넣을 수도 있다. 작가와 책방이 서로에게 빛이 되어주고 그 과정에서 이야기가 피어날 때 지금껏 만난 유럽 책방들처럼 독자에게 오래도록 기억될 테다. 작가의 흔적을 찾아 가슴 설레며 찾아오는 책방을 우리도 곧 갖게 될 것을 기대한다.

인쇄술의 발명,
인쇄서적상의 등장,
그 바탕 위에 탄생한
작가라는 직업

_존 밀턴, 인쇄서적상 새뮤얼 시몬스와 저작권 계약을 맺다

"최초로 저작물에 대한 작가의 권리를 인정한 곳은 영국이다. 17세기 중반, 『실낙원』으로 유명한 존 밀턴이 출판인 새뮤얼 시몬스와 저작권 계약을 맺었다는 기록이 남아 있다. 이것이 최초다."

제인 오스틴을 따라가는 길은 결국 빅토리아 시대 작가의 탄생이라는 종착지에 이른다. 작가가 직업으로 가능했다면 출판과 책방 역시 산업으로서 자리매김했다는 뜻이다. 실제로 제인 오스틴의 후기작인 『에마』, 『노생거 사원』, 『설득』은 영국의 근대적 출판인으로 평가받는 존 머레이 2세가 1815년부터 1818년 사이에 출간했다. '존 머레이' 출판사는 대를 이어 운영되었는데 특히 존 머레이 2세에 이르러 명성을 떨친다. 제인 오스틴뿐 아니라 조지 바이런, 찰스 다윈, 아서 코난 도일 등 내로라하는 작가의 책을 펴냈다.

작가의 탄생은 근대적 출판과 불가분의 관계다. 물론 출판이 산업으로 자리를 잡기 위해 선결해야 할 일들이 있다. 가장 중요한 것은 저작권이다. 새로운 시장이 생겨나면 분쟁이 따르기 마련이다. 지금까지 없던 전자책 유통업체가 생겨나고, 넷플릭스 같은 영상 플랫폼이 만들어지면서 이익 배분, 다시 말해 저작권이 논쟁거리가 되는 걸 우리 모두가 지켜봤다. 마찬가지로 제인 오스틴이 책을 쓰고 존 머레이 2세가 책을 만들던 그 시대, 즉 작가가 등장하고 인쇄 출판물이 유통되는 시스템이 막 정착되던 이 시기에도 이익 분배를 둘러싼 새로운 이슈가 생겼을 것이라는 건 짐작이 가능하다.

최초로 저작물에 대한 작가의 권리를 인정한 곳은 영국이다. 개인의 권리 수호를 최고의 선으로 삼는 영국 사람들 답기도 하고, 그만큼 영국의 출판산업이 앞섰다는 것을 보여준다. 17세기 중반, 『실낙원』으로 유명한 존 밀턴이 출판인 새뮤얼 시몬스와 저작권 계약을 맺었다는 기록이 남아 있다. 이것이 최초다. 이것으로 미루어 단순히 책을 인쇄하고 판매하던 방식에서 벗어나 특정 책을 인쇄하고 판매하는 독점권 즉 출판권을 행사했다는 걸 알 수 있다. 새뮤얼 시몬스는 인쇄인이자 서적상이며 출판인이다. 물론 저작권 법이 제정되어야 인쇄서적상의 출판물에 대한 권리가 보장되지만 말이다.

존 밀턴은 영국 최고의 서사 시인으로 손꼽힌다. 말년에는 눈이 멀었다. 『실낙원』은 딸들을 통해 구술로 집필했다. 일생을 뜨겁게 산 혁명가이자 이상주의자인 그가 살던 1600년대 영국은 격렬하게 달아올랐다. 1649년 찰스 1세가 처형되는 엄청난 일이 일어났다. 왕정을 수호하려는 왕당파와 청교도 지도자인 올리버 크롬웰을 중심으로 한 의회파가 대립해 세계 최초의 시민혁명인 청교도혁명이 일어났다. 힘으로 왕을 몰아내고 국민에게 주권이 있음을 보여준 놀라운 사건이다.

존 밀턴은 찰스 1세의 처형이 정당했음을 지지하는 글을 쓴 공화주의자이자 정치적 이상주의자였다. 그는 1644년 11월 23일 『아레오파기티카』를 출간했다. 출판업자조합, 웨스트민스터 종교회의, 의회가 제정한 출판 허가법에 대한 도전이자 표현의 자유를 주장하는 내용을 담았다. 역사의 흐름은 호락호락하지 않았다. 잉글랜드의 공화정 실험은 11년 만에 끝이 났고 왕정복고로 찰스 2세가 왕위에 오른다. 이후 밀턴의 관심은 개인의 영혼을 개혁하는 일로 옮겨간다. 그렇게 태어

위키피디아 abebooks

AREOPAGITICA;
A
SPEECH
OF
Mr. JOHN MILTON
For the Liberty of VNLICENC'D
PRINTING,
To the PARLAMENT of ENGLAND.

Euripid. Hicetid.

This is true Liberty when free born men
Having to advise the public may speak free,
Which he who can, and will, deserv's high praise,
Who neither can nor will, may hold his peace;
What can be juster in a State then this?
Euripid. Hicetid.

LONDON,
Printed in the Yeare, 1644.

1644년 11월 23일 초판 출간한
존 밀턴의 『아레오파기티카』

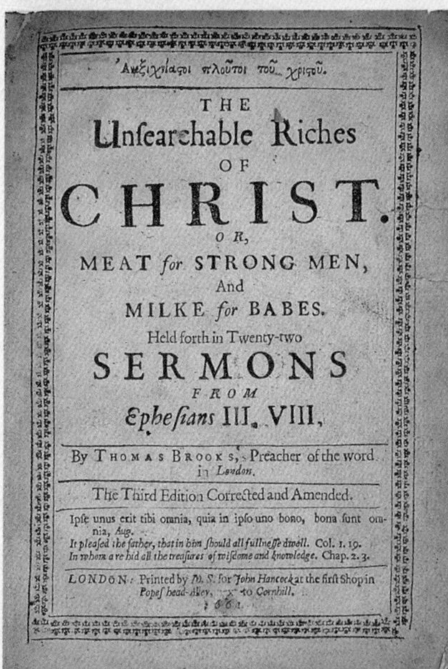

THE
Unsearchable Riches
OF
CHRIST.
OR,
MEAT *for* STRONG MEN,
And
MILKE *for* BABES.
Held forth in Twenty-two
SERMONS
FROM
Ephesians III. VIII.

By THOMAS BROOKS, Preacher of the word in *London*.

The Third Edition Corrected and Amended.

Ipse unus erit tibi omnia, quia in ipso uno bono, bona sunt omnia, *Aug.*
It pleased the father, that in him should all fullnesse dwell. Col. 1. 19.
In whom are hid all the treasures of wisdome and knowledge. Chap. 2. 3.

LONDON: Printed by *M. S.* for *John Hancock* at the first Shop in *Popes head-Alley*, [illegible] to *Cornhill*.
[illegible]

토마스 브룩스가 쓴 『그리스도의 재물』
1655년 초판 발행했고,
메리 시몬스가 인쇄했다.

난 작품이 『실낙원』이다. '실낙원'失樂園은 말 그대로 '인간이 낙원을 잃어버렸다'Paradise Lost는 뜻이다. 아담과 이브 이후 인류는 낙원을 잃어버렸으나 밀턴은 『실낙원』에서 낙원을 잃어버린 자가 여전히 낙원을 꿈꾸는 일을, 인간의 원죄와 구원의 가능성을 종교 서사시로 읊었다.

밀턴은 『실낙원』을 들고 매튜 시몬스의 미망인을 찾았다. 매튜 시몬스는 1640년 이미 밀턴의 책을 펴낸 출판인으로 1645년 사망했다. 미망인 메리 시몬스는 남편이 죽은 후 사업을 이어받았고 아들인 새뮤얼 시몬스와 함께 일했다. 말하자면 새뮤얼 시몬스는 아버지의 뒤를 이은 인쇄 출판 서적상이었다.

존 밀턴과 새뮤얼 시몬스는 1667년 4월 27일 계약을 맺는다. 오늘날 저자와 출판인이 계약서를 작성하듯 똑같이 세부적인 내용을 담았다. 우선 새뮤얼은 밀턴에게 계약금으로 5파운드를 즉시 지급하는 조건이다. 초판은 1,300부를 발행했는데, 재고가 소진되고 나면 인세 5파운드를 추가 지급하기로 했다. 한 쇄의 발행 부수는 1,500부를 넘을 수 없다는 조항도 있다. 존 밀턴은 이와 같은 세부 사항을 약정하며 책에 관한 미래의 모든 권리를 새뮤얼 또는 권리 수탁자에게 양도했다. 『실낙원』은 초판 1,300부 발행 후 2년 만에 재쇄를 찍었다.[02]

"인쇄술이 발명되고 인쇄서적상이 등장한 뒤 작가라는 직업이 자리를 잡았다. 17세기 말까지 글을 쓰는 사람이 돈을 버는 방법은 부유한 집에서 태어나는 '운'에 기대거나 귀족이나 왕의 후원을 받아야 했다."

1667년 새뮤얼과 밀턴이 『실낙원』의 출간에 앞서 맺은 계약은 개인 간의 일이었다. 아직 저작권법이 제정된 것은 아니었다. 1700년대 초반 인쇄서적상 에드먼드 컬은 저자에게 원고료를 지급하고 출판한 책을 함부로 복제해 팔았다. 이로써 그는 악명을 얻었다. 악명을 얻은 것으로 보아 저작권 분쟁이 잦았고 사회적 문제가 되었음을 짐작할 수 있다.

결국 스튜어트 왕조의 마지막 왕인 앤 여왕은 1710년 새로운 법령을 발포한다. '앤 여왕 법'이다. 세계 최초의 저작권법이 탄생했다. 이 법에 따라 저작권copyright은 저자에게 귀속되고, 인쇄서적상은 출판권을 지니게 된다. 다만 저자의 1차 저작권 보유 기간은 14년이었다. 저자가 살아 있다면 추가로 14년 동안 다시 저작권을 갱신할 수 있다. 중간에 저자가 사망하거나 28년이 지나면 저작권은 소멸하고 누구나 펴낼 수 있는 공공재가 되었다.

법령의 파장은 어마어마했다. 책을 팔아 이익을 얻을 수 있는 길이 열렸다. 그전까지 작가는 인쇄서적상에게 원고를 넘기면 끝이었다. 요즘 식으로 보면 매절이라고나 할까. '앤 여왕 법'은 근대적 의미에서 작가의 위상을 정립한 최초의 법령이었다.

영국을 제외한 유럽은 18세기 내내 작가의 저작권을 보호하지 못했다. 영국의 저작권법은 그만큼 선구적이었다. 왕정복고 이후 1688년 명예혁명이 일어났다. 제임스 2세를 왕위에서 몰아내고 메리와 윌리엄이 공동으로 왕위를 계승한다. 이어 앤 여왕이 왕위에 올랐다. 명예혁명으로 절대왕정이 무너지고 입헌 군주제가 들어선 영국의 분위기가 사적 재산권인 저작권법 제정에도 영향을 미쳤다.

반면 독일은 18세기 후반까지 라이프치히 서적상이 저자에게 원고료를 지급했다는 기록이 남아 있다. 또 프랑스에서도 1750년까지 작가의 원고료가 낮아서 루소는 1755년에 출간한 『불평등 기원론』의 저작권료로 25유로를 받았을 뿐이다. 프랑스는 1777년에 이르러서야 저작권이 작가에게 귀속되었고, 그로부터 16년이 더 지나서야 프랑스 국민의회에서 법으로 제정했다.[03]

이로써 인쇄술이 발명되고 인쇄서적상이 등장한 후 마지막 직업이 자리를 잡게 된다. 작가라는 직업이다. 17세기 말까지 작가는 직업이 아니었다. 글을 쓰는 사람이 돈을 버는 방법은 부유한 집에서 태어나는 '운'에 기대거나 혹은 귀족이나 왕의 후원을 받아야 했다. 엘리자베스 1세 시대를 풍미한 셰익스피어의 희곡은 생전에 출간되었지만 그가 돈을 벌지는 못했다. 심지어 작가가 책을 팔아서 돈을 버는 일은 품격이 떨어지는 일로 치부되었다. 바야흐로 유럽은 계몽주의 시대로 접어들었다. 런던 플리트 스트리트 주위에 인쇄소, 신문사, 인쇄서적상과 커피하우스가 자리를 잡았고, 글쓰기를 직업으로 삼는 작가군이 형성되었다. 1760년 산업혁명을 거치고 중산층의 등장으로 대중 독자도 탄생했다. 지금이나 그때나 작가가 책을 쓴다고 저절로 팔리는 게 아니다. 공적인 지위를 지닌 작가가 만들어지려면 과거나 오늘이나 책을 파는 사람이 반드시 필요하다. 바야흐로 책의 판촉을 고민하는 인쇄서적상의 존재 이유가 본격적으로 대두되었다.

출판인의 가장 중요한 자질 중 하나는 가능성 있는 저자의 발굴이다. 2000년대 초반 모 출판사 대표를 인터뷰한 적이 있다. 그는 편집자가 독립하기 위해서는 함께 할 세 명의 저자가 있어야 한다고 했다. 또 다른 출판사에서는 처음 발굴한 저자와 세 권의 책을 작업한다는 원칙을 세워뒀다고 했다. 성숙한 저자일수록 출판사를 찾을 때, 규모가 아니라 믿을 만한 편집자를 우선한다는 것도 불문율이다.

17~18세기 활약한 제이컵 톤슨Jacob Tonson은 뛰어난 서적상으로 알려져 있다. 책을 잘 팔았다고 한다. 톤슨이 역사에 이름을 남긴 이유 역시 존 밀턴 때문이다. 새뮤얼 시몬스는 존 밀턴과 『실낙원』을 계약했지만 이후 출판권을 제이컵 톤슨에게 넘겼다. 밀턴의 사후인 1688년 인쇄된 『실낙원』의 속표지에서 이 사실을 확인할 수 있다. 플리트 스트리트 근처의 챈서리 레인에서 '판관의 머리'Judge's Head 책방을 운영하는 제이콥 톤슨을 위해 마일즈 플레셔가 인쇄했다는 기록이 남아 있다.

흥미롭게도 제이컵 톤슨이 판권을 사들여 재출간한 뒤 『실낙원』의 인기가 높아졌다. 지금도 종종 역주행하는 책들이 등장하지만, 막상 출판일을 해보면 이런 책을 만나기란 하늘의 별 따기다. 인플루언서의 언급이나 타이밍, 이도 아니면 하늘의 도움이라도 필요하다. '코로나19' 팬데믹이 발발한 2020년 베스트셀러 목록에 카뮈의 『페스트』가 올랐듯 말이다. 300여 년 전에도 비슷한 일이 생겨났다. 이미 사망한 존 밀턴의 인기가 다시 높아진 것이다. 1688년 명예혁명 때문인데 인쇄서적상 톤슨의 수완과 판촉력도 한몫을 했다.

톤슨은 열네 살에 인쇄서적상의 견습생이 된다. 7년이 지난 후 플리트 스트리트 근처인 챈서리 레인에 책방 '판관의 머리'를 연다. 처음에는 헌책을 팔다가 오리지널 희곡 작품을 팔았다. 한동안 부진을 겪지

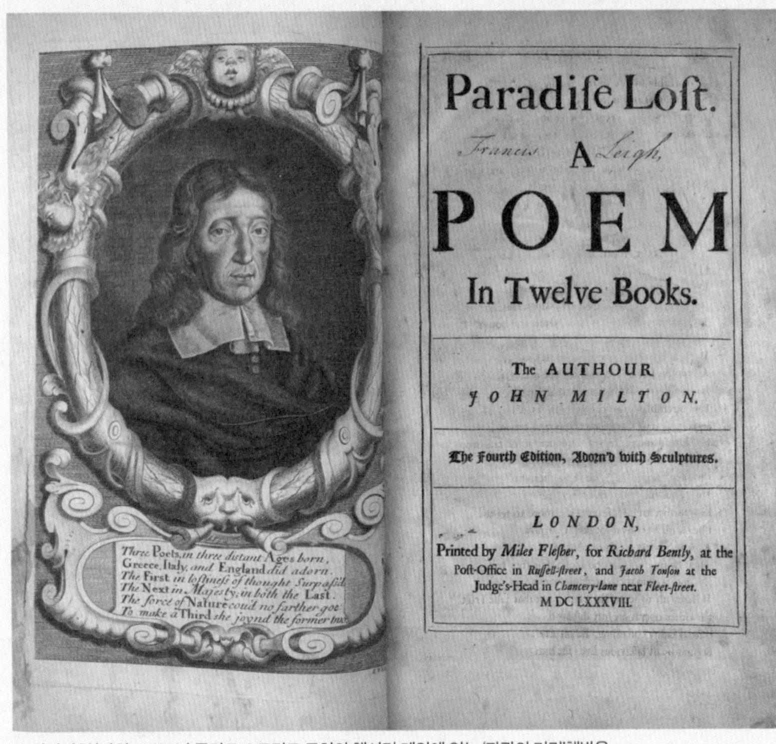

Three Poets, in three distant Ages born,
Greece, Italy, and England did adorn.
The First in loftineſs of thought Surpaſs'd;
The Next in Majesty; in both the Last.
The force of Nature cou'd no farther goe:
To make a Third she joynd the former two.

Paradiſe Loſt.

A

POEM

In Twelve Books.

The AUTHOUR

JOHN MILTON.

The Fourth Edition, Adorn'd with Sculptures.

LONDON,

Printed by *Miles Fleſher*, for *Richard Bently*, at the Poſt-Office in *Ruſſell-ſtreet*, and *Jacob Tonſon* at the Judge's-Head in *Chancery-lane* near *Fleet-ſtreet*.

M DC LXXXVIII.

존 밀턴의 『실낙원』 1688년 플리트 스트리트 근처의 챈서리 레인에 있는 '판관의 머리'책방을 운영하는 제이콥 톤슨을 위해 마일즈 플레셔가 인쇄했다는 기록이 보인다. 미국 모건 라이브러리.

만 베스트셀러 시인이자 비평가인 존 드라든의 작품을 출판하고, 판촉에 힘을 기울여 저술가의 시대가 도래하는 데 기여했다. 이사한 후 책방의 상호를 '셰익스피어 헤드'로 바꾼다. 서적상으로는 처음으로 셰익스피어의 희곡 작품과 소네트를 출간했기 때문으로 보인다.

"1993년 한국은 세계무역기구에 가입하면서 베른 조약 회원국이 되었다. 모든 출판저작권의 시작은 바로 1710년 영국에서 만든 '앤 여왕 법'이다."

오늘날 작가는 살아 있는 한 지적재산권을 소유하며 사후 70년까지 보장을 받는다. 이후 지적재산권은 소멸되며 누구나 출판할 수 있는 공공재가 된다. 제인 오스틴, 레오 톨스토이, 버지니아 울프, 조지 오웰 등의 작품은 사후 70년이 넘은 공공재이며 누구나 출간할 수 있다. 심지어 '구텐베르크 프로젝트'에서는 공공재가 된 7만 권의 책을 전자책으로 만날 수 있다.

전집 출판은 우리 출판에서만 볼 수 있는 드문 판매 방식이다. 1960~70년대는 전집 출판이 대세였다. 국내 세계문학전집의 시초는 1959년 동시에 발간을 시작한 '을유문화사'와 '정음사' 판이 손꼽히는데, 100권짜리 '을유세계문학전집'은 한국 전집 출판의 한 획을 그은 것으로 평가된다. 1960년대 들어 '신구문화사'가 '전후 세계 문제작 선집', '현대 세계문학전집'을 내놓았고, 1970년대엔 '삼중당 문고'와 '동서 문화사'·'삼성출판사'의 '세계문학전집'이 출간됐다.

전집 시장은 1980년대부터 침체기를 맞았다. 1980년대에 가로쓰기 출판이 세로쓰기 책들을 시장에서 밀어내면서 세로쓰기 전집도 덩달아 밀려났다. 출판의 중심도 전집보다는 단행본으로 이동했다."[04] 하지만 여전히 유아 분야에서 전집 출판은 건재하다.

전집 붐이 사그라든 1990년대 초반부터 성인 단행본은 전성기를 맞는다. 단행본 출판의 가능성을 열어준 요인 중 또 하나 손꼽는 일이 1987년 10월 19일 발표된 출판사 등록 자유화 조치다. 그전까지 출판사 등록은 자유롭지 않아서 지역에서 출판사 등록을 하거나 출판 등록을 사야 했다. 1600년대 영국에서 출판 허가법이 존재했던 것과 똑같은 이유였다. 출판사 등록이 허가제에서 신고제로 바뀌면서 1987년 말에 3,004개였던 출판사 수는 1990년 말 6,296개로 늘었다. 불과 3년 만에 두 배가 증가했다.[05]

1993년 한국은 세계무역기구WTO에 가입하면서 자동으로 베른 조약 회원국이 되었다. 국내 출판계는 그때까지 정식 계약 없이 해외 출판물을 펴냈다. 베른 조약 가입으로 정식 저작권 계약이 필요해졌다. 이에 따른 출판 시장의 충격을 완화하기 위해 7년의 유예 기간이 주어졌지만 2000년부터 모든 저작물은 저작권 계약 없이 함부로 출판할 수 없게 된다. 새내기 출판인이었던 시절, 이미 출간된 세계 명작 시리즈를 급하게 절판했던 기억이 있다. 다만 베른 조약 가입 이전 국내에 출간했던 작품은 회복 저작권을 인정받아 새롭게 저작권 계약을 맺지 않아도 계속 출판할 수 있었다.

어린이책은 스테디셀러가 많아 회복 저작권 사례를 지금도 만날 수 있다. 시간 판타지의 고전으로 불리는 필리파 피어스의 『한밤중 톰의 정원에서』, E.B. 화이트의 명작 『우정의 거미줄』 등이다. 나 역시 두 권의 동화를 저작권 협약 이전에 출간된 판본으로 읽었다. 어린 시절 '계림문고'나 '에이브 문고'를 읽은 기억이 있다면 모두 저작권 계약 없이 출간되었던 책들이다. 이 모든 출판저작권의 시작이 바로 1710년 영국에서 만든 '앤 여왕 법'이다.

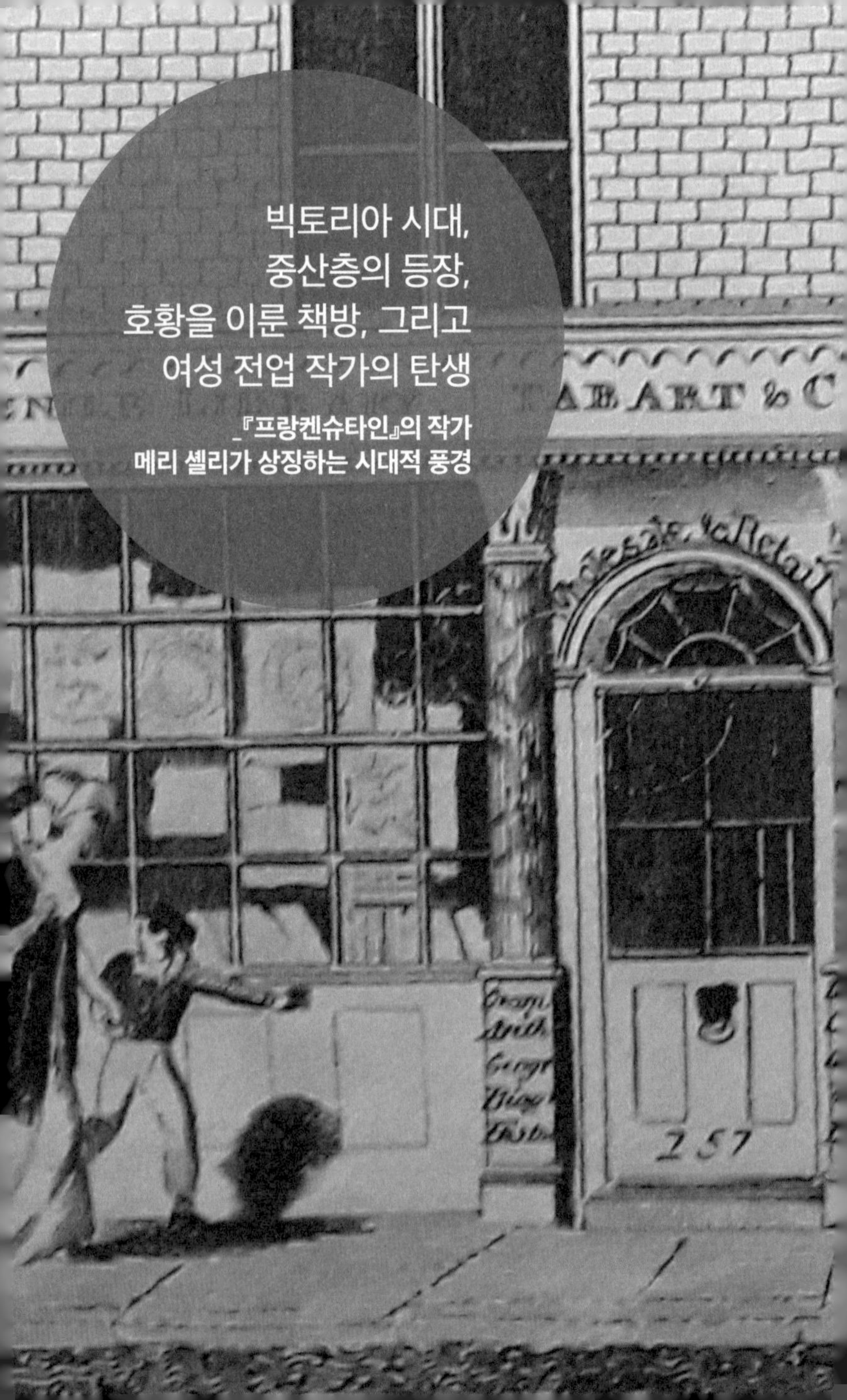

빅토리아 시대, 중산층의 등장, 호황을 이룬 책방, 그리고 여성 전업 작가의 탄생

_『프랑켄슈타인』의 작가 메리 셸리가 상징하는 시대적 풍경

"『프랑켄슈타인』을 쓴 작가 메리 셸리를 만든 정신의 한 축은 어머니 울스턴크래프트였다. 그는 200여 년 전 급진적 사상을 지닌 여성이자 다른 한편으로 글을 써서 돈을 벌어야만 했던 전업 작가였다."

메리 셸리는 영국을 대표하는 소설가이자 세계 최초의 SF로 평가받는 『프랑켄슈타인』을 쓴 작가다. 『프랑켄슈타인』 탄생 200주년을 기념해 2017년 개봉된 영화 〈메리 셸리, 프랑켄슈타인의 탄생〉은 작가 메리 셸리의 탄생을 압축적으로 보여준다. 영화의 주요 내용은 메리 셸리가 낭만파 시인 퍼시 셸리와 사랑에 빠져 도피를 하던 중 고딕 소설 『프랑켄슈타인』을 완성하는 이야기다. 당시를 이해하는 데 좋은 길라잡이지만 무엇보다 영화가 시작되자마자 나오는 두 시퀀스는 주목할 만하다. 메리 셸리를 만든 근간이 무엇인지를 솜씨 좋게 압축했다. 영화의 첫 장면은 메리 셸리 역을 맡은 엘르 패닝이 묘지에서 책을 낭독하는 장면이다. 카메라가 이동하며 누구의 묘지인지를 보여준다. '메리 울스턴크래프트'라는 글자가 선명하다. 셸리의 어머니다.

메리 울스턴크래프트는 부유한 집안에서 태어났다. 리버풀에서 견직물 사업으로 자수성가한 부자 할아버지를 두었다. 아버지가 파산하며 곤궁을 겪지만 당시로서는 드물게 읽고 쓰는 여성으로 교육 받았다. 『애널리티컬 리뷰』 같은 급진적 잡지에 기고를 하거나 번역을 하며 작가로 살았다. 1792년 불과 서른세 살의 나이에 중요한 저작물을 펴냈다. 『여성의 권리 옹호』다. 여성은 남성과 똑같이 이성적 존재이며 보편적인 인간의 권리를 누려야 한다는 주장을 담은 최초의 페미니즘 저작이다.

울스턴크래프트가 이 책을 집필한 건 남성의 권리만을 외친 토머스 페인의 『상식, 인권』에 대한 도전이었다. 물론 그게 전부는 아니다. 글쓰기는 생계의 수단이었다. 이 책은 1791년 9월에 집필을 시작해 1792년 충분한 퇴고 없이 서둘러 출간되었다. 문법적 오류가 많고 완성도가 부족하다는 비판이 많았다. 이런 지적에 대해 울스턴크래프트는 이렇게 말했다.

> "시간이 좀 더 있었다면 더 나은 책을 쓸 수 있었겠지만 상업적인 용도로 글을 쓰는 작가로서는 다른 선택의 여지가 없었다."

200여 년 전 급진적 사상을 지닌 여성이자 다른 한편으로 글을 써서 돈을 벌어야만 했던 전업 작가의 처지가 드러나는 대목이다. 자아실현이 아니라 돈을 벌기 위해 글을 쓰는 나 역시 이 대목에서 시간을 넘어선 연대감을 느꼈다. 자유에는 대가가 필요한 법이다.

울스턴크래프트는 진보적이고 자유분방한 여성으로 프랑스대혁명이 일어나자 직접 참여하러 파리로 간다. 거기서 길버트 임레이를 만나 사랑에 빠졌지만, 실연을 당한다. 이 충격으로 자살을 시도한 적도 있다. 영국으로 돌아와 1797년 윌리엄 고드윈을 만나 딸을 낳지만, 출산 후 열흘 동안 산욕열에 시달리다 사망했다. 그렇게 태어난 메리 셸리는 어머니의 얼굴을 보지도 못했다. 하지만 그에게 어머니 울스턴크래프트의 존재감은 상당했다. 글을 깨우치고 처음 읽은 문구가 어머니의 묘비에 쓰인 '여성의 권리 옹호의 저자 메리 울스턴크래프트'였다고 할 정도다.

그 어머니에 그 딸이라고나 할까. 메리 셸리 역시 당대의 관습에 구애 받지 않았다. 자신에게 큰 기대를 걸었던 아버지와 의절하고 유부남 셸리와 사랑의 도피를 선택한다. 영화가 울스턴크래프트의 묘지에서 시작한 건 이런 이유에서다. 메리 셸리를 만든 정신의 한 축은 어머니였다. 울스턴크래프트의 묘지는 세인트 판크라스 올드 교회의 마당에 있었으나 지금은 이전했다. 세인트 판크라스 정원이 되어 있는 그곳에는 울스턴크래프트의 기념비만 남아 있다.

"메리 셸리의 아버지 고드윈은 책방을 열었고, 어린이책을 출판하고 판매했다. 이 무렵 어린이라는 존재를 발견한 19세기 영국의 중산층들은 자녀를 위한 어린이책을 열성적으로 사들이기 시작했다."

영화는 다음 시퀀스에서 메리 셸리의 집을 보여준다. 비가 내리자 집으로 뛰어가는 메리를 따라 카메라는 런던의 지저분한 뒷골목과 아이들을 보여주다 이어 메리 셸리가 들어간 상점의 간판을 훑는다. '고드윈, 책방과 제본'W. Godwin, Book seller &Binder이라는 글자가 보인다. 메리의 아버지 윌리엄 고드윈이 운영하던 책방이다. 아버지 고드윈은 무정부주의, 즉 아나키즘의 시초로 여겨진다. 1793년 사유 재산의 부정과 생산물의 평등 분배로 사회정의를 실현할 수 있다고 주장한 『정치적 정의에

울스턴크래프트 묘지가 있던 세인트 판크라스 올드 교회. 1816년 출간한 『웨일스와 잉글랜드의 아름다움』에 실린 판화.

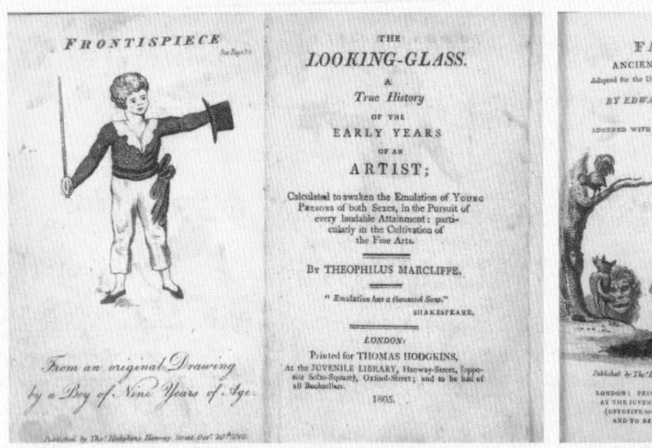

FRONTISPIECE

From an original Drawing by a Boy of Nine Years of Age.

THE
LOOKING-GLASS.
A
True History
OF THE
EARLY YEARS
OF AN
ARTIST;

Calculated to awaken the Emulation of Young Persons of both Sexes, in the Pursuit of every laudable Attainment: particularly in the Cultivation of the Fine Arts.

By THEOPHILUS MARCLIFFE.

" Emulation has a thousand Sons."
SHAKESPEARE.

LONDON:
Printed for THOMAS HODGKINS,
At the JUVENILE LIBRARY, Hanway-Street, (opposite Soho-Square), Oxford-Street; and to be had of all Booksellers.
1805.

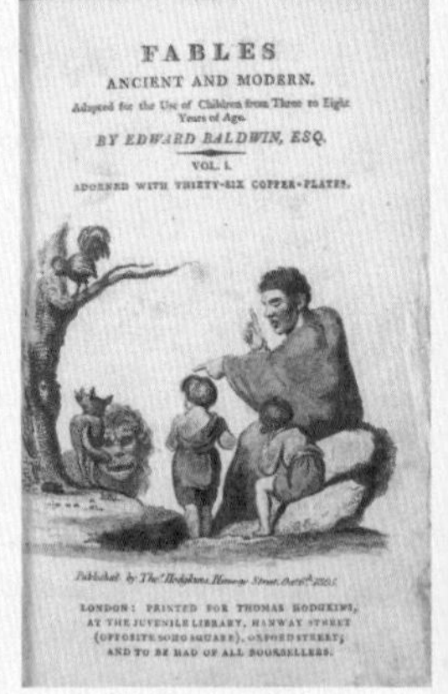

FABLES
ANCIENT AND MODERN.
Adapted for the Use of Children from Three to Eight Years of Age.
BY EDWARD BALDWIN, ESQ.
VOL. I.
ADORNED WITH THIRTY-SIX COPPER-PLATES.

LONDON: PRINTED FOR THOMAS HODGKINS,
AT THE JUVENILE LIBRARY, HANWAY STREET
(OPPOSITE SOHO SQUARE), OXFORD STREET;
AND TO BE HAD OF ALL BOOKSELLERS.

윌리엄 고드윈이 테오필러스 마클리프라는 필명으로 1805년 출간한 『거울을 보는 남자: 한 예술가의 초창기 시절에 대한 진정한 역사』. 헤리티지 옥션.

'소년 도서관'에서 발행한 『우화』 헤리티지 옥션.

1805년 출간한 엘리자 펜윅의 『소년 도서관 방문』 삽화들.
엘리자 펜윅은 윌리엄 골드윈 그리고 울스턴크래프트와 교류했다.

관한 고찰』*An Enquiry Concerning Political Justice*을 출간했다. 영화에서도 메리가 이 책을 읽고 있다고 하자 고드윈이 흐뭇해 하는 장면이 나온다. 메리 셸리는 최초의 페미니스트 어머니와 최초의 아나키스트 아버지 사이에서 태어난 딸이다. 『프랑켄슈타인』이 탄생한 건 우연이 아니었다.

고드윈은 울스턴크래프트가 죽은 뒤 두 번째 부인과 살면서 1805년 한웨이 스트리트에서 어린이책과 문구류, 지도, 게임 등을 판매하는 책방이자 출판사 '소년 도서관'Juvenile Library을 시작한다. 자금은 토마스 웨지우드로부터 100파운드를 빌려 마련했다. 요즘 돈으로 환산하면 1500만 원 정도에 해당한다.[06]

메리는 당시 여성으로는 드물게 아버지 덕분에 지적인 경험을 충분히 할 수 있었다. 아버지의 책방에서 마음껏 책을 읽고 당대의 지식인을 만날 수 있었다. 고드윈의 책방 위층에는 가족과 방문객이 함께 시간을 보낼 수 있는 거실이 있어서 고드윈의 친구와 작가 지망생, 망명자 등 많은 사람이 오갔다. 메리 셸리가 사랑에 빠진 퍼시 셸리도 고드윈의 책방에 드나들던 이들 중 한 명이었다. 서적상의 딸인 메리 셸리는 아버지의 책방에서 미래의 작가가 될 준비를 차곡차곡했다. 1818년 1월에 익명으로 출판된 『프랑켄슈타인』을 아버지에게 헌정했다.

한데 아나키스트 고드윈은 어쩌다 어린이책 책방을 시작한 걸까. 장 자크 루소의 영향을 받은 그는 어린이를 스스로 판단할 권리가 있는 이상적인 존재로 여겼다. 그의 진보적 사상은 교육과 문학에 관한 글을 모아 1797년 출간한 『질문하는 법』에서 확인할 수 있다. 그는 이 책에서 이렇게 밝히고 있다.

"인간의 모습을 한 모든 것에는 경외심이 있습니다. 나는 어린아이가 하나님의 형상이라고 말하지 않습니다. 그러나 나는 어린이가 추론 능력, 쾌락과 고통의 감각, 도덕 원칙을 가진 개별 존재임을 확언합니다. (중략) 어린이는 자신의 작은 제국과 재량권을 주장할 수 있습니다. 그리고 어린이는 독립할 자격이 있습니다."

어린이에 대한 글을 쓴 고드윈은 인생 후반부에 책방을 열었고, 어린이를 위한 책을 직접 출판하고 판매했다. 이 무렵 영국에서는 어린이라는 존재를 발견했다. 그러자 19세기 영국의 중산층들은 자녀를 위한 어린이책을 열성적으로 사들이기 시작했다.

고드윈이 '소년 도서관'에서 펴낸 책 중 지금껏 독자들이 읽는 책이 있다. 1807년 출간된 『셰익스피어 이야기』다. 뛰어난 수필가로 알려진 찰스 램이 누이 메리 램과 함께 셰익스피어의 희곡을 어린이를 위한 소설로 다시 쓴 것이다. 이 책에는 『맥베스』, 『오셀로』, 『리어 왕』 등을 비롯한 20편의 작품이 담겼다. 고드윈도 에드워드 볼드윈이라는 가명을 사용하여 『잭과 콩나무』*Jack and the Beanstalk*, 아일랜드 예술가 윌리엄 멀레디의 전기, 이솝우화를 자유주의 시각으로 해석한 『고대와 현대의 우화』*Fables, Ancient And Modern: Adapted For The Use Of Children* 등을 썼다. '소년 도서관'은 어린이책 역사에서 중요한 평가를 받는다.

"산업혁명과 더불어 성장한 중산층은 딸들의 교육을 장려했고, 여성의 글쓰기는 폭발적으로 늘었다. 글쓰기를 통해 당대의 여성은 자아를 재현했고 다른 존재로 거듭났다."

메리 셸리의 어머니 울스턴크래프트는 생계를 위해 닥치는 대로 글을 썼던 것 같다. 1788년에는 『애정을 억제하고 진실과 선을 사랑하는 마음을 키우기 위한 대화를 곁들인, 현실 생활에서 취재한 진짜 이야기들』*Original Stories from Real Life: With Conversations Calculated to Regulate the Affections and Form the Mind to Truth and Goodness.*이라는, 엄청나게 긴 제목의 어린이책을 쓴 적도 있다.

우리에게는 『프랑켄슈타인』만 알려졌지만 메리 셸리 역시 많은 책을 썼다. 어머니와 마찬가지로 전업 작가였기 때문이다. 1822년 남편 퍼시 셸리가 세상을 떠난 후 스물다섯 살 메리는 홀로 아들을 키우기 위해 글을 써서 먹고 살아야만 했다.[07]

1700년대부터 여성 작가가 등장한 이래 1800년대에 이르러 제인 오스틴과 메리 셸리를 비롯한 몇몇 여성이 전업 작가의 길을 걸었다. 버지니아 울프도 『자기만의 방』에서 이런 말을 했다.

> "18세기 말 무렵 어떤 변화가 일어났다. 만일 내가 역사를 다시 쓴다면 십자군전쟁이나 장미전쟁보다 이 변화를 더 충실하게 기술하고 더 중요하게 생각할 것이다. 그 변화란 중산층 여성들이 글을 쓰기 시작했다는 사실이다."

버지니아 울프도 궁금해한 변화의 이유는 무엇일까. 빅토리아 시대 여성은 가정의 꽃 취급을 받았고 여성의 참정권은커녕 재산권도 인정되지 않았다. 1870년까지도 영국의 관습법은 아내가 실질적으로 소유한 동산動産의 소유권이 남편에게 있다고 인정했다. 산업혁명 이후 중산층이 등장했지만, 딸은 아버지와 남편의 재산을 물려받을 수 없었다. 제인 오스틴의 소설에서 결혼이 그토록 중요했던 이유다. 소설 속 엄마는 딸을 부자와 결혼시키려고 눈에 불을 켠다. 이 속물 같은 결혼관의 이면에는 결혼하지 않는 여성은 살길이 없다는 막막함이 깔려 있다.

여성이 돈을 벌 길이 없던 이때 뜻하지 않은 가능성이 열렸다. 1800년대 중반 무렵 영국은 신문의 천국이었다. 발행되는 잡지가 5만 종을 넘어섰고 문학 잡지만 해도 1천 종이 넘었다. 1800년대 신문은 수많은 독자를 확보했다. 오랜 내전에서 벗어나자 신문이 정치적 색채를 벗어나 상업적 성격을 강화할 수 있었다. 또 신문의 인지세도 폐지되었다.

1700년대 중반 영국은 7년전쟁에서 프랑스를 이기며 광활한 미국 식민지를 넘겨받는다. 하지만 자금이 부족하자 서류, 증서, 신문 등 모든 종류의 인쇄물에 인지를 첨부하도록 인지조례를 만든다. 지금까지 없던 세금을 부여하자 영국 내에서 저항이 거셌다. 특히 식민지 미국은 영국 의회에 미국 대표가 없다는 점을 들어 "대표 없는 곳에 세금 없다"라는 유명한 말을 남겼다. 이는 미국 독립을 선언하는 직접적 계기가 된다.

인지세가 폐지되자 신문 발행은 크게 증대되었다. 부유층만 구독하던 신문은 계급이나 성별과 상관없이 모두가 읽는 미디어로 자리잡았고 신문 광고가 늘었다. 빅토리아 시대가 되면서 신문은 영국인의 일상이 되었다. 종이신문이 거의 사라져 사기도 어려운 우리와 달리 지금도 영국에서 기차를 타면 종이신문과 잡지를 보는 중년층을 쉽게 만날 수 있다.

빅토리아 시대 신문에는 연재소설이 실렸다. 주요 독자는 여성이었다. 신문의 전성기는 곧 빅토리아 시대 소설의 전성기를 가져왔다. 당시 신문과 잡지는 기고자를 익명으로 표기했다. 덕분에 1800년대 전반까지 여성 필자가 신문에 다양한 글을 기고할 수 있게 되었다. 당시 정기 간행물의 필자 1,500여 명 중 11명이 여성이었고 이들은 정기적으로 글을 써 생계를 꾸렸다고 한다.[08]

영화 〈메리 셸리, 프랑켄슈타인의 탄생〉에서 퍼시 셸리는 메리를 만나서 이렇게 묻는다.

"글을 쓰시죠?"

산업혁명과 더불어 성장한 중산층은 딸들의 교육을 장려했고, 여성의 글쓰기는 폭발적으로 늘었다. 특히 신문의 성장과 연재소설의 등장은 중산층 여성의 글쓰기를 촉발했다.

『소설의 정치사』에서 낸시 암스트롱은 "여성과 글쓰기는 대립하지 않았으며 도리어 여성이 글을 쓰면서 자신의 욕망을 깨닫고 현실을 바꾸는 계기"를 만들어왔다고 주장한다. 그런 여성의 모습을 울스턴크래프트와 메리 셸리에게서 엿볼 수 있다. 글을 쓰는 중산층 여성은 지위와 재산을 빼면 아무 매력도 없는 귀족 여성보다 더 매력적이었다.[09] 글쓰기를 통해 당대의 여성은 자아를 재현했고 다른 존재로 거듭났다.

종종 200년 전 글을 썼던 여성들의 이야기가 다시금 호명될 때마다 궁금했다. 왜 오늘날의 여성 독자가 200년 전 여성들의 이야기를 읽으려고 하는 걸까. 차분히 200년 전 여성 작가들의 족적을 살피다보니 이해가 되는 면이 있다.

글쓰기를 통해 과거의 여성상과 결별하고 새로운 자아를 발견한 소수의 여성 전업 작가는 오늘날에도 유효하다. 여전히 글쓰기를 통해 자아를 계발하고 싶은 여성들을 곳곳에서 만날 수 있다. 그렇게 보자면 빅토리아 시대의 여성과 디지털 시대의 여성은 시공간을 넘어 포개어진다. 글쓰기라는 행위를 통해 오래전 그들와 오늘의 우리는 이렇게 연대하고 있다.

책과 책방을 통해 그들이 주목한 어린이라는 세계

_영국의 뉴베리, 한국의 '초방'과 '책과 아이들'

“이때만 해도 대개의 어린이책들은 따분하거나 지루한 내용들이었다. 존 뉴베리는 달랐다. 그는 최초로 어린이를 위한 문학 도서를 펴냈다. 미국 어린이 문학사에 등장하는 최초의 인물 역시 뉴베리다.”

서울 금호동의 ‘카모메 그림책방’, 마포의 ‘책방 사춘기’, 구미의 ‘그림책 산책’은 모두 그림책과 어린이책 전문 책방이다. 2015년 이후 동네책방 붐을 타고 문을 열었다. ‘카모메’의 정해심 대표, ‘사춘기’의 유지현 대표, ‘그림책산책’의 하정민 대표는 책방 대표이자 그림책과 어린이책 전문가로도 활동한다. 국내에서 이런 책방의 원조는 1990년 서울 이화여대 후문 근처에 문을 연 ‘초방’이다. 국내 최초의 어린이책 전문 책방이다.

‘초방’의 등장은 하나의 이정표였다. ‘초방’을 모델로 1990년대 어린이책 전문책방이 꼬리에 꼬리를 물고 생겨났다. 당시 유통 구조상 어린이 전문책방이 책을 원활하게 공급받을 수 없자 전문 유통업체 ‘서당’이 꾸려지기도 했다.[10] 이어 어린이책 전문 출판사와 그림책 작가가 길을 트고 미래를 만들어갔다. 그러나 1990년대 중반 130여 개까지 증가했던 어린이책 전문책방은 유통 환경이 변화하면서 2000년대 중반 이후 거의 문을 닫았다. 초창기 어린이책 전문책방 중 몇 곳만이 자리를 지키고 있다. 부산의 ‘책과 아이들’이 그중 한 곳이다.

‘책과 아이들’을 운영했던 강정아 대표[11]의 발자취를 따라가면 우리 어린이책 전문책방의 역사를 고스란히 살필 수 있다. 강정아 대표는 1990년대 초반 집 근처 책방에서 아이들에게 읽어줄 책을 찾다 마침 문을 연 ‘초방’의 존재를 알게 된다. 당시 수원에 살던 강 대표는 아이를 업고 대중교통을 타고 두 시간 반이나 걸려 '초방'에 도착했다. 이날 강 대표는 『누가 내 머리에 똥 쌌어』와 『눈사람 아저씨』 같은 그림책을 만났다. 어린이책에 눈을 뜬 순간이다. 고향인 부산으로 내려간 강 대표는 시댁 모르게 1997년 '책과 아이들'의 문을 열었다. 이후 30여 년 동안 '책과 아이들'을 지켜왔다.[12]

매년 1월 말이면 미국 도서관 협회에서 칼데콧 상과 뉴베리 상을 발표한다. 각각 한 해 동안 미국에서 출간된 최고의 그림책과 어린이책에 수여하는 상이다. 칼데콧 상은 그림책 장르의 선구자인 일러스트레이터 칼데콧을 기념한다. 그렇다면 뉴베리 상은 누구를 기념할까. 18세기 영국의 서적상 존 뉴베리다. 왜 어린이문학상에 서적상의 이름을 붙인 걸까.

뉴베리는 영국 출판산업에서 소설과 어린이문학이 태동하던 시기에 활동했다. 두 장르의 시작은 18세기 중산층이 자리잡아가는 과정과 관련이 깊다. 1688년 명예혁명을 끝으로 의회제도를 확립하고 자본주의가 자리를 잡자 중산층 여성이 소설을 읽기 시작했다. 중산층은 귀족처럼 사교 모임을 기웃거리기보다 가정과 가족을 중시했다. 어린이를 작은 어른으로 간주하여 혹사하는 대신 인류 역사상 처음으로 따뜻하게 보살폈다. 그러자 기다렸다는 듯 어린이를 위한 책의 공급이 이루어졌다. 시작은 1693년 존 로크의 『교육론』의 출간부터다. 이때만 해도 대개의 책들은 어린이에게 읽기와 철자법을 가르치는 따분한 학습서거나 시와 우화 혹은 예절을 가르치는 지루한 내용들이었다.

뉴베리는 달랐다. 그는 최초로 어린이를 위한 문학 도서를 펴냈다.

미국 도서관 협회가 영국의 서적상이자 출판인 뉴베리를 문학상의 이름으로 정한 이유가 여기에 있다. 미국 어린이 문학사에 등장하는 최초의 인물 역시 뉴베리다. 1933년에 출간한 로젠바흐의 『미국의 초기 어린이책』*Early American Children's Books*은 이렇게 적고 있다.

> "미국에서 모방하거나 해적판으로 만든 어린이 책들은 뉴베리의 출판물이었다, 성인용 책과는 뚜렷이 구분되는 어린이들을 위한 책을 만들어내는 데 처음으로 좋은 자극을 준 것도 뉴베리의 어린이 책이었다."

뉴베리는 1713년 영국 버크셔에서 농부의 아들로 태어났다. 열여섯 살에 지역 인쇄업자 윌리엄 에이어스의 견습생이 되었다. 1737년 에이어스의 인쇄소를 산 윌리엄 카넌이 사망하자 뉴베리는 미망인인 조던 메리와 결혼해 사업을 이어받았다. 1743년 런던으로 이주해 처음에는 성인용 도서를 펴냈다.

당시 부모들은 어린이가 재미있는 이야기가 담긴 책을 읽으면 버릇없고 난폭해질 거라며 질색했다. 이 쓸데없는 걱정을 200년도 훨씬 더 지난 요즘 부모도 한다. 하여간 뉴베리는 '독서는 어린이들의 큰 기쁨이어야 한다'는 존 로크의 말에 크게 감명 받았고 그때까지 나왔던 책들과는 전혀 다른 책을 펴냈다. 1744년 그는 거인을 물리친 잭이 보낸 편지, 교양을 길러주는 내용, 엄마와 아빠에게 보내는 편지, 돌멩이를 위로 던지고 받는 이야기, 눈 가리고 사람을 찾는 놀이 등의 이야기

뉴베리가 만든 읽기 연습 책.

Instruction with Delight.

A LITTLE PRETTY
POCKET-BOOK,
INTENDED FOR THE
INSTRUCTION and AMUSEMENT
OF
LITTLE MASTER TOMMY,
AND
PRETTY MISS POLLY.
With Two LETTERS from
JACK the GIANT-KILLER;
AS ALSO
A BALL and PINCUSHION;
The Use of which will infallibly make TOMMY a good Boy, and POLLY a good Girl.
To which is added,
A LITTLE SONG-BOOK,
BEING
A NEW ATTEMPT to teach CHILDREN the Use of the English Alphabet, by Way of Diversion.

THE FIRST *WORCESTER* EDITION.

PRINTED at WORCESTER, *Massachusetts*.
By ISAIAH THOMAS,
And SOLD, Wholesale and Retail, at his Book-Store. MDCCLXXXVII.

미국 매사추세츠에서 출간한 뉴베리의 『작고 예쁜 포켓북』

이사야 토마스의 책방에서 판매된 『작고 예쁜 포켓북』

1765년 뉴베리가 발표한 동화 『구디 투-슈즈』의 1888년 버전.

에 그림을 곁들인 책을 출간했다. 『작고 예쁜 포켓북』*Little Prettu Pocket-Book*이다. 금박 꽃무늬 종이로 표지를 감쌌고, 공과 바늘꽂이를 포함해 책값은 6펜스였다. 요즘 식으로 보면 책에 '굿즈'를 포함한 셈이다. 공이나 바늘꽂이는 한 쪽은 붉은색, 다른 쪽은 검은색으로 되어 있었는데, 바늘을 붉은 쪽이나 검은 쪽에 꽂아 어린이가 좋은 일이나 나쁜 일을 한 걸 표시하라는 뜻이었다. 존 로크의 숭배자였던 뉴베리는 어린이를 채찍이 아닌 놀이로 가르쳐야 한다고 생각했다.

이 책의 성공에 이어 뉴베리는 1765년 더욱 혁신적인 어린이책을 펴냈다. 집을 나와 떠돌아다니는 고아 소녀 마저리의 이야기를 담은 『구디 투-슈즈』*The History of Little Goody Two-Shoes*였다. 당시 대부분의 서적상들처럼 뉴베리 역시 많은 문필업자를 하청으로 고용했다. 이 가운데 영어사전으로 유명한 존슨 박사와 올리버 골드스미스도 있었다. 『구디 투-슈즈』의 저자는 골드스미스라고 알려져 있지만 뉴베리가 썼을 거라는 의견도 많다.[13] 이 책은 영국은 물론 미국에서도 큰 인기를 끌었다. 영국과 미국 어린이 문학은 이렇게 탄생했다.

뉴베리는 1745년 런던 출판의 중심지였던 세인트 폴스 처지 야드에 책방을 열고 어린이책을 만들어 팔았다. 책방은 22년 동안 운영되었고 그가 펴낸 어린이책은 30여 권에 달한다. 후계자들이 물려받아 19세기까지 뉴베리의 어린이책 책방이 존재했다.

책과 장난감을 함께 팔았던 뉴베리의 판매 방식은 19세기 영국에서 유행한 장난감 책보다 훨씬 앞선 시도였다. 그는 상업적 수완은 물론이고 출판 감각도 뛰어났던 것 같다. 그런데도 뉴베리가 많은 재산을 모을 수 있었던 건 책을 잘 팔았기 때문이 아니라고 한다. 『어린이책의 역사』를 쓴 존 로 타운젠드는 "제임스 박사의 분말 해열제 판매권을 산 덕분"이라고 했는데, 이 해열제는 제2차 세계대전 때까지 계속해서 생산이 이루어졌고, 잘 팔렸다. 그때나 지금이나 책을 팔아 돈을 벌기란 쉽지 않은가보다.

"우리 어린이책의 역사를 시작하고 가꾸느라 애쓴 이들에 대해서도 우리는 기억하고 있을까. 그들에 대해 기억하고 제대로 주목하고 대접하지 않고 이렇게 지나가도 괜찮은 걸까."

1744년 뉴베리가 어린이책을 출간하고 60여 년 후인 1805년 메리 셸리의 아버지 윌리엄 고드윈이 '소년 도서관'을 시작했다. 당시 어린이책의 인기는 상당히 높았다. 다시 60여 년이 지난 1860년에는 두 권의 중요한 판타지 동화가 등장한다. 『이상한 나라의 앨리스』와 『물 아이』*Water Babies*다. 이어서 1883년에는 『보물섬』, 1910년에 『비밀의 화원』이 등장한다. 19세기 중후반 영국의 어린이 문학은 비약적으로 발전했다.

어린이책 시장이 형성되는 외부적 요건 중 1인당 국민소득 1만 달러가 넘어야 한다는 전제조건이 있다. 18세기 영국에서 어린이문학이 시작되고 19세기 괄목 성장할 수 있었던 가장 큰 원인도 풍요로운 물적 토대였다. 산업혁명을 통해 쌓아올린 부가 결국 어린이문학의 밑거름이 되었다.

18세기 이전까지 책방은 인쇄하고 제본을 해서 책을 파는 곳이었다. 『옥스퍼드 영어 사전』에 근대적 의미의 '출판업자'라는 말이 처음 등장한 것은 1740년이다. 인쇄와 제본을 겸한 서적상은 그뒤에도 반세기 이상 유지되었다. 심지어 윈체스터의 'P&G 웰스'는 불과 몇 해 전까지만 해도 책방 뒤에 제본소가 있었다. 18세기에 소설과 어린이책이 주목받자 기다렸다는 듯 근대적인 태도와 방식 그리고 전문성을 지닌 출판업자가 성장했다.

우리나라는 1990년대에 이르러서야 이런 조건이 충족되었다. 1989년 베를린 장벽이 무너지자 한국의 출판 환경도 변했다. 대중 독자의 욕구가 폭발했고 다양한 관심사가 불거져 나왔다. 어린이책도 그 가운데 하나였다. 1990년 '민음사'는 아동 도서 전문 계간지 『민음 동화』를 창간했다. 일러스트레이터 강우현, 고대 불문과 김화영 교수, 아동문학가 정채봉, 시인 정현종 등이 기획위원으로 참여했다. 1991년에는 '보리' 출판사가 문을 열었다. 1993년 '사계절' 출판사는 볼프 에를브루흐의 『누가 내 머리에 똥쌌어?』와 『퍼시 아저씨』 시리즈 등 수준 높은 유럽 그림책을 선보였다. 당시 전집류가 대세였던 터라 단행본 그림책을 펴내는 일은 모험에 가까웠지만 결과적으로 국내 그림책 시장이 성장하는 계기가 되었다. 1994년 시공주니어는 '네버랜드' 그림책 시리즈를, 1994년 '민음사'는 자회사인 '비룡소'를 시작했다, 기획집단으로 시작한 '재미마주'도 1997년 국내 창작 그림책을 출간했다.

1990년대 어린이 전문 출판사가 저절로 생긴 건 아니다. 1980년대 이념 운동의 연장선에서 어린이책을 문화 운동으로 계승한 정승각, 권윤덕, 이억배 같은 작가의 존재와 출판사의 등장이 밑거름이다. 1980년부터 시작된 교사 중심의 '어린이도서연구회'는 대학 입시제도가 수학능력시험으로 전환되자 1993년부터 학부모를 포함한 일반 단체로 지형을 넓혔다. 고학력자인 386세대가 부모가 되며 좋은 어린이책에 대한 요구가 커졌기 때문이다. 한마디로 1990년대 한국 어린이책은 출판과 책방 그리고 독자라는 3박자가 어울려 결실을 보았다고 할 수 있다.

어린이책에 관심이 있다면 누구나 뉴베리의 이름을 들어봤을 테다. 그런데 여기서 한 가지생각해볼 지점이 있다. 뉴베리를 기억하는 만큼 우리 어린이책의 역사를 시작하고 가꾸느라 애쓴 이들에 대해서도 우리는 기억하고 있을까. 그들에 대해 기억하고 제대로 주목하고 대접하지 않고 이렇게 지나가도 괜찮은 걸까.

문학 작품 속 캐릭터 상표권 등록의 시대를 시작한 파란 재킷 토끼, 피터

_세상에 끼친 베아트릭스 포터의 영향력

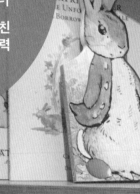

"1901년 자비 출판으로 『피터 래빗 이야기』가 출간된다. 발행 부수는 250부. 다음 해 출판사와 정식 계약을 하고 출간한 초판 부수는 8천 부. 1년 만에 6쇄 제작 부수는 총 5만 6,000부. 그만큼 큰 인기를 누렸음을 알 수 있다."

작가의 이름은 몰라도, 황동 단추가 달린 파란 재킷을 입고 홍당무를 먹는 토끼 피터를 모르는 이는 없을 테다. 이 유명한 캐릭터 피터 래빗은 1900년대 전후로 빅토리아와 에드워드 시대를 살았던 여성 작가 베아트릭스 포터의 피조물이다.

일본 출장을 갔다가 대형 서점 '기노쿠니야'에서 피터 래빗 캐릭터 인형과 소품을 처음 보았다. 그냥 지나칠 수 없을 정도로 예뻐서 성냥갑만 한 피터 래빗 시리즈 전집을 샀다. 이후 출장길마다 캐릭터 인형을 하나둘 사서 모았다. 이렇게 피터의 엄마와 플롭시, 몹시, 코튼테일 그리고 피터 래빗의 사촌 벤저민 버니의 인형을 모았다. 종종 지인에게 피터 래빗 시리즈에 나오는 캐릭터 인형을 선물로 받을 때도 있다. R은 제미마 퍼들 덕과 제러미 피셔 인형을 선물했고, F는 피터 래빗이 그려진 원형 접시를 중고가게에서 발견했다며 선물했다.

영국 중부 호수 지역을 레이크 디스트릭트라고 부른다. 풍광이 아름다워 영국 부르주아 계급의 여름 휴양지였고 지금도 많은 이들이 찾는다. 이곳에 영국의 계관 시인 워즈워스의 흔적이 남아 있고, 중년 이후 아예 터를 잡고 살았던 베아트릭스 포터의 자취도 남아 있다.

베아트릭스 포터는 레이크 디스트릭트 인근의 니어소리 마을에 살았다. 피터 래빗 '덕후'의 성지 되겠다. 영국에 간다고 하자 가까운 지인들은 그 먼 곳까지는 가지 말라고 했다. 사서 고생하지 말라는 뜻이었다. 동행할 예정이었던 F는 그렇게 인형을 모았는데 당연히 가겠거니 하고 니어소리 마을에 숙소를 예약했다. 덕분에 그 먼 길을 다녀왔다.

베아트릭스 포터는 1866년 런던의 부유한 집안에서 태어났다. 할아버지가 맨체스터에서 면직물 사업을 해서 성공했다. 아버지 루퍼트 포터는 변호사였는데 주식으로 엄청난 부를 일구었다. 또 예술적 재능까지 풍부해 평생 사진을 찍었다. 덕분에 딸인 베아트릭스 포터의 사진을 많이 남겼다.

상류층 집안에서 태어났지만 빅토리아 시대 여성이었던 베아트릭스는 또래와 어울린 적 없이 가정교사와 공부했고 친구라고는 남동생이 전부였다. 새장 속의 새처럼 자랐다. 니어소리 마을에서 포터와 이웃해 살았던 테일러 씨는 이런 말을 했다.

> "포터는 어린이라는 존재를 이해하지 못했습니다. 포터는 학교에 가지 않았고, 가정교사와 함께 공부했으니까요. 어린 시절 또래 친구와 놀아본 적도 없습니다. 물론 여러분은 포터가 어린이에 관한 이야기를 많이 쓰지 않았느냐, 이렇게 물어볼 테죠. 제 생각에는 포터가 쓴 이야기들은 자신을 위해서, 포터 자신이 맛보지 못했던 어린 시절의 허전함을 채우기 위한 것이었다고 생각합니다."[14]

테일러 씨는 돌아가셨지만 힐탑 바로 옆에 있는 그의 집은 펍과 숙소를 겸한 '타워 뱅크 암스Tower Bank Arms'로 운영 중이다.

1891년 즈음 베아트릭스는 런던의 반려동물 가게에서 토끼 한 마리를 사서 몰래 종이봉투에 담아 데려온다. '벤저민 버니'라고 이름을 지어주고 함께 산책을 즐겼다. 책이 탄생하기 오래전부터 토끼를 기르고 관찰했던 것이다. 피터 래빗 이야기는 가정교사인 애니 무어의 아이들에게 보낸 편지로부터 시작되었다. 애니 무어는 포터에게 책을 내보라고 제안했지만 여의치 않았고 1901년 자비 출판으로 『피터 래빗 이야기』가 출간된다. 발행 부수는 250부였다. 다음 해 '프레데릭 원' 출판사와 정식으로 계약을 하고 출간한 초판 부수는 무려 8천 부였다. 그뒤 1년 만에 6쇄를 찍었는데, 제작 부수는 총 5만 6,000부였다. 그만큼 큰 인기를 누렸음을 알 수 있다.

영화 〈미스 포터〉에는 '프레데릭 원' 출판사의 편집자 노먼 원과 베아트릭스 포터가 세실 코트의 책방 진열장 앞에 서 있는 장면이 나온다. 편집자인 노먼이 작가인 포터에게 얼마나 책이 잘 팔리는지를 보여주는 대목이다. 영화 〈미스 포터〉는 베아트릭스 포터의 이야기지만, 중심은 포터와 노먼의 사랑이다. 실제로 포터는 노먼과 결혼을 결심하지만, 부모는 '하찮은 장사치'에 불과한 노먼을 탐탁지 않게 여겼다. 따지고 들면 포터의 집안도 면직물 사업을 한 장사꾼이었지만 이게 통할 리는 없었겠다. 집안의 반대를 무릅쓰고 비밀 약혼을 감행했으나 두 사람의 사랑은 짧게 막을 내리고 만다. 1905년 포터가 가족과 함께 웨일스의 서쪽 해안에 있는 랜비더라는 마을에서 여름을 보내던 중 노먼이 세

니어소리의 힐탑 하우스 안팎 전경.

베아트릭스 포터 갤러리 전경.

윈더 미어 선착장 근처 피터 래빗 선물가게 전경.

상을 떠났다는 소식이 당도한다. 그렇게 사랑하는 사람을 보내고 베아트릭스의 인생은 달라졌다. 그때 그의 나이 서른아홉이었다. 그동안 벌어들인 인세로 레이크 디스트릭트의 니어소리 마을에 힐탑 농장을 구입하고, 이후 약 8년여 동안 이곳에 산다. 기적의 8년이라고 불리는 그 시기, 니어소리 마을의 거리와 오두막을 수없이 그렸고, 마을을 배경으로 삼아 여러 편의 이야기를 썼다. 『톰 키튼 이야기』, 『사무엘 위스커스 이야기』, 『제미마 퍼들덕 이야기』 등이다.

"포터는 최초로 문학에 등장하는 캐릭터를 상표 등록했다. 그는 작품 속 캐릭터를 활용해서 인형을 만들어놓지 않으면 누군가 복제할 수도 있다고 생각했다. 그가 직접 피터 래빗 인형의 샘플을 제작한 이유다."

알수록 포터는 놀라운 여성이다. 처음에는 귀여운 토끼를 그린 그림책 작가로만 여겼다. 그다음에는 자기 힘으로 경제적 독립을 이룬 여성 작가라는 걸 알게 되었다. 그게 다가 아니었다. 포터는 뛰어난 출판 감각을 지닌 작가였다. 포터는 어린이를 발견하고 이미지를 상업적으로 소비하는 시대를 살았다. 컬러 그림책이 등장해 주목을 받기 시작했던 시기, 포터는 주체적으로 자신의 작품이 어떤 모습이어야 할지를 결정하고 밀어붙였다.

포터는 1901년 출판사를 찾지 못해 『피터 래빗 이야기』를 자비 출판했다. 무명의 작가여서 출판사를 구하지 못한 탓도 있겠지만 그게 다는 아니었다. 책의 형태와 책값을 두고 포터와 출판사의 의견이 갈렸다. 그때까지 보수적인 출판사들은 운율이 살아 있는, 일종의 시 같은 글을 원했다. 하지만 포터의 글은 달랐다. 또한 출판사는 해오던 대로 큰 판형의 책을 만들겠다고 했지만 포터는 손바닥만 한 작은 책을 원했다. 출판사는 책값을 6실링 정도로 높게 책정하려 했지만, 포터는 1실링 정도라야 잘 팔릴 거라고 생각했다. 당시 책값은 비쌌다. 6실링이라면 지금 돈으로 35파운드, 약 5만 8,000원 정도다. 반면 1실링은 6파운드, 약 9,900원 정도다. 출판사와 저자의 의견 차이가 무척 컸다는 걸 짐작할 수 있다.[15]

포터가 막연히 주장한 건 아니었다. 당시 베스트셀러였던 『리틀 블랙 삼보 이야기』*The Story of Little Black Sambo*처럼 작게 만들어 트렌드에 맞추려 했다. 1929년 포터는 이렇게 당시를 회고했다.

> "시간이 지나면서 작은 책이 유행하기 시작했습니다. 저는 『피터 래빗 이야기』가 『리틀 블랙 삼보 이야기』 만큼 잘할 수 있을 거라고 생각했습니다."

결과적으로 포터는 자비 출판을 통해 상업성을 증명한 뒤 '프레더릭 원' 출판사에서 다시 책을 냈다. 이 과정에서 오늘날의 작가와 편집자처럼 회의를 했다. 영화 〈미스 포터〉에서 이 장면을 볼 수 있다. 편집자 노먼이 포터에게 올컬러 인쇄를 제안하며, 단가 축소를 위해 그림의 컷 수를 줄이자고 말하는 장면이 그것이다. 결과적으로 책은 포터가 원

위키커먼스

FREDERICK WARNE AND CO.'S PUBLICATIONS.

Price 1s. each.

THE WELCOME LIBRARY.

A SERIES OF VOLUMES SUITABLE FOR SUNDAY-SCHOOL GIFTS.

In crown 8vo, cloth, fully Illustrated. *In attractive bindings.*

DEB OR A WAYSIDE FLOWER BY MRS HENRY KEARY

CHIPS. By SILAS K. HOCKING.

POOR MIKE. By SILAS K. HOCKING.

DEB. By Mrs. HENRY KEARY.

"This little book is a story of homely village life under the cheery moral influence of which Deb, the wandering basket-girl, was brought."—*Bradford Observer.*

ANGELS UNAWARES. By C. H. BARSTOW, Author of "Old Ransom." Fully Illustrated.

BAB AND HER WINKLES. By Mrs. H. KEARY.

SOWING AND REAPING. By M. HOWITT.

ALICE FRANKLIN. By M. HOWITT.

STRIVE AND THRIVE. By M. HOWITT.

ALL IS NOT GOLD THAT GLITTERS. By M. HOWITT.

LITTLE COIN MUCH CARE. By M. HOWITT.

HOPE ON, HOPE EVER. By M. HOWITT.

"All those who like domestic stories, including adult readers whose palates are not accustomed to the high spice of modern sensational fiction, will find Mrs. Howitt as delightful as our fathers and mothers found her."—*Weekly Register.*

OUR JOE. By SILAS K. HOCKING.

"The whole story abounds in thrilling and pathetic passages."—*Spalding Free Press.*

OLD BOND'S ATONEMENT. By CHARLES H. BARSTOW. With Two full-page Illustrations by W. CUBITT COOKE.

A capital little story with a healthy tone pervading it; a most suitable volume for a Sunday-school prize.

THE RULER OF THIS HOUSE. By MARY H. DEBENHAM. With Original Illustrations.

THE OAKLEAF LIBRARY.

In small crown 8vo.

Susan Gray. By Mrs. SHERWOOD.

Easy Rhymes and Simple POEMS.

Frank Russell; or, Living for an Object.

Nellie Grey; or, the Ups and Downs of Everyday Life.

Charlie and Ernest. By M. BETHAM EDWARDS.

Clara Woodward, and her Day-Dreams.

Arnold Lee. By C. D. BELL.

The Lost Heir; or, Truth and Falsehood.

Georgie and Lizzie. By C. D. BELL.

The Douglas Family. By C. D. BELL.

My Earnings. By the Author of "John Hampton's Home," &c.

A new series of some of the most popular of the favourite reading books for children. Each volume one hundred and sixty pages or upwards.

1895년 '프레데릭 원' 출판사의 광고.

위키커먼스 Trinity College Dublin

THE TALE OF
TWO BAD MICE
BY
BEATRIX POTTER
F. WARNE & CO.

베아트릭스 포터의
『두 마리의 나쁜 쥐 이야기』 표지.
1904년 런던과 뉴욕에서 출간되었다.

하는 대로 작은 판형으로 나왔다. 포터 역시 양보를 했다. 제작비 절감을 위해 페이지를 줄이는 데 동의한 것이다. 그렇게 해서 올컬러로 책이 나오게 된다.

노먼이 편집자로 일한 '프레데릭 원' 출판사는 아버지의 회사였다. 창업자인 프레드릭 원은 서적상 출신이었다. 1865년 출판사를 시작해 성인 로맨스 소설을 판매해 크게 성공했다. 이후 칼데콧, 케이트 그리너웨이, 월터 크레인의 컬러 그림책을 펴냈다. 포터는 다섯 곳의 출판사에 『피터 래빗 이야기』의 출간을 제안했는데 '프레데릭 원'이 그 가운데 한 곳이었다. 노먼이 죽은 이후에도 포터는 '프레데릭 원'과 계속 일했다. 출판사가 경영난에 빠지거나 어려울 때 포터는 새로운 책을 펴내 출판사를 구하곤 했다. 자녀가 없던 포터는 작품에 대한 권리를 출판사에게 남겼다. '프레데릭 원'은 1983년 '펭귄북스'에 인수되었다.

포터는 최초로 문학에 등장하는 캐릭터를 상표 등록한 작가다. 『피터 래빗 이야기』는 출간되자마자 인기가 있었지만 출판사는 미국 저작권 등록을 소홀히 했고 이로 인해 복제 출판이 성행했다. 이 교훈을 잊지 않고 포터는 저작물에 관한 법적 권리를 지키기 위해 노력했다. 우연히 런던 '해러즈' 백화점에서 광고 캐릭터인 써니 짐의 인형을 판매하는 것을 보고 "그림을 카피한 장난감이 유행"한다는 걸 알아차린다. 그는 작품 속 캐릭터를 활용해서 인형을 만들어놓지 않으면 누군가 함부로 복제할 수도 있다고 생각했다. 그가 직접 피터 래빗 인형의 샘플을 제작한 이유다.

그뒤 포터는 1903년 12월 피터 래빗 인형에 대한 특허를 취득했

1913년 무렵의 포터.

다. 당시만 해도 포터의 이런 조치는 특이한 행동으로 여겨졌지만, 결과적으로는 라이선스 캐릭터의 시작으로 기록되었다. 포터는 책 속 캐릭터를 기반으로 보드게임, 차 세트, 벽지, 슬리퍼, 도자기, 손수건, 책장, 문구류 등 다양한 상품을 만든다. 오늘날 윈더 미어 선착장 부근이나 혹스헤드 가게 등에서 피터 래빗 인형은 흔하게 볼 수 있다. 종종 피터와 닮지 않은 인형도 보인다. 상표권을 피하기 위해 다르게 만든 것일 수 있으니 유사품에 유의하시길!

포터가 책과 장난감을 함께 판매한 최초의 인물은 아니지만, 그는 실용적 감각을 지녔고 자신의 권리를 주장할 줄 아는 당찬 여성이었다.

정말로 대단한 건 따로 있다. 포터는 이렇게 벌어들인 돈으로 개발 위험에 처한 레이크 디스트릭트의 땅을 사들이고 이를 모두 내셔널 트러스트에 유증했다. 1943년 77세의 나이로 세상을 떠날 때까지 사들인 토지는 농가 15채와 농장 20곳을 포함, 약 1,750만제곱미터, 530만 평에 이른다. 1,750만제곱미터란 얼마나 넓은 땅일까. 경기도 고양 일산 신도시가 1,551만 제곱미터다. 레이크 디스트릭트 국립공원으로 보호되는 지역은 모두 포터의 땅이라고 여겨도 된다. 이토록 넓은 땅을 개발 위험으로부터 지켜낸 것이다. 그가 해낸 일이 이렇게나 크고도 넓다.

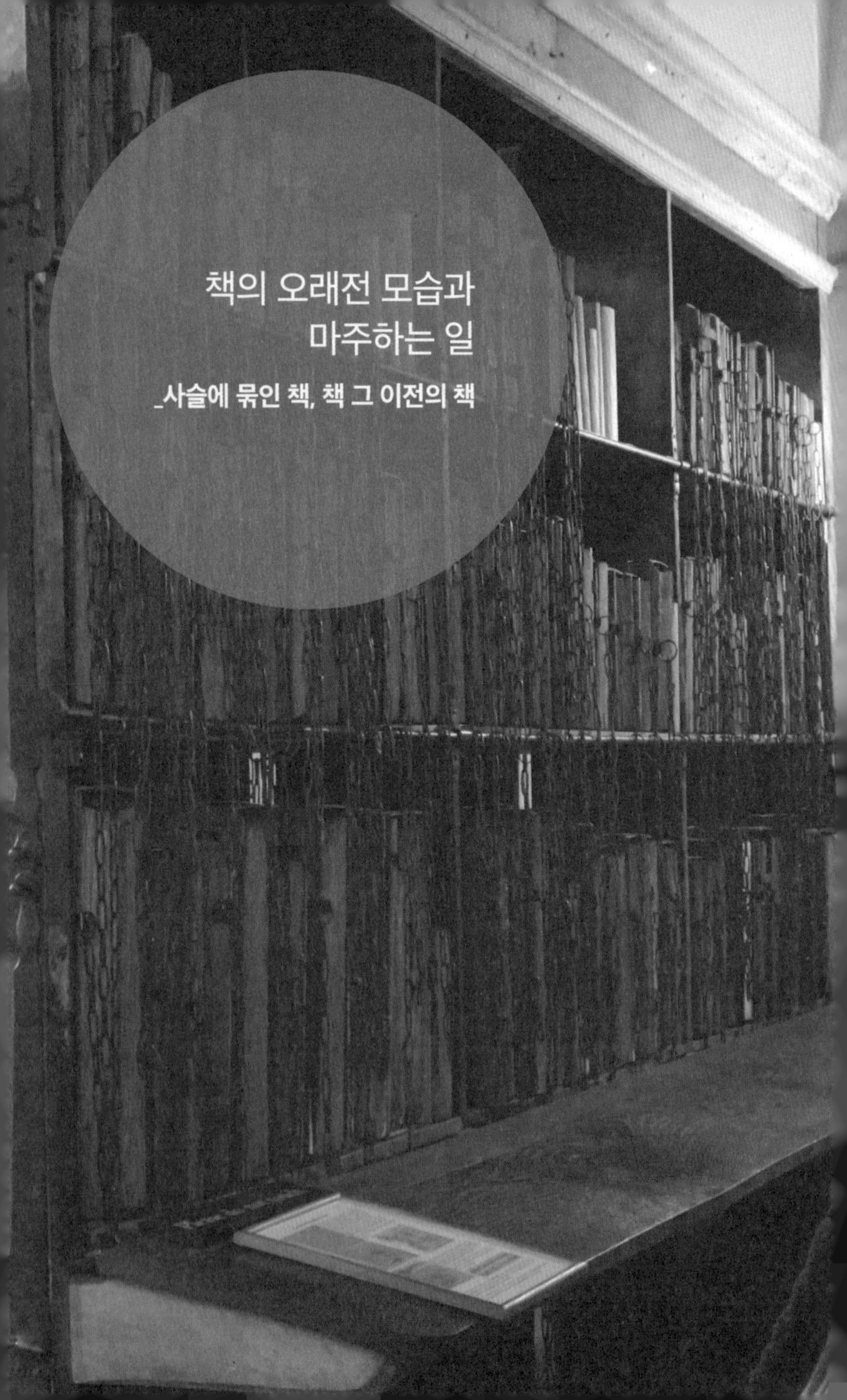

책의 오래전 모습과 마주하는 일

_사슬에 묶인 책, 책 그 이전의 책

"중세까지 한 권의 책은 기름지고 넓은 포도밭과 맞바꿔야 살 수 있는 고가품이었다. 책은 고귀한 귀중품이니 함부로 둘 수도 없었다. 도둑맞으면 어쩔 것인가. 하여 중세 도서관은 책을 사슬에 묶어두었다."

여행자에게 행운의 신이 찾아올 때가 있다. 시작은 헤이온와이였다. 헤이온와이에는 기차역이 없어 해리퍼드에서 버스를 타고 들어가야 한다. 해는 일찍 지고 갈 길은 멀어 보였다. 해리퍼드에서 1박을 하기로 했다. 다행히 체인호텔 숙박비도 적당했다. 이곳에 볼거리가 있는지는 딱히 모르겠고, 지도에서 대성당이 있다는 걸 확인했을 뿐이다.

사소한 물건들에 숨겨진 역사를 치밀하게 기록하는 헨리 페트로스키가 쓴 책 중에 『서가에 꽂힌 책』이 있다. 20여 년 전 최고의 출판사였던 '지호'에서 출간했고 최근 다른 곳에서 다른 제목으로 복간했다. 이 책에서 페트로스키는 한 권의 책이 서가에 꽂히기까지 어떤 일이 있었는지를 실로 집요하게 기술한다. 아무리 영어권에 자료가 많다지만 천년이 넘는 세월을 뛰어넘어 방대한 자료를 모으고 모아 작은 것들의 역사를 추적한 저자의 노고에 거듭 놀라며 책을 읽었다.

중세까지 한 권의 책은 기름지고 넓은 포도밭과 맞바꿔야 살 수 있는 고가품이었다. 책은 고귀한 귀중품이니 함부로 둘 수도 없었다. 도둑맞으면 어쩔 것인가. 하여 중세 도서관은 책을 사슬에 묶어두었다. 도난을 방지하려는 방법이다. 사슬 도서관Chained Library의 흔적을 지금도 만날 수 있는데 1571년 문을 연 피렌체 메디치 도서관에도 남아 있다. 경사진 독서대에 책이 놓여 있는데 쇠사슬로 묶여 있다. 책을 도둑맞을 염려는 없으나 쇠사슬 때문에 한 사람이 책을 읽으면 다른 사람이 옆에 놓인 책을 읽을 수 없어 불편했다. 책이 점점 늘어나자 보관도 어려웠다. 고민 끝에 학자와 사서들은 선반에 누워 있던 책을 책꽂이에 수직으로 꽂는다는 창의적인 아이디어를 떠올렸을 것이다.

16세기 말부터 책은 서가에 꽂혔지만, 여전히 사슬로 고정했다. 책은 귀중품이니까. 사슬은 주로 책등에 달았다. 그 때문에 당시 도서관은 지금처럼 책등이 보이도록 책을 꽂을 수 없었다. 사슬 때문에 책등의 반대면, 즉 책 '마구리'가 보이도록 꽂았다. 이 관습은 17세기까지 심지어 18세기 말까지도 일부 도서관에 남아 이어졌다. 페트로스키는 이런 이야기를 하다 도판(그림) 한 장을 보여주며 말한다.

> "해리퍼드 성당의 책장에 있는 걸쇠는 길어서 하나의 자물쇠로 막대 세 개의 안전을 보장할 수 있다. 이 그림에서는 막대가 부분적으로 빠져 있는데, 이렇게 해두면 막대에서 사슬의 고리를 빼거나 끼울 수 있다."

해리퍼드라니! 헤이온와이의 경유지로 1박을 하기로 한 곳이 아닌가. 이곳 성당에 페트로스키가 언급할 정도로 오래된 사슬 도서관이 있다는 말이 아닌가!'

갑자기 해리퍼드는 꼭 가야 할 곳으로 바뀌었다. 여행자의 행운이 아니라면 무엇일까. 리버웨이 강 근처에 자리잡은 해리퍼드 대성당은 역사가 깊었다. 기록에 따르면 무려 696년 설립을 시작했다. 하지만 11

세기 이전의 성당 건물은 남아 있지 않다. 잉글랜드와 웨일스 사이에 전쟁이 있었고 정복왕 윌리엄 이후 1107~1148년 사이에 대성당은 재건된다. 그때부터 해리퍼드 대성당은 학문의 중심지이자 중요한 역사적 장소로 자리매김했다.

성당에는 중요한 유물이 여럿 있다. 하나는 1217년 마그나카르타 사본이다. 또 1300년경 만들어진 세계지도 마파문디Mappa Mundi도 남아 있다. 할딩햄의 리처드라고 불리는 무명의 성직자가 송아지 가죽에 세계 지도를 새겼다. 우리가 지금 보는 세계지도와는 많이 다른, 그래서 중세 기독교인들이 세상을 어떻게 이해했는지 보여주는 귀중한 자료다. 현존하는 가장 오래된 지도이며 온전한 모습으로 남아 있다. 2007년에는 유네스코 세계기록유산으로 등재되었다.

마지막으로 사슬 도서관이 있다. 1611년 건립한 이곳에는 8세기 복음서도 소장되어 있다. 도서관이 만들어지기 이전 성당에 책이 존재했다는 뜻이다. 책을 사슬로 묶는 것은 중세부터 18세기에 이르기까지 유럽 전역에서 시행한 일반적 보안 시스템이었다. 특히 해리퍼드 대성당의 도서관에 가면 17세기에 사용했던 사슬, 막대, 자물쇠를 온전한 상태로 만날 수 있다.

"책들은 언제부터 이런 사슬로부터 자유로워진 걸까. 대량 생산이 가능해지면서부터다. 이를 가능하게 한 것은 바로 인쇄술이었다. 즉, 인쇄술은 사슬에 묶여 있던 책을 해방시켜주었다."

해리퍼드 대성당 전경.

해리퍼드 대성당
실내 전경.

해리퍼드 대성당에 보관 중인
책을 운반하던 상자.

해리퍼드 대성당에 보관 중인
서가에 꽂힌 채 사슬에 묶인 책들.

해리퍼드에 가겠다고 마음먹자 반쯤 누워 보던 다큐멘터리에서도 해리퍼드가 등장했다. 영국에는 사과로 만든 사이다가 유명하다. 해리퍼드에서 사과 재배를 많이 하는데, 사이다를 만드는 공장이 시내에서 그리 멀지 않은 곳에 있었다. 봄에 해리퍼드에 가면 천지에 피어난 사과꽃을 볼 수 있다고 했다.

비둘기가 울어대는 해리퍼드 역에 내려 호텔에 짐을 풀고 동네 답사를 나갔다. 체인호텔 바로 코앞에 체인슈퍼마켓 '웨이트로즈'가 있는 거로 봐서 잘사는 동네였다. 역 주변과 옛 시장터는 구시가지인 듯했고, 신시가지가 있는 듯했다. 나의 최대 관심사는 다음 날 아침 헤이온와이로 가는 첫 버스를 무사히 타는 것이었다. 혹시나 놓칠까 하는 염려에 정류장부터 확인했다. 그리고 마을 안쪽으로 걸어가 사슬 도서관이 있는 대성당의 위치도 확인했다. 해는 저무는데 성당에서는 노랫소리가 울려 퍼지고 있었다. 성당을 한바퀴 돌아보고 숨듯이 자리한 뒤뜰에 앉아 있자니 여행의 신이 잠시 머물다 가도 좋을 만큼 아늑했다.

다음 날 헤이온와이에 다녀왔다. 그리고 드디어 사슬 도서관을 둘러보았다. 오늘날의 도서관은 1996년 엘리자베스 2세 여왕 시기에 새롭게 만들어진 곳이다. 그렇긴 해도 1611년부터 1841년까지 실존했던 모습 그대로를 복원했다. 사슬 도서관의 서가 외에도 책을 운반하던 상자, 오래전 제본된 책들, 마파문디 등도 함께 관람할 수 있도록 꾸며졌다. 직접 가서 보니 사슬 한쪽은 책표지나 책등에 붙어 있고 다른 쪽은 선반 바닥을 따라 놓인 막대에 끼워져 있다. 책을 책꽂이에서 꺼내 서가와 맞붙은 책상에 펼쳐놓고 읽는 방식이었다. 당연히 책 마구리가 앞으로 보이도록 꽂아야 책을 펼칠 수 있고 사슬이 엉키는 것도 막을 수 있었다. 실제 보니 지극히 당연한 구조였다. 관람객이 직접 도서관 의자에 앉아 사슬이 달린 책을 꺼내 볼 수는 없다. 입구에 만들어놓은 모형으로 체험은 가능하다.

도서관의 서가에 꽂힌 책은 책등에 서지정보가 붙어 있다. 책장마다 십진 분류 기호도 있다. 모두 독자가 책을 쉽게 찾는 방법이다. 한데 이곳에서는 책이 반대로 꽂혀 있다. 이 상태라면 무슨 책이 어디에 있는지 알 도리가 없다. 실제로 분류 체계가 마련되기 전 중세에는 필사본을 쉽게 찾을 수가 없었다고 한다. 이를 위해 서가마다 책장 옆에 책 목록을 붙여두었다. 그 모습도 볼 수 있다.

그렇다면 책들은 언제부터 이런 사슬로부터 자유로워진 걸까. 한 권의 책이 대량으로 생산되면서부터다. 대량 생산이 가능해지면서 도난을 방지하기 위해 번거로운 방식으로 묶어둘 필요가 없어진다. 이를 가능하게 한 것은 바로 인쇄술이었다. 즉, 인쇄술은 사슬에 묶여 있던 책을 해방시켜주었다.

"사슬에 묶인 채 누워 있다가 서가에 꽂혔다가 사슬로부터 자유로워지는 등 책이 있는 풍경은 조금씩 변화했다. 그런 변화의 과정 중에는 흥미롭게도 책이 책방에 수평으로 누워 있던 시절도 있었다."

18세기 중엽 조선에서도 서적 행상 책쾌가 한곳에 자리를 잡기 시작했

『서가에 꽂힌 책』에 실린 『죽음의 춤』의 책방 모습.

다. 독자들에게 책을 빌려주는 세책점의 등장이다. 세책점이란 오늘날 도서 대여점에 해당하는 책방을 뜻한다. 남원의 박고서사나 실록에 등장하는 18세기 약계책사 등이 세책점이다.[16]

조선의 책방에서 책을 사거나 빌릴 수 있는 사람은 지극히 제한적이었다. 당시 중국의 영향으로 한글 소설이 세책점에서 유통되었으나 주로 소수의 사대부 여성 사이에서 유통되었다. 보통 유럽에서 상업적 대여 도서관의 등장은 대중 독자의 탄생을 의미하지만 우리에게 대중 독자의 탄생은 시간이 더 필요한 일이었다.

책을 모아둔 도서관은 파피루스, 죽간, 양피지에 글을 쓰던 시절부터 존재해왔다. 시대마다 도서관은 모습도 다르고 아무나 자유롭게 이용할 수도 없었다. 하지만 그런 와중에도 사슬에 묶인 채 누워 있다가 서가에 꽂혔다가 사슬로부터 자유로워지는 등 책이 있는 풍경은 조금씩 변화했다. 그런 변화의 과정 중에는 흥미롭게도 책이 책방에 수평으로 누워 있던 시절도 있었다.

『서가에 꽂힌 책』에서 페트로스키는 이 사실을 밝혀낸다. 그는 두 가지 자료를 보여준다. 하나는 프랑스 리옹에서 출간된 1499년 판 『죽음의 춤』에 실린 도판이다. 인쇄소와 서적 판매를 겸하고 있는 책방의 모습이 담겼다. 안쪽에서는 식자공이 일을 하거나, 초기 인쇄기를 손으로 눌러 작업을 하는 모습도 그려져 있다. 바깥쪽에서는 책을 팔고 있는 모습도 보인다. 한데 책방에 있는 책들이 누워 있다. 대체 이 책들은 왜 이렇게 누워 있는 걸까?

"17세기 책방 주인은 두 가지 형태로 책을 팔았다. 책이 제본되어 있지 않다면 독자에게 어떻게 팔 수 있을까? 책방에 책을 사겠다는 손님이 나타나면 그제야 고객이 원하는 방식으로 제본하여 판매했다."

1658년 출간된 코메니우스의 『세계도해』에 실린 도판 역시 책방의 과거를 추론할 수 있는 중요한 자료다. 1659년 영어판이 출간되었다. 이 책은 어린이책 연구자에게 익숙하다. 최초의 그림책으로 자주 언급되기 때문이다. 체코의 신학자이자 교육자였던 코메니우스는 어린이가 그림을 통해서 세계에 존재하는 모든 것을 배우도록 그림 교과서를 만

(32)

XV.

Flowers. *Flores.*

The most noted amongst the Flowers, In the beginning of the Spring are the	Inter *Flores*, notissimi, Primo Vere,
Violet 1.	*Viola* 1.
the Crow-tree 2.	*Hyacinthus* 2.
the Daffadil 3.	*Narcissus* 3.
Then the Lillies white and yellow 4. and blew 5.	Tum *Lilia*, *alba*, & *lutea* 4. & *cœrulea* 5.
and the Rose 6.	Tandem *Rosa*, 6.
and Clove-gillow-flowers 7. &c.	*Caryophyllum*, 7. &c.

『세계도해』 본문 중 '꽃' 항목. 뉴베리 도서관.

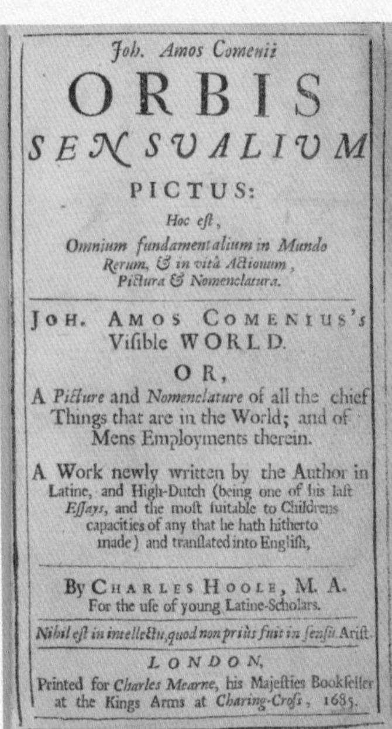

Joh. Amos Comenii

ORBIS
SENSUALIUM
PICTUS:

Hoc est,
Omnium fundamentalium in Mundo Rerum, & in vitâ Actionum, Pictura & Nomenclatura.

JOH. AMOS COMENIUS's
Visible WORLD.
OR,
A *Picture* and *Nomenclature* of all the chief Things that are in the World; and of Mens Employments therein.

A Work newly written by the Author in Latine, and High-Dutch (being one of his last *Essays*, and the most suitable to Childrens capacities of any that he hath hitherto made) and translated into English,

By CHARLES HOOLE, M. A.
For the use of young Latine-Scholars.

Nihil est in intellectu, quod non prius fuit in sensu. Arist.

LONDON,
Printed for *Charles Mearne*, his Majesties Bookseller at the Kings Arms at *Charing-Cross*, 1685.

코메니우스의 『세계도해』 표지. 뉴베리 도서관.

『세계도해』에 실린 서적상 그림.

들었다. 이 책은 오랫동안 베스트셀러였고, 우리나라에서도 여전히 판매 중이다.

일종의 그림 백과인 『세계도해』에 책방 풍경이 나온다. 책방은 깔끔하게 정리된 모습이다. 벽 쪽에 서가로 보이는 선반들이 있고 카운터에는 책을 펴놓을 수 있는 독서대가 있다. 다만 책을 꽂아둔 서가가 오늘날 책방과 다르다. 서가 선반에 서류 박스나 수납장처럼 보이는 것들이 가지런히 꽂혀 있다. 식별을 위해 라벨도 붙어 있다. 한데 다른 쪽 서가의 책들은 책등이 보이게 꽂혀 있다. 이는 당시 책방에서 인쇄된 종이를 낱장으로 모아둔 방식과 서가에 책을 꽂는 방식이 공존했다는 사실을 보여준다. 17세기 책방 주인은 두 가지 형태로 책을 팔았다는 뜻이다. 책이 제본되어 있지 않다면 독자에게 어떻게 팔 수 있을까? 책방에 책을 사겠다는 손님이 나타나면 그제야 고객이 원하는 방식으로 제본하여 판매했다.

16세기와 17세기 책방은 책을 만드는 작업실, 즉 인쇄와 제본을 겸했다. 책방은 인쇄된 종이를 낱장 형태로 보관해 판매했고 구매자는 자신의 취향에 맞는 제본 방식을 고를 수 있었다. 제본이라는 게 천차만별이다. 형편이 된다면 얼마든지 비싼 가죽 제본과 화려한 방식을 선택할 수도 있다. 금속으로 책을 장식하고 채색사에게 주문해 장식 문자를 그려넣어 값비싼 책을 만들 수도 있다. 이 당시 책 제본은 고귀한 예술품을 만드는 과정이었다. 요즘도 유럽에서는 아름다운 수제본을 만드는 전통이 남아 있다. 국내에서도 북아트라는 이름으로 수제본이 알려졌고, 지금도 북바인딩을 배울 수 있는 프로그램들이 있다.

그러니 책의 최종 가격은 어떻게 제본하느냐에 따라 천차만별이었다. 그만한 돈을 치를 수 있는 상류층이나 책을 즐길 수 있었으니 오히려 가능했다. 이미 제본된 책은 낱장 책보다 두 배 이상 가격으로 팔 수 있었다. 헌책이 싸게 팔리는 일은 훨씬 후에 생겨났다. 유럽의 고서점은 헌책을 판다는 개념보다는 아름답게 제본된 오래된 책을 파는 곳이었다.

책방에 누워 있던 낱장의 종이 묶음은 현재의 책에도 흔적을 남겼다. 한 권의 책을 펼치면 맨 먼저 제목만 적힌 페이지가 나타난다. 흔히 반표지half title라고 부른다. 오늘날에는 표제지라고도 한다. 반표지를 넘기면 이번에는 제목과 저자 그리고 출판사 이름이 적힌 속표지title page가 나온다. 출판계에 입문하고 나서도 오랫동안 책 제목이 적힌 페이지가 왜 두 번이나 나와야 하는지 궁금했다. 시간이 흐르면서 차츰 반표지나 속표지를 생략하거나 다른 방식으로 활용하는 책도 만나곤 했다. 예컨대 그림책은 총 페이지 수가 적기 때문에 반표지나 속표지를 살뜰하게 이용해 이야기를 전개한다. 실용적인 이유로 혹은 대수를 맞추기 위해서 반표지를 생략하는 경우도 종종 있다.

책방의 역사를 알고 나서야 반표지와 속표지의 존재 이유를 이해했다. 책방에서는 제본 전인 종이 묶음을 보관해야 한다. 제본 전까지는 속표지를 보호하기 위해 맨 위에 백지를 얹어두었다. 한데 백지만 있으면 어떤 책인지 구별이 안 되니, 편의상 백지에 책 제목을 표시했다. 17세기 후반부터 서적상이 이 방법을 사용한 것으로 알려져 있다. 이것이 반표지의 시작이다. 그렇다면 오늘날 반표지란 쓸모가 없는 것일까. 책이 서가에 꽂히기 시작했던 과거에도 반표지를 생략할지 말지를 두고 인쇄 서적상이 설왕설래했다고 한다. 하지만 반표지를 생략하지 않기로 했고 오늘날까지 살아남았다. 한 권의 책을 펼쳐 반표지를 만나거든 거기에 깃든 400여 년의 역사를 기억해주길.

"메리 여왕이 '조지 밴튼'을 '여왕 폐하의 책방'으로 임명하면서 책방은 세계적인 명성을 얻었다. 오래전 제본했을 책이 진열된 책방 1층 안쪽에 제본실이 붙어 있다. 규모가 상당히 컸으며 10여 명의 장인들이 수작업으로 작업을 하고 있었다."

영국에 현존하는 최고最古의 책방은 앞에서 살핀 윈체스터의 'P&G 웰스'다. 'P&G 웰스'의 역사를 엿볼 수 있는 증거가 몇 있다. 우선 1729년 지역 대학교와 거래한 영수증이다. 아래와 같은 소상한 내용이 적혀 있다. 'P&G 웰스'의 역사를 엿볼 수 있는 첫째 증거다.

> "라틴어 문법책의 가격이 9펜스, 종이는 4펜스, 논문집은 3펜스, 잉크병은 4펜스 등"

두 번째로 눈여겨봐야 할 건 진열장이다. 인류는 오래전부터 유리로 잔이나 창을 만들었지만 요즘의 유리와는 달랐다. "중세 시대에 사용되었던 유리들은 당시 유리 제조 기술의 한계상 불순물을 충분히 제

GEO BAYNTUN
OKBINDER
BAYNTUN
BOOKS

HOURS
9.00 1.00 2.00 5.30
SAT 9.30 1.00
PLEASE RING
THE BELL
ENTER WHEN
THE BUZZER
SOUNDS

'조지 밴튼' 안팎 전경.

거할 수 없었기에 어두운 연두색이나 어두운 갈색에 가까웠다. 어느 정도 투명한 광학 유리가 본격적으로 제작된 것은 17세기에 들어서부터였다."[17] 유리의 투명도가 높아야 진열장으로서 효과가 있는 법. 그러니 책방의 진열장에 유리를 사용하려면 18세기는 되어야 가능했다. 책방 진열장을 만들고 창유리 안쪽에 책을 진열해놓으면 지나가는 독자의 시선을 잡아끌 수 있다. 다만 빛은 책에 흔적을 남긴다. 변색을 방지하기 위해 작은 단을 창 안쪽으로 만들어 책은 잘 보이는 대신 직접 빛에 노출되는 건 최대한 막았다. 'P&G 웰스'의 출입문 양쪽으로 돌출된 유리 진열창은 이런 형태로 만들어졌다.

마지막으로는 책방 뒤쪽에 있던 제본소다. 과거 책방이 제본업을 겸했다는 걸 보여주는 전통이다. 'P&G 웰스' 책방 뒤쪽에는 팀 월트셔와 피트 월트셔 부자가 불과 몇 해 전까지 손님들의 의뢰를 받아 낡은 책을 수작업으로 제본하던 제본실이 있었다. 월트셔 부자는 영국에 최초로 인쇄술을 도입한 캑스턴의 견습생 윙킨 더 워드가 만든 책을 다시 제본하기도 했고, 윌리엄 새커리가 디킨스에게 메모를 곁들여 보냈던 책을 제본하기도 했다. 아버지 팀 월트셔가 나이가 들어 은퇴한 뒤 아들인 피트가 제본업을 이어받았으며 지금은 'P&G 웰스'를 떠나 독립적으로 일하고 있다.

영국에서 만난 제본 책방 중에 바스에 있는 '조지 밴튼'George Bayntun을 빼놓을 수 없다. 바스 기차역에 내리면 바로 앞에 있는 조지 호텔을 만날 수 있다. 호텔에 짐을 풀고 바스의 운치 있는 책방을 보러 나가서 맨 처음 만나는 곳이 '조지 밴튼'이다. 재미나게도 책방에 들어가려면 벨을 눌러야 한다. 출입구에 안내 글이 있다.

조지 밴튼은 도제 수업을 거쳐 1894년 제본업을 시작했다. 수작업 제본은 장인 정신이 필요한 분야다. 1906년 조지 밴튼이 제본한 책이 도서 경매 기록을 경신하며 명성을 얻었다. 1939년부터 바스의 맨버스 스트리트에 있는 건물에서 제본을 겸한 책방을 운영했다. 윈저 왕가의 문을 연 조지 5세의 왕후 메리 여왕이 제2차 세계대전 동안 바스 인근에 머물며 책방을 자주 방문했다고 한다. 메리 여왕이 '조지 밴튼'을 '여왕 폐하의 책방'으로 임명하면서 책방은 세계적인 명성을 얻었다. 조지 밴튼이 사망한 후 후손들이 대를 이어 제본업을 잇고 있다. 오래전 제본했을 책이 진열된 책방 1층 안쪽에 제본실이 붙어 있다. 규모가 상당히 컸으며 10여 명의 장인들이 수작업으로 작업을 하고 있었다.

'조지 밴튼'이 자리잡은 건물은 1901년 F. W. 가디너가 지었고 한때 우체국으로 사용되었다. 건물 1층의 커다란 아치형 입구는 물론이고 창문, 박공, 멋진 빗물받이 등이 옛모습 그대로 남아 있다. 책방 내부 역시 1938년 이후 거의 변하지 않았다. 책방에는 오래된 장식장은 물론이고 의자와 책상 등이 남아 있는데, 옛 우체국 시절 우편물을 분류하는 데 사용했던 오래된 의자에 앉아 직원들이 일하고 있다. '조지 밴튼'에서 책을 구경하다 영국 초창기 3대 그림책 작가 중 한 사람인 게이트 그리너웨이의 『under the window』 초판본을 발견했다. 1878년에 발행한 책이었다. 가격은 250파운드. 입맛만 다셨다. '조지 밴튼'을 기억하고 싶어 책 속 삽화였을, 멀리 안위크 성이 보이는 그림 한 장을 사들고 나왔다.

18세기, 값비싼 책을 빌려보는 시대에서 사서 읽는 시대로

_근대 책방의 원형, 대중 독자의 탄생, 대중 출판의 시작

"우리에게 책방이란 약속 장소이자 모임 장소이며, 시간이 될 때 잠시 들러 책을 살피는 휴식의 공간이다. 하지만 처음부터 책방이 이런 역할을 한 건 아니었다. 18세기 등장한 상업적 대여 도서관의 영향이다."

1794년 런던 핀스베리 광장 남서쪽 모서리에 제임스 래깅턴James Lackington이 책방을 열었다. 그냥 책방이 아니었다. 래킹턴은 이곳을 '뮤즈의 신전'temple of muses이라고 명명했다. 규모가 어마어마해서 개업식 때 네 마리의 말이 끄는 우편 마차가 계산대를 빙 돌아나갔다는 기록이 전한다. 이 정도라면 오늘날 대형 서점의 원조라 부를 수 있지 않을까.

제임스 래킹턴이 책방을 열게 된 사연도 드라마틱하다. 아내와 함께 런던에 도착한 그는 마지막 남은 반 크라운, 그러니까 2실링 6펜스로 빵을 사지 않고 책을 샀다. 그리곤 이런 말을 남겼다.

> "우리가 이 돈으로 저녁거리를 사면 내일까지 배를 채울 수 있겠지만 만족감은 곧 사라져버릴 거야."

그가 빵 대신 산 책은 에드워드 영이 밤의 시간을 주제로 쓴 서사시 모음집 『밤의 상념』*Night Thought*이었다. 이후 열심히 일을 해서 돈을 모은 그는 1794년 동업으로 대형 서점 '뮤즈의 신전'을 열었다. 그는 생전에 두 권의 자서전을 남겼다. 덕분에 이 전설 같은 이야기가 전해 내려오고, 당시 '뮤즈의 신전'을 보여주는 판화도 남아 있다.

우리에게 책방이란 약속 장소이자 모임 장소이며, 시간이 될 때 잠시 들러 책을 살피는 휴식의 공간이다. 하지만 처음부터 책방이 이런 역할을 한 건 아니었다. 18세기 책에 대한 수요가 늘었지만, 책값이 비쌌기에 등장한 상업적 대여 도서관의 영향이다. 래킹턴이 문을 연 '뮤즈의 신전'도 책방과 상업적 대여 도서관을 겸한 방식이었다.

래킹턴은 책방을 운영하며 여러 혁신적인 시도를 했는데, 이는 곧 근대 책방의 원형이 되었다. 18세기 서적상은 독자에게 외상으로 책을 팔았다. 현금으로 책을 사서 고객에게 외상으로 팔면 서적상은 고스란히 이자 비용을 부담하고, 외상을 갚지 않으면 손실까지 감내해야 했다. 래킹턴은 현금 거래를 원칙으로 삼았다. 또 당시 서적상은 책값을 높이기 위해 재고를 폐기하곤 했는데 래킹턴은 대량으로 책을 사들여 모든 책의 가격을 낮추는 방식을 택했다. 대신 책값을 흥정하지 않고 정가에 판매했다. '뮤즈의 신전'에 있는 모든 책에 최저 가격을 표시했다. 책을 저렴하게 공급해 독자가 살 수 있도록 해서 결과적으로 서적상이 수익을 내는 시스템을 만들었다.[18] 가격 정책을 이용해 판매 효율을 높인 최초의 책방이라 할 만하다.

당시 '뮤즈의 신전'은 관광 명소였다. 일본의 '츠타야'나 런던의 '돈트북스'를 보러 가는 것과 비슷하다. '뮤즈의 신전'에는 책방 카운터 위쪽 계단을 따라 총 네 개의 갤러리가 있었다. 위쪽 갤러리로 올라갈수록 서가에 더 싼 책이 비치되어 있었다. 책을 빌려주는 상업적 대여 도서관을 겸한 지라 책방에서 독자가 책을 읽으며 시간을 보낼 수 있는 열람실이 있었다. 영국 낭만주의 시인 존 키츠도 '뮤즈의 신전'에서 자신의 첫 책을 내준 출판업자 테일러와 헤시를 만났다.

당시 서적상이 그렇듯 래킹턴 역시 출판을 겸했다. 1818년 래킹턴은 무명 작가 메리 셸리의 소설을 500부 정도 출판했다. 그 소설이 『프랑켄슈타인』이다. '뮤즈의 신전'은 19세기 영국 출판업과 서적 유통업이 정점에 올랐음을 보여주는 신호다.

1970년대까지도 우리나라 책방 규모는 영세했다. 학교나 버스 정류장 앞에서 참고서와 잡지를 팔던 작은 책방을 떠올리면 쉽다. 1984년 우리 책방의 평균 면적은 20제곱미터, 약 여섯 평이었다.[19] 물론 1977년 '동화서적', 1979년 '종로서적'의 규모 확장, 1981년 '교보문고'가 등장하면서 지형이 달라졌다. 그런데도 1980년대 초반까지 전국적으로 330제곱미터, 약 100평이 넘는 곳은 10여 곳 정도였다. 1980년대 후반이 되어야 대형 서점이 30여 개로 늘어난다. 마침 1980년대 언론사 해직 기자와 학생운동 출신 지식인이 다수 출판계로 영입되었고 이는 사회과학 출판사의 증가로 이어졌다. 여기에 중대형 서점의 증가까지 맞물려 바야흐로 단행본 출간이 궤도에 오른다. 여기에 더해 1990년대 초 베를린 장벽이 무너지자 동구권이 몰락하면서 기존 사회과학 출판사는 다양한 출판 분야로 진출했고, 이는 우리나라 단행본 출판의 황금기를 만들어냈다.

"대여 도서관은 중산층을 중심으로 비싼 책을 사기에는 부담스러운 독자에게 저렴한 비용으로 책을 빌려주는 책방의 한 형태다. 소설의 등장과 대여 도서관의 번영은 밀접하게 맞물려 있다."

1809년 '뮤즈의 신전' 모습을 담은 에칭 판화.
당시로서는 매우 넓은 규모의 계산대 풍경을 볼 수 있다.

영국은 독서 문화가 일찌감치 꽃피운 곳이다. 특히 우리와 달리 자발적으로 대중 독자가 탄생했다. 산업혁명의 시작을 1760년 이후로 보는데, 1600년대 후반부터 회원제 도서관이 생겨났다. 1653년 맨체스터에 영어권 최초의 무료 회원 도서관인 '체담'Chedam[20]이 생긴다. 맨체스터 중심부에 있는 '체담'은 사전 예약을 통해 입장할 수 있었다. 1845년 여름 마르크스가 맨체스터를 방문했을 때 칼 마르크스와 프리드리히 엥겔스가 만났던 장소로도 유명하다.[21]

라이브러리library는 이제는 공공도서관을 뜻하지만 어원적으로는 '책을 보관하고 열람할 수 있는 장소'라는 뜻을 지닌다. 역사적으로 영국에는 다양한 종류의 도서관library이 있었다. 교회에서 성직자에게 서적을 빌려주는 도서관, 회원제 구독 도서관, 상업적 이윤을 목적으로 한 대여 도서관도 있었다. 마지막으로 등장한 것이 오늘날 우리가 이용하는 공공도서관이다.

이 가운데 상업적 대여 도서관은 18세기 영국에서 등장해 200여 년 간 큰 인기를 누렸다. 우리에게도 상업적 대여 도서관의 한 종류인 만화방이 있었다. 21세기 초반까지 무협지와 만화 그리고 비디오를 대여하는 형태 혹은 어린이책을 회원에게 대여하는 형태의 도서 대여업이 성행했다. 지금도 형태를 달리한 상업적 대여 도서관이 있다. 시간제 혹은 회원제 도서관의 형태로 운영되는 책방이다. 제주시 한경면의 '유람위드북스'나 서울 청담동 '소전서림' 등이다.

상업적 대여 도서관은 중산층을 중심으로 비싼 책을 사기에는 부담스러운 독자에게 저렴한 비용으로 책을 빌려주는 책방의 한 형태다.

소설의 등장과 상업적 대여 도서관의 번영은 밀접하게 맞물려 있다. 흥미롭게도 영국뿐 아니라 18세기의 보편적인 현상이다. 18세기 사람인 이덕무李德懋가 "세책에 빠져 가산을 기울인 사람도 있다"라고 폐해를 거론한 기록이 남아 있어[22] 조선 역시 일부 사대부 계층에서 인기를 끌었음을 짐작할 수 있다.

1700년대 초반부터 시작된 상업적 대여 도서관 중에 가장 유명한 곳은 '무디'Mudie's Select Library다. 1842년부터 1937까지 약 100여 년 동안 전성기를 누렸고 대중 독서, 특히 19세기 소설의 전성기를 주도했다. '무디'는 파격적으로 낮은 대여료와 엄선한 책을 갖춘 걸로 유명했다. 빅토리아 시대의 윤리관에 맞는 책을 골랐을 뿐 아니라, 표지에 페가수스 문양의 심벌을 넣어 믿고 읽을 수 있는 '무디'의 책임을 알렸다. 소설 말고도 다양한 책을 구비했고 별도의 카탈로그도 발행했다. '무디'를 비롯한 여러 상업적 대여 도서관끼리 경쟁이 치열했는데 결과적으로 작가와 출판업자 그리고 서적 유통업자를 성장시키는 결과를 가져왔다.

상업적 대여 도서관을 등에 업고 유명해진 소설가가 월터 스콧이다. 1814년『웨이벌리』3부작을 필두로 다수의 소설을 출간했는데 모두 상업적 대여 도서관을 통해 폭넓게 읽혔다. 고딕 소설의 선구자로 불리는 앤 래드클리프는 1794년『우돌포의 신비』*The Mysteries of Udolpho* 를 출간했다. 당시 작가가 받는 평균 인세가 10파운드였지만 앤 래드클리프는 500파운드에 소설의 판권을 출판사에 팔았다. 책이 잘 팔리자 래드클리프의 남편은 직장을 그만두었고 부부는 네덜란드와 독일을 여행했다

제임스 래깅턴이 마차에 올라타 구경꾼들을 바라보는 그림. 『성경』, 『틸로슨』, 『공동 기도문』을 오른쪽 발로 밟고, 오른팔 아래에는 『나의 회고록』이 있다. 영국박물관.

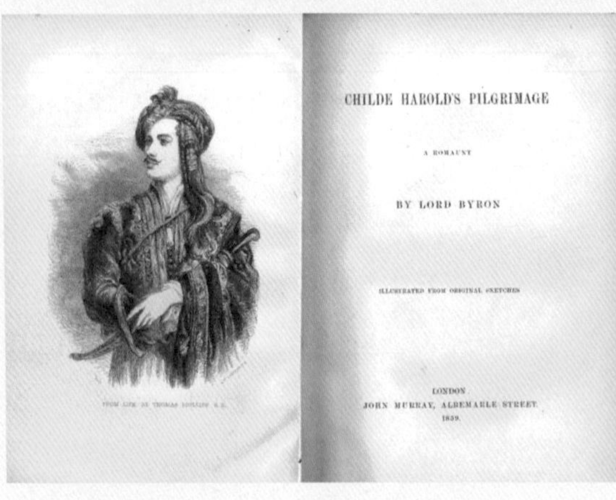
CHILDE HAROLD'S PILGRIMAGE

A ROMAUNT

BY LORD BYRON

ILLUSTRATED FROM ORIGINAL SKETCHES

LONDON
JOHN MURRAY, ALBEMARLE STREET
1859.

1859년 존 머레이가 출간한 『차일드 해럴드의 순례』 본문.
abebooks.co.uk.

고 한다. 당시 앤 래드클리프의 소설이 상업성을 확보한 건 상업적 대여 도서관이라는 안정된 유통망이 있었기 때문이다.

상업적 대여 도서관이 출판업을 겸하는 사례는 1800년대가 지나며 서서히 사라진다. 책방과 출판이 각자 전문화의 길을 걷기 시작했다는 방증이다. 가장 적절한 사례가 '존 머레이' 출판사다. 아버지의 사업을 물려받은 존 머레이 2세는 책방업과 출판을 함께 했다. 그는 제인 오스틴의 『에마』와 『노생거 사원』 그리고 바이런의 『차일드 해럴드의 순례』*Childe Harold's Pilgrimage*를 펴낸 스타 출판인이었다. 그는 1812년 런던 부유층이 살던 메이페어 알베말 스트리트 50번지로 이전하고 작가들과 오후 네 시에 모여 차를 마시는 '오후 네 시 친구'Four O'clock Friends 모임을 만들었다. 그때나 지금이나 출판 기획은 출판인이 가능성 있는 작가와 만나며 시작되는 법이다. 1812년 존 머레이 2세는 바이런의 장편 시집 『차일드 헤럴드의 순례』를 출간해 자신의 책방에 진열했는데, 단 5일 만에 매진되었다. "자고 일어나니 유명해졌다"는 바이런의 말이 여기서 나왔다. 바이런은 뭇 여성에게 환호를 받았던 문학계 최초의 아이돌이자 우상이었다. 1824년 바이런이 사망하자 존 머레이 2세는 바이런의 일기를 불태워버린 걸로 악명 높다. 사후 명성에 큰 해를 끼칠까 두려워서 그랬다는데, 그의 행보를 보면 근대적 출판인의 모습이 겹쳐진다. 특히 문학 편집자는 작가의 매니저와도 같다. 작가를 발굴하고 책을 출간할 뿐 아니라 대외 홍보를 책임진다. 이미 그가 했던 일이다. 머레이 3세는 찰스 다윈의 전담 편집자로 알려져 있다. 7대에 걸쳐 융성했던 출판사는 2002년 아셰트에 흡수되었다.

유럽 서적상들의 태동과 정착과 교류의 자취를 좇아

_런던의 플리트 거리, 프랑크푸르트 도서전

"중세시대 런던 장인들은 대부분 떠돌며 장사를 했다. 하지만 필경사와 필사본 판매자들은 세인트폴 대성당 주변에 가판대 또는 스테이션을 설치했다. 인쇄술이 들어오자 이들은 재빨리 인쇄술을 받아들였다."

구텐베르크가 1445년 납 활자를 발명하고 1450년 『42행 성경』을 금속 활자로 인쇄한 이후 유럽 여기저기에 인쇄소가 생겨났다. 구텐베르크 이전에도 지금과 같은 물성의 책이 존재했다. 양피지로 만든 필사본이든 종이를 묶은 형태든 형태는 달랐지만 어쨌든 '책'이 존재했다. 책이 있다면 당연히 판매하는 사람이 필요하다. 다만 구텐베르크 이전 서적상의 흔적을 찾기는 어렵다. 인쇄술이 등장한 이후에야 서적상의 이름이 책이라는 기록 미디어에 남기 시작한다.

윌리엄 캑스턴은 인쇄된 책을 판매한 영국 최초의 서적상이다. 캑스턴은 1476년 런던 웨스트민스터 지역에 영국 최초의 인쇄소를 세우고 초서의 『캔터베리 이야기』를 인쇄해 판매했다. 1484년에는 『이솝우화』를 영어로 최초 번역해 출판했다.

중세 런던의 장인들은 대부분 떠돌며 장사를 했다. 하지만 필경사와 필사본 판매자들은 세인트폴 대성당 주변에 가판대 또는 스테이션을 설치했다. 초기 문방구상, 서적상을 스테이셔너라고 불렀다. 스테이션은 라틴어 '움직이지 않는'stationari에 어원을 둔다. 1403년에 설립한 서적상 길드인 스테이셔너Stationer의 이름도 여기서 나왔다. 윌리엄 캑스턴이 인쇄술을 들여왔을 때, 스테이셔너들은 재빨리 인쇄술을 받아들였다. 런던 대화재 이후 1673년 세인트폴 대성당 근처에 스테이셔너

홀이 완공되었고 지금도 남아 있다.

런던의 책방 거리는 이런 이유로 세인트폴 대성당 부근의 처지 야드에서 시작되었다. 시간이 흐르며 점점 서쪽으로 이동했다. 1700년 무렵 플리트 스트리트에 인쇄업자와 신문사가 자리잡는다. 19세기 무렵 책방 거리는 런던의 서쪽 채링크로스로 확장된다. 채링크로스 인근 세실 코트에는 이보다 앞선 18세기부터 인쇄소와 서적상이 있었다.

플리트 스트리트는 신문의 거리로도 유명하다. 1702년 이곳에서 영국 최초의 일간지 『데일리 커런트』*The Daily Current*가 탄생했다. 이후 20세기까지 플리트 스트리트는 그야말로 신문의 거리였다. 서울 광화문과 시청 인근에 『동아일보』, 『조선일보』, 『한국일보』, 『중앙일보』 등 신문사들이 모여 있듯 이곳에 내로라하는 영국의 신문사가 있었다. 플리트 스트리트의 해가 저문 건 1980년 미디어 재벌 루버트 머독이 강력한 인쇄조합을 피해 『타임스』와 『선』을 이스트 런던의 와핑 지역으로 이전하면서부터다.

미국인으로 영국에 오래 살았던 빌 브라이슨은 1981년 플리트 스트리트에 있었던 『타임스』의 기업 소식란 편집부에서 일했다. 그는 공교롭게도 『타임스』가 플리트 스트리트에서 태평한 시절을 누리던 때부터 와핑으로 옮겨 허리띠를 졸라매던 시기를 동시에 겪었다. 이때의 이야기가 『빌 브라이슨의 발칙한 영국 여행』에 나온다. 꽤나 시니컬하지만 영국을 사랑하는 작가 특유의 문장으로 그 시절을 그린다. 그는 당시 영국 신문사의 과잉 인력과 부진한 생산력은 아무리 좋게 봐도 도를 넘은 수준이었다는 말로 회고한다.

영국노동운동은 긴 역사를 지닌다. 가장 빠른 산업혁명으로 자본가가 탄생했으니 당연히 노동계급이 등장했다. 이미 1830~1840년 사이에 노동자들이 차티스트 운동Chartist Movement을 통해 성인 남자의 보통선거와 일정한 재산이 있어야 의원이 될 수 있는 제한의 철폐 등을 요구했다. 1870년 즈음에 이르면 영국에서 노동조합은 거의 합법적 지위를 부여받는다.[23] 아마도 빌 브라이슨의 과장 섞인 증언은 영국 직능별 노동조합이 그만큼 막강했다는 뜻으로 해석된다.

1986년 길고 긴 겨울 동안 분노한 시위대는 사상 최대 규모로 전투적인 노동쟁의를 일으켰지만 플리트 스트리트로 돌아올 수 없었다. 인쇄조합을 피해 와핑으로 신문사를 옮겨버렸던 로버트 머독이 플리트 스트리트를 다시 찾은 적이 있다. 2016년 루퍼트 머독은 플리트 스트리트의 세인트 브라이드 교회에서 제리 홀과 결혼식을 올렸다. 세인트 브라이드 교회는 1672년 크리스토퍼 렌이 설계했지만, 1940년 런던 대공습 당시 화재로 대부분 소실되었고 재건되었다. 플리트 스트리트가 신문의 거리인 만큼 수많은 언론인이 이 교회에 드나들었고 순직한 언론인의 추모 행사도 열렸다. 그가 이곳에서 결혼식을 올린 이유까지 정확히 알 수는 없다. 하지만 신문을 탄생시켰고 영광스러운 날들을 만들었던 플리트 스트리트의 역사를 소중하게 여겼다는 것만은 분명해 보인다.

"책방의 거리 서울 종로의 역사는 1980년대까지 이어졌다. 이 당시 출판사는 아침에 주문 받은 도서를 직접 포장해 서점으로 날랐다. 그러

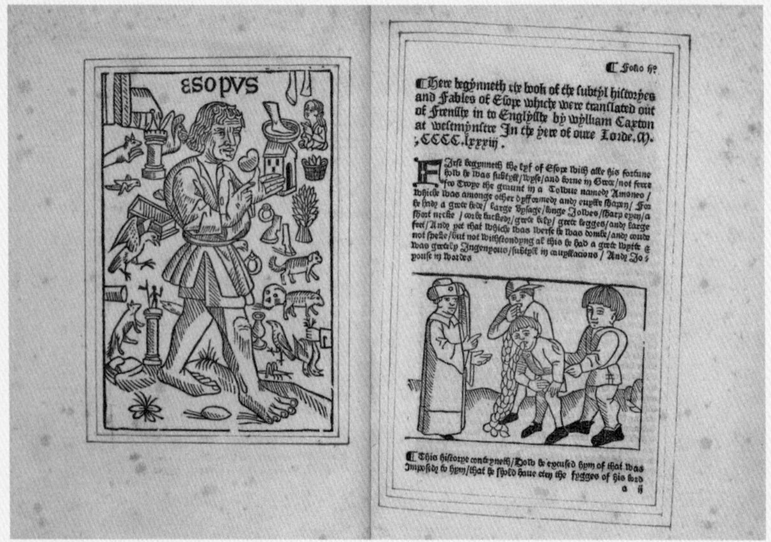

ESOPVS

Folio ij

Here begynneth the book of the subtyl historyes and Fables of Esope whiche were translated out of Frensshe in to Englysshe by wylliam Caxton at westmynstre In the yere of oure Lorde. M. CCCC. lxxxiij.

1484년 윌리엄 캑스턴이 번역 및 인쇄한 『이솝의 역사와 우화』 본문. 윈저성 왕립 도서관.

위키커먼스 AndyScott

런던 대화재 이후 1673년 완공된 스테이셔너 길드 홀 전경.

위키커먼스 Josep Renalias

2008년 플리트 스트리트.

The Daily Courant.

ADVERTISEMENT.

세계 최초의 일간지 『데일리 커런트』.

자니 응당 거래처가 가까운 종로에 출판사가 자리잡았다."

초기 영국의 인쇄서적상 중 에드먼드 컬Edmund curls이 기록에 등장한다. 서점인이 역사에 남는 경우는 크게 두 가지다. 작가의 친구가 되어 칭송을 받거나 혹은 세상에서 가장 파렴치한 장사꾼으로 비난을 받는 경우다. 에드먼드 컬은 서적상으로 엄청난 성공을 거두었으나 악덕 상행위를 저지른 냉혹한 장사꾼이라 전해진다.

1698년 에드먼드 컬은 견습생으로 7년을 보낸 뒤 주인이 파산하자 가게를 인수한다. 주머니가 가벼운 상인, 하인 혹은 견습생을 대상으로 값싼 종이에 음란한 이야기를 인쇄해 저렴한 가격으로 판매했다. 장사가 잘되자 1712년 책방을 플리트 스트리트로 이전하고 지점도 연다. 그는 외설 작품을 출간했다는 혐의로 무거운 벌금형을 자주 받았다. 당시 대표적 빈민가였던 채링크로스 거리에서 칼을 쓴 채 대중에게 돌팔매질을 당하는 수모를 겪기도 했다.

에드먼드 컬의 이름이 역사에 남은 건 여기에 더해 불법 복제와 부정확한 내용과 허구를 담은 사후 전기를 무단 출간하는 등 악명이 높았기 때문이다. 킹스칼리지의 존 바버 교수가 쓴 추도사를 본인 허락 없이 출판하거나 조나단 스위프트의 친구이자 시인인 알렉산더 포프와 아무런 상관이 없는 시들을 포프의 시로 포장해 팔았다. 길고 긴 포프와의 분쟁 덕에 에드먼드 컬은 역사에 남았다

에드먼드 컬의 책방도 플리트 스트리트에 있었다. 로마시대부터 존재했던 오래된 거리에는 처음에 고위 성직자들이 살았다. 지금도

지명에 흔적이 남아 있다. 1600년대 이곳에는 인쇄업자나 서적상 같은 사람들이 모여들었고 선술집인 펍이 생겨났다. 영국에서 가장 오래된 펍 중 하나로 1538년부터 그 자리에 있었던 '체셔 치즈'Ye Olde Cheshire Cheese가 여전히 플리트 스트리트에서 영업한다. 존 밀턴, 아서 코난 도일, 마크 트웨인 같은 작가들이 이곳의 단골이었다.

서울의 플리트 스트리트라면 단연 종로다. 일제강점기부터 조선인이 상권을 쥐고 있던 종로에 책방들이 밀집했다. "종각 가까이에 근대적 의미의 책방 '고제홍서사'(회동서관)라는 서적상이 생긴 것을 시작으로, 1900년을 전후하여 종로 사거리 남쪽과 동쪽에 덕흥서림, 동양서림, 박문서관, 영창서관 등의 책방이 생기면서 이 일대는 종로 책전거리라 불리기 시작했다. 대부분의 서점들이 출판을 겸하고 있었기 때문에 서울 사람은 물론이고 지방의 서점업자들까지 모두 종로에 와서 책을 구입해야 했다."[24] 책방의 거리 종로의 역사는 1980년대까지 이어졌다. 전남 순천에서 책방을 운영했던 강성호 작가는 『서점의 시대』에서 1981년 『조선일보』에 실린 자료를 보충해 서울 광화문과 종로 사이에 있던 서점지도를 복원했다. 이 지도에 따르면 '종로서적'은 물론이요, 강남으로 이전하기 전 '동화서적'과 '삼일서적'과 '범문사'가 광화문에서 종로2가까지 자리를 잡고 있다.

선배들에게 종로에 책방과 출판사 들이 있던 시절의 무용담을 종종 들었다. 출판유통의 기본은 대체로 이러하다. 우선 서점과 도매상이 출판사로 책을 주문한다. 출판사는 책을 보관한 창고에서 책을 출고한다. 배본사가 책을 도매상과 서점으로 배달한다. 하지만 1980년대까지 이런 방식의 출판유통물류 시스템이 갖춰지지 않았다. 방법은 오직 한 가지였다. 출판사가 아침에 주문 받은 도서를 직접 포장해 서점으로 날랐다. 자가용이 일반화되기 전의 일이다. 그러자니 응당 거래처가 가까운 종로에 출판사가 자리잡았다.

런던 플리트 스리트는 종종 대중문화 속에 등장한다. 플리트 스트리트의 번영기에 작품 활동을 한 찰스 디킨스의 소설에도, 뮤지컬과 영화에도 등장한다. 뮤지컬 「스위니 토드」는 이발사 스위니 토드가 날카로운 면도칼로 이발을 하러 온 손님을 살해하는 이야기다. 이발소 아래층의 러빗 부인은 스위니 토드가 살해한 손님의 인육으로 고기 파이를 만들어 판다. 영국에서 가장 흔하게 먹는 고기 파이를 조심하시길! 이 섬뜩하고 괴기한 이야기의 무대가 플리트 스트리트인 이유가 있다. 1760년 산업혁명으로 형성된 노동계급은 도시 빈민가로 흘러들었다. 농업사회와 달리 대도시에서는 누구 한 사람 사라져도 아무도 모를 뿐 아니라 관심조차 없다. 「스위니 토드」는 슬럼화된 도시의 이면을 자극적이지만 선명하게 보여주는 작품이다. 물론 만들어진 이야기다.

플리트 스트리트에는 인쇄 전문 컬렉션을 보유한 '브라이드 도서관'이 남아 있다. 재정이 어려워 수요일에만 잠시 문을 여는 탓에 여행자가 방문하기는 어렵다. 하지만 그 시절 플리트 스트리트에 자욱하던 인쇄 냄새를 마지막으로 증언한다.

"13세기, 이미 프랑크푸르트에서 책 시장이 열렸다. 이때 팔던 책은 인쇄본이 아닌 필사본이었다. 프랑크푸르트 책 시장의 존재는 필사본의 거래를 증명한다.”

한국 출판인들이 즐겨 찾는 국제 도서전은 봄에 열리는 이탈리아 볼로냐의 아동 도서전과 가을에 열리는 프랑크푸르트 도서전이다. 2005년 프랑크푸르트 국제 도서전과 2009년 볼로냐 아동도서전에서 한국은 주빈국으로 초청받았다. 볼로냐와 프랑크푸르트 외에도 런던, 파리, 서울 등 많은 곳에서 국제 도서전이 열린다.

도서전이 처음 시작된 곳은 프랑크푸르트다. 대략 13세기부터라고 짐작된다. 1227년 왕의 포고문에서 ‘프랑크푸르트 페어’가 공식적으로 등장한다. 1240년에는 신성로마제국 황제가 ‘장터 자유헌장’을 발표하며 프랑크푸르트 페어의 존재를 공식적으로 인가했다.

> “(…) 우리는 모든 사람이 프랑크푸르트 페어를 방문하는 데 필요한 개인적인 보호와 제국의 보호를 보장한다. 누구도 프랑크푸르트 페어를 위해 여행·왕래하는 사람들을 방해하거나 해치지 못하도록 명령하며, 감히 이를 어기는 자는 황제의 처벌을 면치 못할 것이다.”[25]

구텐베르크가 인쇄술을 발명하기 한참 전 이미 프랑크푸르트에서 책 시장이 열렸다. 이때 책 시장에서 팔던 책은 인쇄본이 아닌 필사본이었다. 프랑크푸르트 책 시장의 존재는 필사본의 거래를 증명한다.

16세기 후반이 되면 프랑크푸르트 페어는 국제적인 행사로 성장한다. 마인강과 레온하르트 교회 사이에 있는 책거리를 중심으로 봄과 가을 두 차례에 걸쳐 정기적으로 열렸다. 유럽의 전 인쇄서적상이 모여들었다. 당시 서적상은 자신이 인쇄한 책을 자신의 책방에서 팔았다. 혹은 책을 물물교환해 다른 인쇄서적상의 책을 파는 정도였다. 하지만 물물교환으로는 한계가 있으니 책을 거래하자면 이런 행사가 필요했다. 당시 인쇄서적상들은 행사장에서 전시할 책을 정하고 이를 소개하는 카탈로그를 만들었다. 프랑크푸르트 시의회는 1598년부터 박람회 공식 카탈로그를 간행했다. 1569년에는 제네바와 리옹에서도 서적상이 참여했다. "16세기 후반과 17세기 전반 시기에 프랑크푸르트 박람회는 독일어 인쇄본이 배포되는 중심지인 동시에 라틴어 책의 국제거래가 이루어지는 시장이었다."[26] 하지만 가톨릭의 정통 해석에 도전하는 책 판매를 금지하면서 프랑크푸르트 박람회는 내리막길을 걷는다. 이후 신교 서적에 관대했던 라이프치히로 인쇄서적상들이 이동했고 라이프치히 도서 시장은 19세기 중엽까지 전성기를 맞았다.

18세기 후반이 되면서 인쇄와 서적상 그리고 출판인의 전문화가 이루어졌다. 서적상은 인쇄와 출판 그리고 판매까지 모든 걸 혼자 하지 않았고, 출판인은 직접 자신의 책방에서 책을 판매하는 대신 현금 거래를 전제로 대리인에게 서적 판매를 위탁했다. 지금도 서적은 위탁 판매가 기본이다. 그렇게 보면 생산자가 제품을 직접 판매하지 않고 다른 판매인에게 맡기는 위탁 판매의 역사가 18세기로 거슬러 올라간다는 것을 확인할 수 있다.

"프랑크푸르트 도서전은 제2차 세계대전 후인 1949년에 다시 시작되어 전 세계 출판산업의 메카 역할을 해왔다. 오늘날 그 인기는 예전만 못하다. 해외의 신간 도서와 정보를 디지털 자료와 인터넷으로 확인할 수 있게 된 까닭이다."

오늘날 도매상으로 불리는 서적 유통상이 등장하자 인쇄서적상은 매번 책을 들고 박람회에 가거나 모든 재고를 떠안지 않아도 되었다. 책 박람회 없이도 어느 때나 책을 폭넓게 판매할 수 있는 길이 열렸다. 라이프치히 도서전에서는 이러한 서적 유통상이 중심 역할을 했다.

미국은 남북전쟁 이후 도매상이 성장한다. 도매상이 등장하려면 대륙 횡단 철도의 등장, 전국적 유통망과 예측 가능한 배송 시스템이라는 전제조건이 필요하다.[27] 서점 산업에서 도매상은 가장 늦게 등장했으나 매스 미디어로서 도서 산업이 발돋움하는 데 중요한 역할을 했다.

도서는 대표적인 다품종 소량생산 품목이다. 수만 종의 신간이 출간되는데, 이 많은 신간을 적시에 공급받는 일은 쉽지 않다. 1990년대 중반 이후 국내에 어린이책 전문책방이 등장했을 때도 양질의 어린이 도서를 제때 공급받는 일이 가장 문제가 되었다. 이를 위해 어린이책을 전문으로 취급하는 유통업체 '서당'이 만들어졌다는 것은 앞에서 이미 살핀 바 있다. 2015년 이후 동네책방이 생겨나며 직면한 어려움 중 하나도 역시 도서의 제때 공급이었다. 이 문제는 '교보문고'가 도매사업에 참여하며 일정 부분 해결되었다. 이뿐만 아니라 '예스24'와 '알라딘'도 동네책방과 거래하며 도매 기능을 수행하고 있다. '예스24'는 동네

위키커먼스 Arielinson

2016년 프랑크푸르트 도서전.

책방 주문을 위한 별도의 사이트를 마련, 편리한 시스템을 제공하고 있다. 특히 수도권 이외 지역에 있는 동네책방들이 주문한 도서를 주말에 받을 수 있는 장점이 있다.

책방을 합리적으로 운영하기 위해 신간을 제때 구매하는 전략은 필수적이다. 책방의 공간은 한정적이라 모든 책을 갖출 수 없다. 따라서 대부분의 책방들은 새 책이 나오면 최소 부수를 주문하고, 이후 독자의 반응을 지켜보며 필요한 만큼 추가로 주문 부수를 늘린다. 그렇게 운용을 해야만 공간을 효율적으로 활용할 수 있다. 필요한 책을 제때 받지 못하면 책을 팔 수 없다. 발을 동동 구르게 하는 일이다. 도서 유통 시스템의 합리화는 간단한 일이 아니다. 미국도 20세기까지 도서 유통 시스템이 자리를 잡지 못했다. 우리나라에서는 교통, 물류, 전산 시스템이 발전하면서 도매상이 자리를 잡을 수 있었고, 부족하나마 제때 공급이 이루어지고 있다.

프랑크푸르트 국제 도서전은 제2차 세계대전 후인 1949년에 다시 열렸다. 그뒤로 전 세계 출판산업의 메카 역할을 해왔다. 오늘날 그 인기는 예전만 못하다. 해외의 신간 도서와 정보를 디지털 자료와 인터넷으로 확인할 수 있게 된 까닭이다. 그럼에도 이탈리아 볼로냐의 아동도서전과 프랑크푸르트 도서전은 국제 도서전의 대명사다. 꼭 저작권 업무가 아니더라도 책에 관심이 있다면 한 번은 가볼 만하다. 도서전이 열리는 봄과 가을마다 우리나라 출판인들의 SNS에 이곳에 다녀왔다는 소식이 앞다퉈 올라오는 이유이기도 하다.

에필로그

여행의 종착지에서 구텐베르크를 떠올리다

구텐베르크의 인쇄술 발명 이전까지 책은 필사의 대상이었다. 책을 베껴 쓰는 작업은 강도가 매우 높은 육체 노동이었다. 한 사람의 수도사가 1년 동안 책 한 권의 필사를 다 마치지 못할 때도 많았다. 필사한 책은 가죽으로 장정하고 값비싼 보석으로 장식했다. 채색사들이 화려하게 장식을 하고 그림도 그렸다. 이런 수고를 거친, 말하자면 이렇게 값비싼 책은 그러나 인간을 위한 것이 아니었다. 신을 위한 일이었다. 한 권의 책을 필사한 후에 수도원이나 교회에 보관되면 다시 찾을 방법도 없었다. 분류 시스템도 발명되지 않았고, 저자 이름도 정확한 제목도 달지 않았기 때문이다. 다만 희귀하고 귀한 물건이니 훔쳐 가지 못하도록 엄중한 경고문을 덧붙이곤 했다.

1450년 요하네스 구텐베르크Johannes Gutenberg가 인쇄한 성경은 그때까지 유럽 지성사에서 경험해보지 못한 급진적인 변화를 가져왔다. 정작 구텐베르크는 인쇄술을 발명하고도 필사해서 만들어진 아름다운 책과 경쟁해야 했다. 책을 살 수 있는 고상하고 돈 많은 사람에게 인쇄본이 필사본만큼 아름답다는 걸 보여줘야 했다. 고심 끝에 구텐베르크가 선택한 방법은 인쇄하되 필경사들이 직접 화려한 그림을 그려넣는 방식이었다. 구텐베르크가 처음 인쇄한 『42행 성경』에도 그 흔적이 남아 있다. 인쇄본이 필사본과 경쟁한 모습이다. 구텐베르크 당대는 디지털 전환기인 요즘처럼 일종의 미디어 전환기였다. 텍스트만 인쇄한 책은 낯선 것이었다. 신기술이 상용화되는 데는 언제나 일정한 시간이 필요하다. 1445년경 인쇄술이 발명되었다고 알려져 있으나 필경사는 무려

1510년까지 60여 년이나 더 살아남았다.

서적상의 기원을 찾는 여행의 종착지에 이르렀다. 가장 마지막에 만날 사람은 구텐베르크다. 그는 프랑크푸르트 근처 마인츠의 부유한 귀족 집안에서 태어났다. 마인츠는 라인강 중류 지역의 가장 중요한 자유 도시였고, 스트라스부르크 그리고 쾰른과 경쟁 관계에 있었다. 독일 남부의 귀금속이 많이 나오는 광산 지대이기도 했다. 전문적인 보석 세공인과 금세공인들이 예식용 갑옷에 귀금속을 입혔고, 무른 금속을 다루던 숙련된 장인도 많았다. 구텐베르크 역시 지역 금세공업자가 사용하던 공정을 보고 인쇄기용 활자체를 발명하고 포도주를 압착하는 방식에서 인쇄기를 만들었을 것으로 추측한다.[01] 하지만 구텐베르크에 관한 정확한 기록은 없다. 그가 인쇄한 책에서조차 이름을 찾아볼 수 없고, 인쇄술을 발명했다는 사실마저 근대에 밝혀졌다. 마인츠에서 발견된 두 묶음의 소송 기록 덕분이다.

구텐베르크는 인쇄술을 개발하며 자금난에 빠졌고 금세공 기술자인 요한 푸스트Johann Fust에게 800굴덴을 6퍼센트의 이자로 빌렸다. 요한 푸스트는 구텐베르크의 아이디어를 보고 돈을 빌려주며 담보를 요구했다. 구텐베르크가 만든 도구, 즉 인쇄기를 담보물로 삼았다. 구텐베르크와 요한 푸스트가 차용 계약을 맺은 날이 1450년 8월 22일이다. 이 자료를 근거로 인쇄술이 발명된 시기를 1450년으로 삼는다. 하지만 이미 인쇄기를 담보로 잡았으니 그 이전에 발명한 것임을 알 수 있다.

구텐베르크 이전에도 유럽에서 인쇄술은 존재했다. 12세기부터 목판 인쇄가 이루어졌다. 이를 담당하는 이들을 인쇄업자printer라고 불렸다. 다만 목판에 새긴 활자는 마모가 쉽고 잘 부서졌으며 모든 활자를 똑같은 농도와 굵기로 찍어내기 어렵다. 구텐베르크는 목판활자에서 한걸음 더 나아가 금속활자를 이용해 인쇄하는 기술을 발명했다.

1450년 8월 요한 푸스트가 돈을 빌려주었으니 아마도 구텐베르크의 발명은 완성되었고 이를 상업화하기 위해 자금이 필요했던 것으로 짐작한다. 인쇄술이 지닌 상업성이 입증되기까지, 그러니까 인쇄술이 돈을 벌어주기까지 시간이 필요했다. 구텐베르크가 필경사를 동원해 채색한 『42행 성경』을 만들었지만, 상황이 여의치 않았다. 그는 빌린 돈을 갚지 못했고 푸스트는 1455년 11월 구텐베르크를 고소한다.

구텐베르크는 이 소송에서 패했고 계약에 따라 요한 푸스트는 담보였던 인쇄기를 소유한다. 푸스트는 구텐베르크의 조수이자 동료였던 피터 쇠퍼를 채용하고 사위로 삼아버렸다. 쇠퍼는 파리에서 필사본 채색사와 상인이 되기 위해 교육을 받았고 구텐베르크와 일할 당시 조판공이자 필경사이자 도안가로 일한 인쇄 전문가였다. 자본가 푸스트와 전문가 쇠퍼는 동업자가 되었다. 구텐베르크는 인쇄술을 발명했지만 과실을 거두지는 못했다. 푸스트와 쇠퍼는 발명가는 아니지만 수완이 좋았고, 결정적으로 인쇄술 발명으로 생긴 사업 이익을 충분히 얻었다.

푸스트와 쇠퍼는 인쇄된 책을 처음으로 판 최초의 서적상이다. 푸스트와 쇠퍼가 판매한 책에 대한 미수금을 회수하도록 도와달라는 1469년의 공증서 기록이 남아 있다.[02] 쇠퍼는 1470년 가을에 열리는 프랑크푸르트 도서전에 출간 예정 도서 목록을 광고한 최초의 출판업자다. 1475년에 그가 인쇄한 『시편』에는 정확한 출판 날짜와 인쇄업자

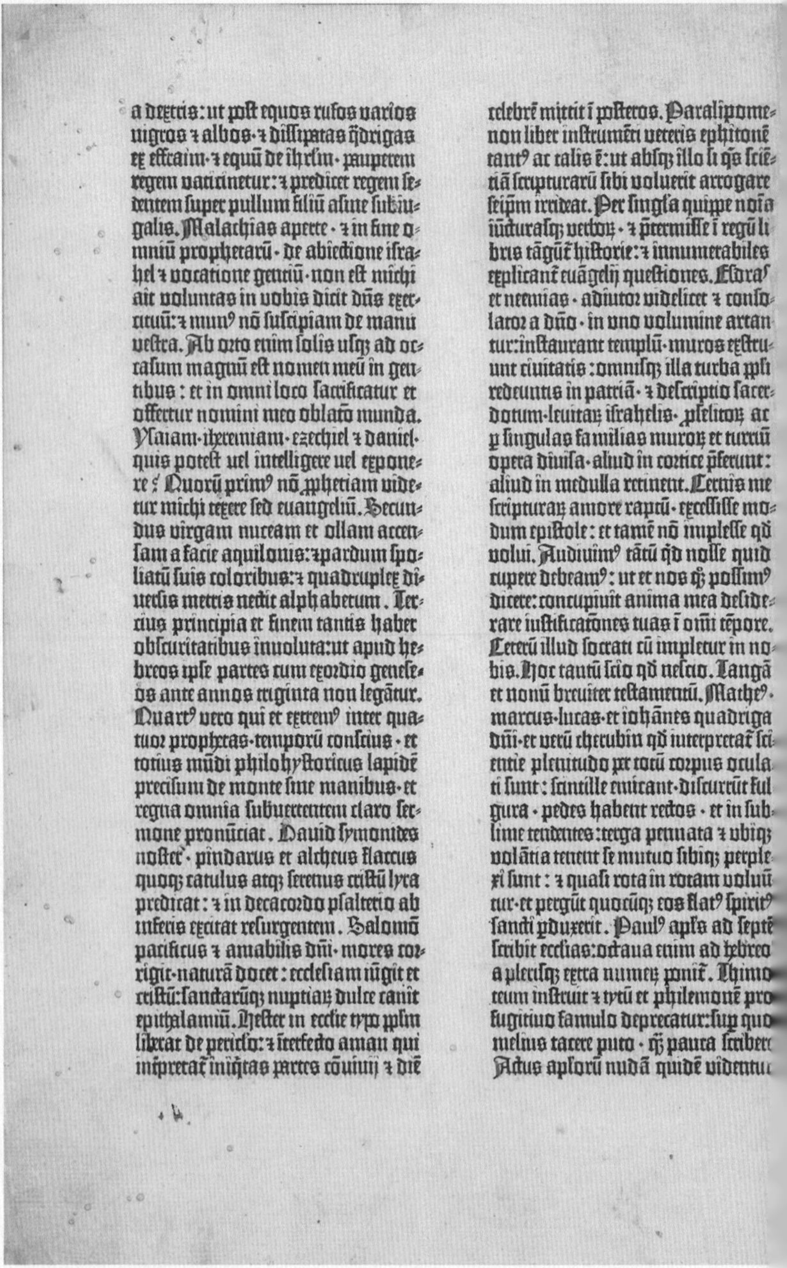

a dextris: ut post equos rufos varios
nigros ꝛ albos · ꝛ dissipatas q̄drigas
ex effraim · ꝛ equū de ihr̄lm · pauperem
regem vaticinetur: ꝛ predicet regem se-
dentem super pullum filiū asine subiu-
galis. Malachias aperte · ꝛ in fine o-
mniū prophetarū · de abiectione isra-
hel ꝛ vocatione gentiū · non est michi
ait voluntas in vobis dicit dn̄s exer-
cituū: ꝛ mun⁹ nō suscipiam de manu
vestra. Ab orto enim solis usq; ad oc-
casum magnū est nomen meū in gen-
tibus: et in omni loco sacrificatur et
offertur nomini meo oblatō munda.
Ysaiam · ihereniam · ezechiel ꝛ daniel ·
quis potest uel intelligere uel expone-
re? Quorū prim⁹ nō ꝓphetiam vide-
tur michi texere sed euangeliū. Secun-
dus virgam nuceam et ollam accen-
sam a facie aquilonis: ꝛ pardum spo-
liatū suis coloribus: ꝛ quadruplex di-
uersis metris nectit alphabetum. Ter-
cius principia et finem tantis habet
obscuritatibus inuoluta: ut apud he-
breos ipse partes cum exordio genese-
os ante annos triginta non legātur.
Quart⁹ vero qui et extrem⁹ inter qua-
tuor prophetas · temporū conscius · et
totius mūdi philohystoricus lapidē
precisum de monte sine manibus · et
regna omnia subuertentem claro ser-
mone pronūciat. David symonides
noster · pindarus et alcheus flaccus
quoq; catulus atq; serenus cristū lyra
predicat: ꝛ in decacordo psalterio ab
inferis excitat resurgentem. Salomō
pacificus ꝛ amabilis dn̄i · mores cor-
rigit · naturā docet: ecclesiam iūgit et
cristū: sanctarūq; nuptiarū dulce canit
epithalamiū. Hester in ecclie typo ppl'm
liberat de periculo: ꝛ interfecto aman qui
interpretat̄ iniq̄tas partes cōuiuij ꝛ diē

celebrē mittit ī posteros. Paralipome-
non liber instrumēti veteris epithomē
tant⁹ ac talis ē: ut absq; illo si q̄s sciē-
tiā scripturarū sibi voluerit arrogare
seip̄m irrideat. Per singla quippe noīa
iūcturasq; verborū · ꝛ ꝑtermisse ī regū li-
bris tāgūt historie: ꝛ innumerabiles
explicant̄ euāgelij questiones. Esdras
et neemias · adiutor videlicet ꝛ conso-
lator a dn̄o · in uno volumine artan-
tur: instaurant templū · muros extru-
unt ciuitatis: omnisq; illa turba ppl'i
redeuntis in patriā · ꝛ descriptio sacer-
dotum · leuitarū israhelis · ꝓselitorū ac
ꝑ singulas familias murorū et turriū
opera diuisa · aliud in cortice ꝓferunt:
aliud in medulla retinent. Cernis me
scripturarū amore raptū · excessisse mo-
dum epistole: et tamē nō implesse qd̄
volui. Audiuim⁹ tātū q̄d nosse quid
cupere debeam⁹: ut et nos q̄z possim⁹
dicere: concupiuit anima mea deside-
rare iustificatōnes tuas ī om̄i tēpore.
Ceterū illud socrati cū impletur in no-
bis. Hoc tantū scio qd̄ nescio. Tangā
et nouū breuiter testamentū. Mathe⁹ ·
marcus · lucas · et iohānes quadriga
dn̄i · et verū cherubin qd̄ interpretat̄ sci-
entie plenitudo ꝑ totū corpus ocula-
ti sunt: scintille emicant · discurrūt ful-
gura · pedes habent rectos · et in sub-
lime tendentes: terga pennata ꝛ ubiq;
volātia tenent se mutuo sibiq; perple-
xi sunt: ꝛ quasi rota in rotam voluū-
tur · et pergūt quocūq; eos flat⁹ spirit⁹
sancti ꝑduxerit. Paul⁹ ap'ls ad septē
scribit ecclias: octaua enim ad hebreo
a plerisq; extra numerū ponit̄. Thimo
teum instruit ꝛ titū et philemonē pro
fugitiuo famulo deprecatur: sup quo
melius tacere puto · q̄z pauca scribere
Actus apl'orū nudā quidē videntur

구텐베르크가 1455년경 발행한 『42행 성서』. 오늘날 우리가 마주하는 책의 시작점. 미국 모건 라이브러리.

sonare historiam et nascentis ecclesie
infantiā texere: sed si nouerim⁹ scripto-
rem eorū lucam esse medicum · cuius
laus est ī euangelio · animaduertim⁹
pariter omnia verba illius anime lan-
guentis esse medicinā. Iacobus · petr⁹ ·
iohānes · iudas · septem epistolas edi-
derunt tam misticas q̄ȝ succinctas · et
breues pariter et lōgas: breues in ver-
bis · longas in sentencijs: ut rarus sit
qui nō in earū cecutiat lectione. Apo-
calipsis iohānis tot habet sacramen-
ta quot verba. Parū dixi: ⁊ pro meri-
to voluminis laus omīs inferior est.
In verbis singulis · multiplices latent
intelligentie. Oro te frater carissime
inter hec viuere ista meditari · nil ali-
ud nosse · nichilq̄ȝ aliud querere: nōne
videtur tibi iam hic in terris regni ce-
lestis habitaculū? Nolo ut offendaris
in scripturis sanctis · simplicitate ⁊ q̄si
vilitate verboȝ: que vel vicio interp̄tū
vel de industria sic prolate sunt · ut ru-
sticam contionem facilius instruerēt:
et in vna eademq̄ȝ sententia aliter do-
ctus · aliter sentiret indoctus. Nō sum
tam petulans et hebes ut hec me nos-
se pollicear: ⁊ eorū fructus carpere ī ter-
ra quorū radices in celo fixe sunt · sed
velle fateor: sedenti me prefero: magi-
strum renuens comitem spondeo. Pe-
tenti datur: pulsanti aperietur: querēs
inuenit. Discam⁹ ī terris: quoȝ sciēcia
nobis p̄seueret in celo. Obuijs te ma-
nibȝ excipiā: ⁊ ut inepte aliquid ac de
termagore tumiditate effundā · quicq̄d
quesieris tecum scire conabor. Cap · iiij ·

Habes hic amantissimū tui fratrē
eusebiū · qui litteraȝ tuaȝ michi
gratiā duplicauit: referens honestatē
moȝ tuoȝ · ɔtemptū seculi · fidem ami-
cicie: amorem xp̄i. Nam prudenciā et
eloquiū vetustate etiā absq̄ȝ illo ipsa
epistola p̄ferebat. Festina queso te: et
herēti ī salo nauicule funem magis p̄-
scinde q̄ȝ solue. Nemo renūciaturus
seculo bene potest vendere · que cōtem-
psit ut venderet. Quicquid in sumpt⁹
de tuo tuleris: pro lucro computa. An-
tiquū dictum est. Auaro deest tam qd̄
habet: q̄ȝ quod non habet. Credenti
totus mūdus diuitiarū est. Infidelis
aūt etiā obulo indiget. Sic viuam⁹
quasi nil habentes ⁊ omnia possiden-
tes. Victus atq̄ȝ vestitus diuitie xp̄ia-
norū. Si habes in potestate rem tuā
vende: si non habes proice. Tollenti
tunicam: et pallium relinquendū est.
Nisi scilicet tu semper p̄crastinans et
diem de die trahēs caute ⁊ pedetēptim
tuas possessiunculas vendideris: non
habet xp̄s unde alat pauperes suos.
Totū deo dedit: qui se obtulit. Aposto-
li tantū nauem ⁊ retia reliquerūt: vi-
dua duo era mittit in gazophilaciū:
et p̄fertur cresi diuitijs. Facile ɔtēpnit
oīa: qui se semp cogitat esse moriturū.

Explicit ep̄la · Incipit prolog⁹ ī libris moisi

Desiderij mei desideratas
accepi litteras · qui quodā
presagio futurorū · cum
daniele sortit⁹ est nomen
obsecrantis · ut translatum in latinā
linguam de hebreo sermone pentha-
teucum nostrorū auribus traderē. Pe-
riculosum opus certe · et obtrectatorū
meoȝ latratibus patens: qui me asse-
runt ī septuaginta interp̄tum sugilla-
tionem · noua p̄ veteribus cudere · ita
ingeniū q̄si vinū probantes: cum ego
sepissime testat⁹ sim me pro vili porti-
one in tabernaclō dei offerre q̄ possint:
nec opes alteri⁹ aliorū paupertate fede-
ri. Quo ut auderem origenis me studiū

A+

174

등 서지 정보가 기록되어 있다. 그는 책의 판권 면에 발행자의 정보를 밝힌 최초의 출판 서적 인쇄상이었다.

1462년에 푸스트와 쇠퍼는 라틴어 성경을 인쇄해 판매했는데 구텐베르크의 『42행 성서』와 구별하기 위해 『48행 성서』라고 부른다. 푸스트-쇠퍼의 인쇄소는 100여 년 동안이나 지속되었다. 두 사람은 "구매자의 욕구와 교양을 고려해 출간 목록을 정하고, 독일뿐 아니라 외국에도 지점을 설립하고, 프랑크푸르트 도서전을 방문하고, 광고를 통해 출판물 목록을 대중에게 알리고 불법 복제를 통해 경쟁자에게 손해를 입히는" 방식으로 사업을 지속했다.

구텐베르크의 인쇄술 발명은 인류사에 큰 영향을 미쳤다. 파장이 어마어마했다. 특히 종교개혁과 맞물려 근대 시민사회를 불러왔다. 1517년 마르틴 루터는 성서에 존재하지 않는 면죄부를 인쇄해 판매하는 일을 공개적으로 비판했다. 이때 그가 무기로 삼은 미디어는 '말'(설교)이 아니라 '텍스트'(독일어로 쓰인 인쇄물)였다. 당시 학자들은 라틴어를 사용했지만, 루터는 독일어로 작성된 서신, 벽보, 전단, 소책자 등 인쇄물을 활용했다. "1520년 독일어로 쓴 루터의 『독일 귀족에게 고함』은 4,000부를 인쇄했는데 불과 닷새 만에 중쇄를 찍었다. 이후 2년 동안 무려 15쇄를 발행했다. 1518~1535년 사이에 출간된 독일어 서적의 3분의 1 이상이 루터 저서였고, 당시 독일 인쇄소 70곳 중에서 45군데가 루터 저서를 집중적으로 출간했다."[03] 종교개혁은 구텐베르크의 인쇄술 발명 때문에 가능했다고 한다. 루터는 말이 아닌 인쇄된 문자 미디어를 적극적으로 활용해 자신의 주장을 펼쳤다. 인쇄술과 함께 중세는 몰락하고 근대가 출현했다.

영국에서도 인쇄술은 청교도혁명을 만나 폭발한다. 1649년 찰스 1세는 사형 선고를 받고 도끼에 목이 잘려나간다. 당시 대중을 상대로 설교를 하려면 성직자 신분이어야 했다. 의회에서 발언하려면 의원 신분이 필요했다. 혁명가이자 종교개혁가였던 존 밀턴은 그 어느 쪽도 아니었다. 하지만 가능했다. 글을 써서 정치 팸플릿을 인쇄해 발행할 수 있었기 때문이었다.

밀턴이 활약하던 17세기 아직 일간 신문이나 월간지는 등장하지 않았다. 대신 자신의 의견을 피력할 수 있는 얇은 소책자 팸플릿을 출간하는 일이 활발했다. 팸플릿을 출간하고 판매하는 건 당연히 인쇄서적상의 일이었다. 밀턴의 친구 조지 타머슨George Thomason은 이 시기에 발간된 팸플릿 출판물을 20여 년 간 수집했다.[04] 그가 모은 팸플릿은 무려 2만 2천 권에 달하며 영국도서관에 소장되어 있다. 영국 청교도혁명 이후 왕당파와 개혁파가 치열하게 대립하는 시기, 정치 팸플릿을 인쇄하고 배포할 수 있었던 것도 구텐베르크의 인쇄술 발명 덕분이다. 비단 영국만 그런 게 아니다. 1789년 프랑스대혁명 시기에도, 1980년대 독재 정권에 맞선 한국에서도 불법 유인물을 만들어 배포했다.

구텐베르크의 인쇄술은 유럽 사회를 떠받친 구술 사회를 무너뜨렸다. 많은 지식을 암기하던 노인을 존경하는 대신 지식이 담긴 책이 추앙 받았다. 종교혁명을 일으킨 신교도는 노동과 절약을 강조했고 물질적 성공을 장려했다. 푸스트와 쇠퍼 이후 빠르게 등장한 인쇄서적상은

영국의 오래된 도서관 풍경. 머나먼 그때로부터,
즉 구텐베르크로부터 말미암은 풍경. 위키미디어.

유능한 상인이자 최초의 자본주의식 벤처 사업가였다. '인쇄업자는 투자자를 찾고 공급과 노동자를 조직하고 생산계획을 짜고 글을 읽을 수 있는 조수를 고용하고 인쇄된 책이 판매될 시장을 분석하는 일련의 경제 활동이 필요했다. 똑같은 일을 하는 경쟁자들이 많았고 비싼 설비 구매에 따르는 자본상의 위험을 감수해야' 했기 때문이다.[05]

유럽 사회는 인쇄된 책을 통해 지식과 사실을 공유하며 과학의 시대를 맞는다. 내전 혹은 혁명의 시기, 수많은 팸플릿이 인쇄되었고 이를 통해 의회 민주주의와 공화정을 만들어냈다. 산업혁명 이후에는 중산층이 등장하며 자발적으로 대중 독자가 성장했다. 바야흐로 현대적 의미의 독자와 출판 그리고 서점업이 모습을 갖춰나갔다. 이렇게 하여 20세기는 책과 책방의 시대라 불려도 좋은 시기였다. 20세기 사람들은 취미를 물으면 흔히 '독서'라고 답했다. 독서가 대중의 고상한 취미로 자리를 잡았다. 독자들은 길모퉁이에 있는 책방을 즐겨 찾았고, 서점에 긴 줄을 서는 일도 흔했다.

디지털 변혁기 앞에 서 있는 오늘날 책방의 사정은 많이 달라졌다. 앞으로 책과 서점의 미래가 밝다고 말할 수는 없는 것이 현실이다. 그렇다고 해서 책과 서점이 아예 사라질까? 그럴 리가 없다. 다만 지금껏 서점의 역사에서 살폈듯, 개인 서가가 등장하고, 공공도서관이 생겨나고, 대형 체인 서점이 탄생하는 것처럼 유통망과 문화적 환경이 변하면 책을 둘러싼 문화도 변하고 중심도 이동한다.

워낙 우리를 둘러싼 책과 책방의 환경이 척박하고, 서점 운영이 쉽지 않으니 다른 나라를 예로 들어 단순 비교하며 부러워할 때도 있다.

하지만 나는 이 책에서 유럽의 책방을 단순하게 소개하거나 찬양하고 싶지는 않았다. '기원을 아는 것이 사물의 이치를 이해하는 최상의 방법이다'라고 말한 신경 인류학자 테렌스 디콘의 말처럼 지금이야말로 책방이 어떤 길을 걸어 왔는지 정확히 알아야 할 때라고 생각했다. 이런 이유로 시작이야 소박했지만 유럽 책방을 살피겠다는 계획은 결국 인쇄술의 탄생으로 거슬러 올라가 끝을 맺을 수밖에 없었다. 유럽의 책방을 살피는 여정을 단지 아름다운 책방을 만나고 그 공간에 감탄하는 데서 끝낼 수는 없었기 때문이다.

오늘날 유럽의 책방 문화를 제대로 이해하려면 결국 인쇄서적상의 역사를 살피는 수밖에 없었다. 유럽 사회 곳곳에 배어 있는 책과 책방의 역사는 짧게 잡아도 500여 년이다. 이 기간 동안 꾸준히 만들어진 이 사회의 책방 문화에는 보이지 않는 역사와 맥락이 자리를 잡고 있었다. 독서와 책방 문화의 역사를 더듬고 있노라면 상대적으로 우리에게 무엇이 부족했는지 짐작할 수 있다. 또한 디지털 변혁기의 아날로그 책방이 가야 할 길도 엿볼 수 있다. 유럽 책방을 만나고 그들이 걸어온 길을 살피는 이유는 그러므로 오늘의 책방이 가야 할 길을 제대로 바라보고, 한 걸음 한 걸음 내일의 책방을 향해 나아가고, 우리가 함께 만들어 가자는 뜻이다. 내가 찾은 모든 책방에는 그 사회가 쌓아온 역사와 문화가 뿌리를 내리고 있었다. 책방은 만들어지는 것이 아니라 만들어가는 것이었다.

주

책을 펴내며

01. 박수철, 「전국시대, 총과 은 이야기」, 『일본사 시민강좌』, 연립서가, 2024.

제1부. 아름다운 도시를 만드는 아름다운 책방 문화

01. 채링크로스의 '마크스'가 문을 닫은 1970년대에 접어들면서 '왓킨스'의 사정도 어려워졌다. 임대료가 치솟고 경쟁이 심화되면서 책방을 지속하는 게 불가능해졌다. 결국 책방은 미국 '오컬트' 출판사에게 매각되었고 새로운 자금이 들어오면서 '왓킨스'는 한 차례 변화를 겪었다. 우선 지하실을 책방 공간으로 넓혔고, 전산화를 도입했다. 주력 분야인 마음과 정신을 다룬 책에 더해 몸에 관한 책들을 추가했다. 2010년 '아마존' 같은 온라인서점이 무섭게 성장했고, 영국의 도서정가제가 폐지되면서 '왓킨스' 같은 독립서점은 큰 타격을 입었다. 세실 코트에 갤러리를 소유하고 있던 미국인 에탄 일펠드가 '왓킨스'를 인수했는데, 영화감독이자 『마인드 바디 스피릿』*Mind Body Spirit*의 편집장인 그는 영성에 관심이 많았다. 이후 '왓킨스'는 유튜브 채널과 온라인서점을 운영하며 독자를 전 세계로 넓혔다.
02. 최원형, 「완벽한 귀」, 『한겨레신문』, 2024. 3. 15.
03. 박지향, 『클래식 영국사』, 김영사, 2012.
04. 「여행자를 위한 문화공간, 타임머신 타고 중세 도서관 온 듯」, 『광주일보』, 2017. 12. 25.
05. 「Amazon doesn't care about books': how Barnes & Noble bounced back」, 『가디언』, 2023. 4. 15.
06. 젠 켐벨 지음, 조동섭 옮김, 『북숍 스토리』, 아날로그, 2017.
07. 「The Bookselling Secrets of London's Daunt Books」, Publishing Perspectives, 2010.
08. 로라 J. 밀러 지음, 박윤규 · 이상훈 옮김, 『서점 대 서점』, 한울(한울아카데미), 2014.
09. 「Barnes & Noble Sets Itself Free」, 『뉴욕타임즈』, 2023. 10. 17.
10. 「여행자를 위한 문화공간, 타임머신 타고 중세 도서관 온 듯」, 『광주일보』, 2017. 12. 25.
11. 「A life in books: Tim Waterstone」, 『가디언』, 2010. 9. 8.
12. 박정윤, 「파리 시의 중소상업 및 수공업 보호 정책」, 『세계와 도시』 3호.
13. 「GRIDAUH Fiche 4. Ecriture du PLU : PLU ET COMMERCE.」, 2012. 10. 24.
14. 손진석, 「135년 만에 문 닫은 파리의 서점」, 『조선일보』, 2021. 4. 20.
15. 문보배, 「프랑스의 서점 마케팅 - 고객을 끌어들이는 몰라 서점」, 『기획회의』 419호, 2016. 7. 5.
16. 로랑 카르팡티에, 「보르도 몰라-팬데믹에 살아 남는 법」, 『르몽드』, 2022. 2. 17.

17. 백원근, 『도서정가제가 없어지면 우리가 읽고 싶은 책이 사라집니다』, 한국출판인회의, 2020.

18. 백원근, 「도서정가제 '합헌' 결정과 독서 생태계 발전」, 『한겨레』, 2023. 8. 12.

19. 미셸 게랭, 브리짓 살리노, 「1980년대 좌파 집권과 '문화적 예외' 시대」, 『르몽드』, 2021. 5. 12.

20. 미셸 게랭, 브리짓 살리노, 「1980년대 좌파 집권과 '문화적 예외' 시대」, 『르몽드』, 2021. 5. 12.

21. 홍세화, 『쎄느강은 좌우를 나누고 한강은 남북을 가른다』 개정판, 한겨레출판, 2008.

22. Adrian Bullock, Chris Jennings and Nicola Timbrell, *A Dictionary of Publishing*, OUP Oxford, 2019. NBA는 1899년 영국 출판사 협회와 영국*아일랜드 책 판매자들 사이에 만들어진 재판매가격유지 협약이다. 출판사가 정한 가격에 책을 판매하며, 이보다 더 낮은 가격으로 판매하는 책 판매자는 더 이상 출판사로부터 책을 공급 받지 못하게 했다. 교육용이나 학술서는 NBA에서 제외되었다. 그러나 1991년 '딜런스'와 '워터스톤스'가 할인된 가격에 책을 판매하기 시작했고, 1995년에 몇몇 주요 출판사들은 NBA에서 탈퇴하기로 결정했다. 1997년 3월에 법원은 NBA가 공익을 위한 것이 아닌 제한적인 행위이므로 불법이라고 판결했다.

23. 미국이나 영국 등은 출판사가 정한 권장 소매 가격에 따르지 않고 서점에서 얼마든지 자유롭게 가격을 할인해 판매할 수 있다. 생산자가 제품을 유통업자에게 넘긴 뒤 유통업자가 소비자에게 판매하는 단계를 재판매 단계라고 부른다. 이때 제조업자가 정한 가격을 지키는 일을 재판매가격 유지라고 한다. 하지만 자본주의는 재판매가격 유지를 금한다. 제조업자가 도매나 소매 가격을 정해 권장할 수는 있으나 강제할 수는 없다는 게 원칙이다. 유통 단계에서 자유 경쟁을 제한한다는 이유 때문이다. 재판매가격 유지는 일종의 가격 담합이 될 여지가 많고, 제조업체 간의 경쟁을 제한한다. 따라서 소비자가 더 싼 가격에 구매할 수 있는 선택을 제한한다는 이유 때문이다. '독점규제 및 공정거래에 관한 법률'이 시행되며 전 세계에서 정가제는 폐지되었다. 다만 예외적으로 재판매가격을 인정할 수는 있다. 신문이나 도서 판매가 그렇다. 물론 도서의 재판매가격을 유지할 것이냐 말 것이냐는 각 나라의 상황에 따라 미묘하게 다르다.

24. 박지향, 『영국적인, 너무나 영국적인』, 기파랑(기파랑에크리), 2006.

25. 이상빈, 『나의 프랑스』, 아트제, 2021.

제2부. 영원히 마르지 않는 콘텐츠의 발신처, 동네책방

01. 어니스트 헤밍웨이 지음, 주순애 옮김, 『파리는 날마다 축제』, 이숲, 2012.

02. 제레미 머서 지음, 조동섭 옮김, 『시간이 멈춰선 파리의 고서점 - 셰익스피어&컴퍼니』, 시공사, 2008.

03. 실비아 비치 지음, 박중서 옮김, 『셰익스피어&컴퍼니』, 뜨인돌, 2007.

04. 이광주, 『담론의 탄생』, 한길사, 2015.

05. 이광주, 『담론의 탄생』, 한길사, 2015.

06. 『르몽드』, 2023. 7. 4.
07. 정희원, 「'북쪽의 아테네'에서 꽃핀 스코틀랜드 계몽주의」, 『18세기 도시』, 문학동네, 2018.
08. 신병주, 「별별 이야기가 모이던 곳! 서울에 생긴 근대 서점들」, 내 손 안의 서울, mediahub.seoul.go.kr.
09. 김영수, 「'종로서적' 추억 속으로 저물다」, 『주간동아』, 2002.
10. 연간 최소 10파운드의 임대료를 지불하는 남성이나 10파운드 상당의 토지를 소유한 모든 사람에게 투표권이 주어졌고 이를 1884년 국민 대표법이라 한다. 물론 여성에게 투표권이 주어지려면 한참 더 시간이 필요하다.
11. 천정환, 『근대의 책 읽기』, 푸른역사, 2014.
12. regrom.com/2015/11/06/regency-hot-spots-bookseller-shops-and-the-subscription-library/
13. https://lahilden.com/circulating-libraries-in-regency-england/
14. 왕실에 바치는 상납금을 뜻하는 겔드geld로부터 비롯한 말이다.
15. 미셸 리, 『런던 이야기』, 추수밭, 2015.
16. 뤼시앵 페브르·앙리 장 마르탱 지음, 강주헌·배영란 옮김, 『책의 탄생』, 돌베개, 2014.
17. 강성호, 『서점의 시대』, 나무연필, 2022.
18. 젠 켐벨 지음, 조동섭 옮김, 『북숍 스토리』, 아날로그, 2017.
19. 윤형두, 『한 출판인의 자화상』, 종합출판범우, 2011.
20. https://www.paris.fr/pages/les-bouquinistes-et-paris-histoire-d-amour-en-majuscules-7886
21. 캐서린 포터, 올림픽 동안 철수가 유예된 파리 센강의 서점들, 『뉴욕타임스』 2024. 2. 14.

제3부. 동네책방은 지역을 어떻게 빛나게 하는가

01. 헨리 페트로스키 지음, 정영목 옮김, 『서가에 꽂힌 책』, 지호, 2001.
02. 위그타운 책방 홈페이지 https://www.wigtown-booktown.co.uk/bookshops/
03. 19개 지역은 이스트잉글랜드, 아일랜드, 런던, 미들랜드, 북잉글랜드, 스코틀랜드, 사우스이스트 잉글랜드, 남서부 잉글랜드, 웨일스 등으로 나뉜다.

제4부. 책이 있는 세상의 더 깊은 세계 속으로

01. 존 스펜스 지음, 송정은 옮김, 『제인 오스틴』, 추수밭, 2007.
02. 박상익, 『밀턴 평전』, 푸른역사, 2008.
03. 뤼시앵 페브르·앙리 장 마르탱 지음, 강주헌·배영란, 『책의 탄생』, 돌베개, 2014.
04. 허미경, 「세계문학전집 '제2의 전성기'」, 『한겨레신문』, 2010. 1. 11.

05. 한기호, 『열정시대』, 교양인, 2006.

06. https://www.measuringworth.com

07. 남편 퍼시 셸리가 죽고 나서 메리 셸리는 엄청난 부자였던 시아버지 티모시 셸리로부터 퍼시 셸리에 관한 회고록이나 글을 절대 쓰지 않는다는 조건으로 용돈을 받았다. 1846년 시아버지가 세상을 떠난 뒤 아들이 유산을 물려받고 나서야 그의 형편은 나아졌다.

08. 장정희, 『빅토리아 시대 출판문화와 여성 작가』, 동인, 2011.

09. 낸시 암스트롱 지음, 오봉희 · 이명호 옮김, 『소설의 정치사』, 그린비, 2020.

10. 서당은 1993년 설립되었다. 전국 어린이 전문 책방으로 책을 공급했으며 책 선별과 연령별 도서목록 등을 제공했다. 2023년 폐업했다.

11. 강정아 대표는 오랜 암 투병 끝에 2023년 세상을 떠났다.

12. '책과 아이들'이 지나온 25년의 기록은 이화숙이 묻고 강정아가 답한 내용을 엮어 쓴 『서점은 내가 할게』(빨간집, 2022)를 통해 만날 수 있다.

13. 골드스미스는 『웨이크필드의 교구 목사』*The Vicar of Wakefield*에서 프림로즈 박사가 뉴베리의 도움을 받은 이야기를 담았다. "한 여행자가 서둘러 간단한 요기를 하려고 멈췄다. 이 사람은 세인트 폴스 처치야드의 인정 많은 서적상으로, 어린이를 위해서 작은 책들을 많이 썼다. 그는 자기를 어린이들의 친구라고 말했지만 사실은 온 인류의 친구였다."

14. 기타노 사쿠코 지음, 임윤정 옮김, 『아름다운 영국의 시골길을 걷다』, 북노마드, 2009.

15. https://measuringworth.com/index.php 현재 돈의 가치로 계산해주는 사이트 참고.

16. 이민희, 『18세기의 세책사』, 문학동네, 2023.

17. 고재현, 「유리의 재발견1: 천의 얼굴을 가진 유리」, 호리즌, 고등과학원, 2021, horizon.kias.re.kr.

18. 존 핍킨, 「우리가 알고 있는 서점을 발명한 사람」, lithub.com, 2016.

19. 박맹호, 『책』, 민음사, 2012.

20. '체담' 도서관은 사전 예약을 통해 월~금 09:00~12:30, 13:30~16:30에 독자들에게 무료로 개방된다. 방문객을 위한 도서관 투어는 도서관 홈페이지를 통해 온라인으로 예약할 수 있다.

21. 마르크스와 엥겔스가 만나던 창가의 테이블에는 두 사람이 공부한 경제학 서적 복사본이 놓여 있다. 도서관에서 두 사람이 수행한 연구는 『공산당 선언』으로 이어진다.

22. 정병설, 『조선시대 소설의 생산과 유통』, 서울대학교출판문화원, 2016.

23. 박지향, 『클래식 영국사』, 김영사, 2012.

24. 「우리가 만나던 그곳, 종로서적」, 공평도시유적전시관, 2023. 7. 21.~2024. 3. 17.

25. 육영수, 「프랑크푸르트 국제도서 박람회의 어제와 내일」, 한국학중앙연구원 no.44. 2020.

26. 뤼시앵 페브르 · 앙리 장 마르탱 지음, 강주헌 · 배영란 옮김, 『책의 탄생』, 돌베개, 2014.

27. 로라 J. 밀러 지음, 박윤규 · 이상훈 옮김, 『서점 대 서점』, 한울(한울아카데미), 2014.

에필로그

01. 김명진, 『세상을 바꾼 기술, 기술을 만든 사회』, 궁리, 2019.
02. 프리드리히 카프 지음, 최경은 옮김, 『독일의 인쇄와 서적거래의 역사』, 한국문화사, 2020.
03. 베르너 파울슈티히 지음, 황대현 옮김, 『근대 초기 매체의 역사』, 지식의 풍경, 2007.
04. 박상익, 『밀턴 평전』, 푸른역사, 2008.
05. 제임스 버크 지음, 장석봉 옮김, 『우주가 바뀌던 날 그들은 무엇을 했나』, 지호, 2000.

참고문헌

강성호, 『서점의 시대』, 나무연필, 2022.
강정아 · 이화숙, 『서점은 내가 할게』, 빨간집, 2022.
고재현, 「유리의 재발견1: 천의 얼굴을 가진 유리」, 호리즌, 고등과학원, 2021, horizon.kias.re.kr.
권재원, 『반전이 있는 유럽사 1-2』, 다른, 2019.
기타노 사쿠토 지음, 임윤정 옮김, 『아름다운 영국의 시골길을 걷다』, 북노마드, 2009.
김규원, 『마인드 더 갭 - 오래된 런던에서 새로운 서울을 상상하다』, 이매진, 2012.
김명진, 『세상을 바꾼 기술, 기술을 만든 사회』, 궁리, 2019.
낸시 암스트롱 지음, 오봉희 외 옮김, 『소설의 정치사』 그린비, 2020.
노명식, 『프랑스 혁명에서 파리 코뮌까지, 1789~1871』 책과함께, 2011.
로라 J. 밀러 지음, 박윤규 · 이상훈 옮김, 『서점 대 서점』, 한울, 2014.
로버트 파우저, 『도시독법』, 혜화1117, 2024.
루이스 버즈비 지음, 정신아 옮김, 『노란 불빛의 서점』 , 문학동네, 2009.
뤼시앵 페브르 · 앙리 장 마르탱 지음, 강주헌 · 배영란 옮김, 『책의 탄생』, 돌베개, 2014.
리처드 부스 지음, 이은선 옮김, 『헌책방 마을 헤이온와이』, 씨앗을뿌리는사람, 2003.
마르타 맥도웰 · 베아트릭스 포터 지음, 김아림 옮김, 『베아트릭스 포터의 정원』 남해의봄날, 2019.
메리 울스턴크래프트 지음, 문수현 옮김, 『여성의 권리 옹호』 , 책세상, 2011.
미셸 리, 『런던 이야기』, 추수밭, 2015.
박맹호, 『책』, 민음사, 2012.
박상익, 『밀턴 평전』, 푸른역사, 2008.
박지향, 『영국적인, 너무나 영국적인』, 에크리, 2006.
______, 『클래식 영국사』, 김영사, 2012.
백원근, 『도서정가제가 없어지면 우리가 읽고 싶은 책이 사라집니다』, 한국출판인회의, 2020.
버지니아 울프 지음, 이미애 옮김, 『자기만의 방』, 민음사, 2006.
베르너 파울슈티히 지음, 황대현 옮김, 『근대 초기 매체의 역사』, 지식의 풍경, 2007.
베아트릭스 포터 지음, 황소연 옮김, 『피터 래빗 전집』, 민음사, 2018.
벤 윌슨 지음, 박수철 옮김, 『메트로폴리스』, 매일경제신문사, 2021.
빌 브라이슨 지음, 박여진 옮김, 『발칙한 영국 산책』, 21세기북스, 2016.
셰익스피어앤드컴퍼니 발간, '셰익스피어앤드컴퍼니' 안내 팸플릿.
숀 비텔 지음, 김마림 옮김, 『서점 일기』, 여름언덕, 2021.

______ 지음, 이지민 옮김, 『귀한 서점에 누추하신 분이』 책세상, 2022.
실비아 비치 지음, 박중서 옮김, 『셰익스피어&컴퍼니 - 세기의 작가들이 사랑한 파리 서점 이야기』. 뜨인돌, 2007.
알레산드로 마르초 마뇨 지음, 김정하 옮김, 『책공장 베네치아 - 16세기 책의 혁명과 지식의 탄생』, 책세상, 2015.
어니스트 헤밍웨이 지음, 주순애 옮김, 『파리는 날마다 축제』, 이숲, 2012.
에드먼드 포셋 지음, 장경덕 옮김, 『보수주의』, 글항아리, 2024.
윌리엄 고드윈 지음, 박민정 옮김, 『질문하는 법』, 유유, 2020.
윤형두, 『한 출판인의 자화상』, 범우사, 2011.
이광주, 『교양의 탄생』, 한길사. 2009.
______, 『담론의 탄생』, 한길사, 2015.
______, 『동과 서의 차 이야기』 한길사, 2002.
이민희, 『18세기 세책사』, 문학동네, 2023.
이상빈, 『나의 프랑스』, 아트제, 2021.
이식 · 전원경, 『영국, 바꾸지 않아도 행복한 나라』, 리수, 2007.
이재석 외, 『일본사 시민강좌』, 연립서가, 2024.
장정희, 『빅토리아 시대 출판문화와 여성 작가』, 동인, 2011.
정병설, 『조선 시대 소설의 생산과 유통』, 서울대학교출판문화원, 2016.
정수복, 『책인시공 - 책 읽는 사람의 시간과 공간』, 문학동네, 2013.
정희원, 『18세기 도시』, 문학동네, 2018.
제레미 머서 지음, 조동섭 옮김, 『시간이 멈춰선 파리의 고서점 - 셰익스피어&컴퍼니』, 시공사, 2008.
제임스 버트 지음, 장석봉 옮김, 『우주가 바뀌던 날 그들은 무엇을 했나』, 지호, 2000.
젠 캠벨 지음, 조동섭 옮김, 『북숍스토리』, 아날로그, 2017.
존 스펜스 지음, 송정은 옮김, 『제인 오스틴』, 추수밭, 2007.
천정환, 『근대의 책 읽기』, 푸른역사, 2014.
최은, 『제인 오스틴 무비 클럽』, 북인더갭, 2021.
프리드리히 카프 지음, 최경은 옮김, 『독일의 인쇄와 서적거래의 역사』, 한국문화사, 2020.
하비 피카 · 에드 피스커 지음, 김경주 옮김, 『비트 제너레이션』, 1984, 2016.
한기호 외 ,『Book PEDeM 01 – 어린이책』, 한국출판마케팅연구소, 2002.
한기호, 『열정시대』, 교양인, 2006.
헬렌 한프 지음, 이민아 옮김, 『채링크로스 84번지』, 궁리, 2021.
홍세화, 『쎄느강은 좌우를 나누고 한강은 남북을 가른다』, 한겨레출판사, 2013.

Alex Johnson, *Book Towns: Forty-Five Paradises of the Printed Word*, Frances Lincoln, 2018

Emily Cope, *The Book Lover's Guide to Paris*, White Owl, 2022.
Julie E. Bounford , *This book is about heffers*, Gottahavebooks , 2016
Louise Boland *Bookshop Tours of Britain*, Fairlight Book, 2020.
Penny Mountain, *Foyles: a celebration*, W.& G. Foyle Ltd, 2003.

유럽 동네책방 목록

(순서 : 서점명 | 주소 | 홈페이지 | 인스타그램, 또는 페이스북 | 본문 수록 위치)

<ㄱ>

거울 나라의 앨리스 Alice Through the Looking Glass | 14 Cecil Ct, London WC2N 4HE, 잉글랜드 | http://www.alicelooking.co.uk | @alicethroughthelookingglass1 | 1부

걸프 픽션 Gulp fiction | Unit 28, 29 Covered Market, Oxford OX1 3DU, 잉글랜드 | https://gulpfictionbooks.com | @gulpfictionbooks | 2부

골든헤어북스Golden Hare Books | 68 St Stephen St, Edinburgh EH3 5AQ, 스코틀랜드 | https://goldenharebooks.com | @goldenharebooks | 2부

골즈버러Goldsboro Books | 23-27 Cecil Ct, London WC2N 4EZ, 잉글랜드 | https://www.goldsborobooks.com | @goldsborobooks | 1부

그리핀 북스 Griffin Books | 9A Windsor Rd, Penarth CF64 1JB, 웨일스 | https://www.griffinbooksonline.co.uk | @griffinbooksuk | 3부

글래드스턴 도서관 Gladstone's Library | Church Lane, Hawarden, Flintshire CH5 3DF, 웨일스 | https://www.gladstoneslibrary.org | @gladlib | 2부

기노쿠니야 신주쿠 본점紀伊國屋書店 新宿本店 | 3 Chome-17-7 Shinjuku, Shinjuku City, Tokyo 160-0022, 일본 | https://store.kinokuniya.co.jp/store/shinjuku-main-store | 1부

<ㄷ>

더 북숍the bookshop | 17 N Main St, Wigtown, Newton Stewart DG8 9HL, 스코틀랜드 | https://www.the-bookshop.com | facebook.com/thebookshopwigtown | 3부

도미니카넌Boekhandel Dominicanen | Dominicanerkerkstraat 1, 6211 CZ Maastricht, 네덜란드 | https://libris.nl/dominicanen | @boekhandel_dominicanen | 3부

돈트북스-말로북숍 The Marlow Bookshop | 22-24 Spittal Street, Marlow, Buckinghamshire SL7 1DB, 잉글랜드 | https://marlowbookshop.co.uk | @marlowbookshop | 1부

돈트북스-벨 사이즈 파크 Daunt Books Belsize Park | 193 Haverstock Hill, London NW3 4QL, 잉글랜드 | https://dauntbooks.co.uk/shops/belsize-park | 1부

돈트북스-아울북숍 Owl Bookshop | 207-209 Kentish Town Road, Kentish Town, London NW5 2JU, 잉글랜드 | http://owlbookshop.co.uk | @owl.bookshop | 1부

돈트북스-옥스퍼드 서머 타운 Daunt Books Summertown | 247-249 Banbury Road, Summertown, Oxford, OX2 7HN, 잉글랜드 | https://dauntbooks.co.uk/shops/summertown | 1부

돈트북스-칩 사이드 Daunt Books Cheapside | 61 Cheapside, London EC2V 6AX, 잉글랜드

| https://dauntbooks.co.uk/shops/cheapside | 1부

돈트북스-하츠북스 Hart's Books | 26 King Street, Saffron Walden, Essex CB10 1ES, 잉글랜드 | https://hartsbooks.co.uk | @hartsbooks | 1부

돈트북스-햄프 스테드 Daunt Books Hampstead | 51 South End Road, London NW3 2QB, 잉글랜드 | https://dauntbooks.co.uk/shops/hampstead | 1부

돈트북스-홀랜드 파크 Daunt Books Holland Park | 112-114 Holland Park Avenue, London W11 4UA, 잉글랜드 | https://dauntbooks.co.uk/shops/holland-park/ | 1부

돈트북스Daunt Books | 84 Marylebone High St, London W1U 4QW, 잉글랜드 | https://www.dauntbooks.co.uk | @dauntbooks | 1부

<ㄹ>

라이트하우스lighthous | 43- 45 West Nicolson Street, Edinburgh EH8 9DB, 스코틀랜드 | https://www.lighthousebookshop.com | @lighthousebks | 2부

런던 리뷰 북샵 London Review Bookshop | 14-16 Bury Pl, London WC1A 2JL, 잉글랜드 | http://www.londonreviewbookshop.co.uk | @lrbbookshop | 2부

레큄 데 파주L'Ecume des Pages | 174 Bd Saint-Germain, 75006 Paris, 프랑스 | https://www.ecumedespages.com | @ecumedespages/ | 2부

리딘글래시즈북숍Readinglasses Bookshop & Cafe | 17 S Main St, Wigtown, Newton Stewart DG8 9EH, 스코틀랜드 | https://www.facebook.com/readinglasses17 | 3부

리처드 부스 북숍 Richard Booth's Bookshop | 44 Lion St, Hay-on-Wye, Hereford HR3 5AA, 웨일스 | https://www.boothbooks.co.uk | 3부

리키즈북숍Leakey's Bookshop | Church St, Inverness IV1 1EY, 스코틀랜드 | https://leakeysbookshop.com | @leakeysbookshop | 3부

<ㅁ>

마루젠&준쿠도MARUZEN & ジュンク堂書店 梅田店 | Osaka, Kita Ward, Chayamachi, 7?20 チャスカ茶屋町 地下1階~7階, 일본 | https://honto.jp | 1부

마치팬march pane | 16 Cecil Ct, London WC2N 4HE, 잉글랜드 | http://www.marchpanebooks.com | 1부

머더앤드메이헴Murder&Mayhem | 5 Lion St, Hay-on-Wye, Hereford HR3 5AA, 웨일스 | https://www.hay-on-wyebooks.com | 3부

몰라Librairie Mollat | 15 Rue Vital Carles, 33000 Bordeaux, 프랑스 | https://www.mollat.com | @librairie_mollat | 1부

미스터 비스 엠포리엄 오브 리딩 딜라이트 Mr. B's Emporium of Reading Delight | 14-15 John St, Bath BA1 2JL, 잉글랜드 | https://mrbsemporium.com | @mrbsemporium | 3부

<ㅂ>

바터북스Barter Books | Alnwick Station, Alnwick NE66 2NP, 잉글랜드 | http://www.barterbooks.co.uk | @barterbooksuk | 3부

반스앤드노블 뉴욕 어퍼 웨스트 사이드 Barnes & Noble | 2289 Broadway, New York, NY 10024, 미국 | https://stores.barnesandnoble.com | 1부

부커리The Bookery | 21 High St, Crediton EX17 3AH, 잉글랜드 | https://thebookery.org.uk | @thebookeryhq | 3부

부키니스트bouquiste | https://bouquinistes.info, 프랑스 | bouquinistesdeparis.com(판매 사이트) | 2부

<ㅅ>

셰익스피어앤드컴퍼니shakespeare &company, | 37 rue de la B?cherie, 75005 Paris, 프랑스 | https://www.shakespeareandcompany.com | @shakespeareandcoparis | 2부

시네마북숍Hay Cinema Bookshop | Castle St, Hay-on-Wye, Hereford HR3 5DF, 웨일스 | http://www.haycinemabookshop.co.uk | 3부

시티라이트City Lights Bookeller & Publishers | 261 Columbus Ave, San Francisco, CA 94133, 미국 | https://citylights.com | @citylightsbooks | 2부

<ㅇ>

애니 어마운트 북스 Any Amount of Books | 56 Charing Cross Rd, London WC2H 0QA, 잉글랜드 | http://www.anyamountofbooks.com/ | @anyamountofbooks | 2부

에든버러북숍Edinburgh Bookshop | 219 Bruntsfield Pl, Edinburgh EH10 4DH, 스코틀랜드 | https://www.edinburghbookshop.com | @theedinburghbookshop | 2부

엘리엇 베이북 컴퍼니 The Elliott Bay Book Company | 1521 10th Ave, Seattle, WA 98122, 미국 | http://www.elliottbaybook.com | @elliottbaybookco | 3부

오픈북The Open Book | 2 High St, Wigtown, Newton Stewart DG8 9HQ, 스코틀랜드 | http://wigtownbookfestival.com | @wigtownbookfest | 3부

옥스퍼드 블랙웰스 Blackwell's | 48-51 Broad St, Oxford OX1 3BQ, 잉글랜드 | https://blackwells.co.uk/bookshop/home | @blackwellbooks | 2부

왓킨스watkins books | 19-21 Cecil Ct, London WC2N 4EZ, 잉글랜드 | http://www.watkinsbooks.com | @watkinsbooks | 1부

워터밀북숍Aberfeldy Watermill Bookshop & Cafe | Mill St, Aberfeldy PH15 2BG, 스코틀랜드 | http://www.aberfeldywatermill.com | @aberfeldywatermillbookshop | 3부

워터스톤스-피카딜리waterstones | 203-206 Piccadilly, St. James's, London W1J 9HD, 잉글

랜드 | https://www.waterstones.com/bookshops/piccadilly | @waterstones | 1부

<ㅈ>

제임스 신(현재는 블랙웰스) Blackwell's Bookshop | 53-62 South Bridge, Edinburgh EH1 1YS, 스코틀랜드 | https://www.eventbrite.co.uk/o/blackwells-edinburgh-south-bridge-11315906722 | @blackwelledin | 2부

지베르 조셉GIBERT JOSEPH | 26 Bd Saint-Michel, 75006 Paris, 프랑스 | https://www.gibert.com/stores/paris-vi-gibert-joseph-librairie | @gibertofficiel | 1부

지베르 죈-종교, 영성 Gibert Jeune - Librairie (sot)risme - Religions – Spiritualité | 23 Quai Saint-Michel, 75005 Paris, 프랑스 | https://www.gibert.com | @gibertofficiel | 1부

지베르 죈-문학 Gibert Jeune EcoLecture | 27 Quai Saint-Michel, 75005 Paris, 프랑스 | https://www.gibert.com | @gibertofficiel | 1부

<ㅊ, ㅋ>

채스워스 하우스 Chatsworth House | Bakewell DE45 1PP, 잉글랜드 | https://www.chatsworth.org | @chatsworthofficial | 2부

칠드런스북숍The Children's Bookshop | Toll Cottage Pontvaen, Hay-on-Wye HR3 5EW, 웨일스 | https://childrensbookshop.com | 3부

케임브리지 헤퍼스heffers bookshop | 20 Trinity St, Cambridge CB2 1TY, 잉글랜드 | @heffers_cambridge | 2부

클레어 드 루앙 서점clairederouenbooks | 260 Globe Rd, Bethnal Green, London E2 0JD, 잉글랜드 | https://shop.clairederouenbooks.com/pages/aboutclairederouen | @clairederouenbooks | 2부

<ㅌ, ㅍ, ㅎ>

토핑앤드컴퍼니-바스 Topping &Company Booksellers of Bath | York St, Bath BA1 1NG, 잉글랜드 | https://www.toppingbooks.co.uk | @toppingsbath | 3부

토핑앤드컴퍼니-세인트앤드루스 Topping & Company Booksellers of St Andrews | 7 Greyfriars Garden, St Andrews KY16 9HG, 스코틀랜드 | https://www.toppingbooks.co.uk | @toppingsstas | 1부

토핑앤드컴퍼니-에든버러 Topping & Company Booksellers of Edinburgh | 2 Blenheim Pl, Edinburgh EH7 5JH, 스코틀랜드 | https://www.toppingbooks.co.uk | @toppingsedin | 3부

토핑앤드컴퍼니-일리 Topping & Company Booksellers of Ely | 9 High St, Ely CB7 4LJ, 잉글랜드 | https://www.toppingbooks.co.uk | @toppingsely | 1부

페르세포네북스Persephone Books | 8, Edgar Buildings, Bath BA1 2EE, 잉글랜드 | http://

www.persephonebooks.co.uk | @persephonebooks | 3부

포일스Foyles | 107 Charing Cross Rd, London WC2H 0DT, 잉글랜드 | http://www.foyles.co.uk | @foylesforbooks | 1부

프낙 포름데알 FNAC Paris - Forum des Halles | Galerie commerciale Westfield Portes Berger, 1-7 Rue Pierre Lescot, 75001 Paris, 프랑스 | https://www.fnac.com/Paris-Forum-des-Halles/Fnac-Forum-des-Halles | @fnac_officiel | 1부

프란시스 에드워드 Francis Edwards | Castle St, Hay-on-Wye, Hereford HR3 5DF, 웨일스 | https://www.francisedwards.co.uk | 3부

해처드Hatchard's | 187 Piccadilly, St. James's, London W1J 9LE, 잉글랜드 | https://www.hatchards.co.uk/ | @hatchardspiccadilly | 2부

헨리 포더스 북스 Henry Pordes Books | 72 Charing Cross Rd, London WC2H 0BB, 잉글랜드 | https://www.henrypordesbooks.com/blue-bookshop-london | @henry_pordes_books/ | 2부

P&G 웰스P&G wells | 11 College St, Kingsgate St, Winchester SO23 9LZ, 잉글랜드 | http://www.pgwells.co.uk | @pgwellsbookshop | 4부

WHSmith | 25-26 High Town, Hereford HR1 2AB, 영국 | https://www.whsmith.co.uk | @whsmithofficial | 1부

이 책을 둘러싼 날들의 풍경

한 권의 책이 어디에서 비롯되고, 어떻게 만들어지며,
이후 어떻게 독자들과 이야기를 만들어가는가에 대한 편집자의 기록

2020년 8월 5일. '혜화1117'의 열 번째 책으로 저자가 쓴 『동네책방 생존탐구』를 출간하다. 책을 만들기 전부터 인연이 있긴 했으나, 저자의 단독 저서를 만들면서 편집자는 저자와의 인연을 더 다져가고 싶다는 생각을 품게 되다. 이런 생각은 대개 혼자만의 것으로 간직하는 것이 일반적이겠으나, 편집자는 시마다 때마다 책 출간 이후 저자를 만날 때마다 이런 마음을 적극적으로 드러내다. 출간 이후 수많은 동네책방으로부터 환영의 인사가 이어지다.
2020년 8월 24일. 저자의 전작 『동네책방 생존탐구』의 일본어판 번역 출간에 관한 계약이 이루어지다. 저자와 무언가를 도모할 때마다 보람찬 결과로 이어진다는 것에 감사한 마음이 절로 들다.
2022년 5월 31일. 일본어판 출간을 계기로, 『동네책방 생존탐구』의 존재 의미에 대해 거듭 생각하게 되다. 편집자는 저절로 저자와 다음에 어떤 책을 어떻게 만들까를 꾸준히 모색하다.
2022년 9월 21일. 매번 무언가를 하기 위해 만났으나, 평일 낮에 아무런 목적 없이 그저 한낮의 가을을 즐기자는 마음으로 저자와의 만남을 청하다. 장소는 서울의 경복궁으로 정하다. 아무런 목적도 계획도 없이 저자와 서울 경복궁 산책을 즐기다. 그러나 아예 목적이 없을 리 없는 편집자는 저자의 다음 계획에 대해 호시탐탐 염탐하듯 묻고 또 묻다. 그리고 마침내 저자가 오래전부터 생각해오던 유럽의 서점을 돌아보기 위한 여행의 계획을 구체적으로 세우고 있음을 알게 되다. 드디어 다음에 뭔가를 할 수 있는 계기가 마련되었다는 생각에 편집자는 쾌재를 부르다.
2022년 11월. 간혹 안부를 묻기 위한 연락을 주고 받으며, 저자의 유럽행이 실행 단계에 접어들고 있음을 알게 되다. 편집자는 이왕 말이 나왔으니 집필을 위한 본격적인 작업에 착수해야 한다고 여기다. 저자들로 하여금 글을 쓰게 하는 가장 전통적이고 일반적이며 효과적인 방법을 떠올리다. 이를 위해 가장 잘 어울릴 만한 연재처를 탐색하다. 저자에게 이 계획을 알리고 기초적인 기획서를 작성해보자고 제안하다. 애초의 계획은 저자가 1차 기획서를 보내오면 그것을 바탕으로 의견을 보완하여 완성하는 것이었으나, 저자의 기획서는 오래전부터 책 한 권을 염두에 뒀던 것처럼, 하루이틀 만에 작성한 것으로는 도저히 볼 수 없는 완성도를 갖추다. 편집자는 함께 하고 있는 저자가 다름아닌 '한미화'임을 새삼스럽게 실감하다. 그 기획서를 바탕으로 『한겨레21』 김규원 기자에게 불쑥 메일을 보내, 검토를 요청하다. 회신을 받기까지 시간이 좀 걸리긴 하였으나, 이를 거부할 수 없을 것이라는, 매우 근거 충만한 자신감으로 마음

편히 기다리다. 그러나 일이란 끝날 때까지 끝나는 게 아님을 알기에 최선을 다해 겸손한 마음으로, 연락이 올 때까지 전화기를 손에서 놓지 못하다.

2022년 12월. 드디어 『한겨레21』 김규원 기자로부터 오케이 사인을 받다. 2023년 초부터 연재를 시작하기로 하다. 기쁜 마음으로 저자에게 낭보를 전하고, 이로써 저자는 여행을 떠나기도 전에 연재라는 무거운 숙제를 어깨에 이고 지고 가는 상황에 직면하다.

2023년 봄. '유럽책방기행'이라는 제목으로 시작한 연재는 3월 16일에 시작, 3주에 한 편씩 꾸준히 이어지다. 4월 9일부터 5월 16일까지 저자는 유럽 여행을 떠났고, 그 여행길에 합류하려 했으나 일에 묶여 못 떠나는 편집자의 아쉬운 마음을 아는지 모르는지 간혹 SNS를 통해 경치 좋고 분위기 좋은 유럽 곳곳의 책방 정취를 전해오다. 여행길에 저자는 혜화1117의 소중한 저자이자 영국에서 오랜 시간 공부하며 거주해온 『백 년 전 영국, 조선을 만나다』의 저자 홍지혜 선생과 몇 차례 만남을 통해 낯선 여행길에 따뜻한 시간을 나누기도 하다. 편집자는 연재가 마무리되는 시점에, 그 연재의 글을 바탕으로 새롭게 집필한 원고로 책을 만들겠다고 생각하며 대략의 출간 일정을 가늠하다. 그렇게 가늠한 일정은 2024년 상반기로 잡혔고, 1994년 출판계에 입문한 저자가 책 생태계에 머문 시간이 꼬박 30년이 되는 시기임을 깨닫게 되다. 또한 같은 해 출판사에서 일하기 시작한 편집자에게도 2024년은 기억할 만한 해라는 사실을 새삼스럽게 떠올리게 되다.

2023년 12월. 몇 해 전부터 한 해의 끝에서 함께 시간을 보내곤 하는 혜화1117의 소중한 저자이자, 저자와도 각별한 사이인 최현미 선생과 해를 마무리하는 시간을 더불어 갖다. 이 자리에서 저자의 30년을 기념하는 의미를 책에 더해야겠다는 마음을 굳히다. 저자의 연재는 순조롭게 이어져 해를 넘겼으며 어느덧 연재의 끝을 목전에 두고 있음을 환기하다. 구체적인 출간의 계획을 나누다.

2024년 2월. 드디어 『한겨레21』 연재의 대단원의 막을 내리다. 이는 곧 단행본 출간을 위한 작업의 서막이 시작되는 것을 의미하다. 이를 서로 기념하기 위하여 서대문 영천시장 석교식당에서 김규원 기자와 더불어 순댓국과 소주 한 잔을 기울이며 연재의 종료와 새로운 시작을 기념하다. 저자는 기다렸다는 듯 단행본을 위한 새롭게 집필한 원고를 보내오다. 원고를 보며 편집자는 연재는 거들 뿐, 책을 위한 원고를 새롭게 정리했음을 확인하며, 다시 한 번 함께 일하는 저자가 '한미화'임을 확인하다. 편집자는 초고를 살피며, 다른 부분은 더할 것도 덜할 것도 없으나, 한국 출판계에 머문 30년의 흔적을 원고 안에 담아내면 좋겠다는 의견을 전하다.

2024년 3월 26일. 저자로부터 수정 원고와 책에 들어갈 사진 및 자료 이미지 파일이 완벽하게 정리된 상태로 들어오다. 어떻게 만들 것인가에 대한 고민이 거의 필요없는, 당장 편집에 들어가도 부족함이 없는 원고를 받아들고, 편집자는 '이 책에서 과연 나의 할 일은 어디에 있는가'를 되묻게 되다. 그럼에도 마침표 하나라도 다시 찍어야 성에 차는 편집자 본능에 따라 저자의 전작인 『동네책방 생존탐구』와의 일관성을 지키기 위해 본문의 구성 요소를 맞추는 일, 텍스트 중심의 흑백이었던 데서 벗어나 올컬러로 제작하기 위한 몇몇 이미지 보완에 신경을 쓰다. 책의 추천사를 받기로 하다. 저자는 첫 손에 '사계절' 출판사의 강맑실 대표님과 '어크로스' 김형보 대표님을 꼽았고, 편집자도 여기에 기꺼이 동의하다. 다만 동네책방에 관한 책을 직접 펴내기도 한 강맑실 대표님께는 책에 대한 추천의 글을, 저자와 오래 알고 지낸 김형보 대표님께는 출판평론가로서의 한미화에 관한 글을 각각 요청하기로 하다.

2024년 4월. 화면 초교 및 조판용 원고를 정리하다. 본문의 구성 요소를 점검 보완하다. 디자인 의뢰서를 작성하여 혜화1117의 다섯 번째 책부터 서른 번째 책까지 맡아 작업을 해온 디자이너 김명선에게 연락하다. 뜻하지 않게 '출판하는 언니들'이라는 명칭으로 가지(박희선 대표), 메멘토(박숙희 대표), 목수책방(전은정 대표), 에디토리얼(최지영 대표) 등 동료 1인 여성 출판사 대표 5명과 함께 2024년 서울국제도서전에 참가하게 되다. 이를 계기로 저자의 이 책을 서울국제도서전에서 최초로 공개해야겠다고 마음을 먹다.

2024년 5월. 디자인 시안을 입수하다. 곧 조판을 시작하다. 초교와 재교 등의 교정 작업이 물 흐르듯 순조롭게 진행이 되다.

2024년 6월. '사계절' 강맑실 대표님과 '어크로스' 김형보 대표님께 추천사를 의뢰하다. 두 분 모두 흔쾌히 수락해주신 것은 물론 지체하지 않고 날짜에 맞춰 보내주시다. 다시 한 번 이 책의 저자가 다름아닌 '한미화'임을 떠올리다. 책의 제목은 애초에 『유럽 책방 생존 탐구』로 하였으나, 원고를 읽을수록 이 책이 그보다는 책방 문화 그 자체에 대한 깊은 정보와 시선을 담고 있음을 깨닫게 되다. 마감 직전에 『유럽 책방 문화 탐구』로 제목을 변경하다. 애초 서울국제도서전 이전에 책의 출간을 계획하였으나 1인 출판사를 운영하는 편집자의 사정으로 조금씩 일정이 지체되어, 서울국제도서전 시작 당일, 제본소에서 전시장으로 곧장 책을 받게 될 형편에 이르다. 이를 탓하지 않고 오히려 저자와 편집자, 독자가 같은 장소, 같은 시기에 새 책의 탄생을 더불어 축하할 수 있게 되었노라고 편집자는 꿈보다 좋은 해몽을 시전하다.

2024년 6월 19일. 인쇄 및 제작에 들어가다. 표지 및 본문의 디자인은 김명선이, 제작 관리는 제이오에서(인쇄 : 민언프린텍, 제본 : 책공감, 용지 : 표지-스노우화이트250그램, 본문-클라우드80그램 백색, 면지-화인페이퍼 110그램),기획 및 편집은 이현화가 맡다. 표지에 사용한 제목 글씨 및 일러스트는 『동네책방 생존탐구』를 만들 때 함께 한 김필섭의 것을 변형, 재사용하다. 출간에 앞서 서울국제도서전 시작하는 날 현장에서 저자의 서명 작업이 이루어질 것을 미리 예고하다.

2024년 7월 5일. 혜화1117의 서른 번째 책 『유럽 책방 문화 탐구』 초판 1쇄본이 출간되다. 실제로는 6월 26일이 출간일이나 서울국제도서전 단독 판매를 거쳐 서점 등에 정상 출고를 시작한 때를 기준으로 판권일을 기입하다. 6월 26일부터 29일까지 서울 코엑스에서 열린 서울국제도서전에서 최초 공개한 이 책을 향한 독자들의 뜨거운 반응이 이어지다. 편집자가 함께 한 '출판하는 언니들' 부스를 찾은 많은 독자들이 이 책을 앞다퉈 구매하고, 저자 친필 서명본을 받기 위해 줄을 서다. 이를 위해 저자는 전시 기간 동안 저자 서명을 위해 이른 아침, 또는 늦은 오후 세 차례 부스를 찾아 전시장 귀퉁이에서 쪼그려 앉아 서명을 해야 하다.

2024년 7월. 출간 후 저자는 7월 4일 '한서협'과 '책방넷'이 결성한 '독서문화연구모임' 첫 만남에 이 책의 저자로서 출판평론가 백원근 선생과 함께 참여하다. 짧은 강의 이후 참석자들과 함께 찬반토론이 이어지다. 일본 NHK 취재단의 취재가 이루어지다. 취재단은 '2024년 일본의 지역 서점 살리기 운동'에서 한국과 프랑스가 모범 사례'라고 말하다. 프로듀서 나가노 게이고는 저자의 저서이자 일본에서 번역 출간된 『동네책방 생존탐구』 일본어판을 가져와 사인을 청하다. 그는 '이 책을 통해 한국의 서점에 대해 많은 공부를 했다'고도 하다. 경기도 김포 '꿈틀책방' 이숙희 대표가 책을 읽고 특별한 리뷰를 자신의 SNS에 남기다. 이후 '꿈틀책방'과 깊은 인연을 나누고 있는 '책방의 친구'들을 초대하여 '꿈틀책방' 2호점인 '코뿔소 책방'에서 7월 8일 이 책의 첫 북토크가 이루어지다. 그 덕분에 저자는 인문학자 강창래, 번역가 허진, 동화작가 박성희를 비롯한 '꿈틀책방'의 오래된 친구들과 뜻 깊은 자리를 갖게 되다.
『연합뉴스』('비싸서 못 가는 유럽, 책보며 달래는 유럽 책방 기행'), 『한겨레』('유럽 책방들에서 확인한 동네 책방의 생존 가능성'), 『문화일보』(문화, 역사 따라…40일 간의 책방 순례기'), 『조선일보』('역사, 문화가 쌓인 곳, 60일간의 유럽 책방 일주'), 『한국경제』('유럽 동네 책방이 살아남는 비결') 등 여러 신문에서 이 책에 주목하여 서평 기사를 싣다. 이밖에 『한겨레21』, 『한국일보』, 『경향신문』 등에서도 언급하다. 각지의 책방에서 북토크 요청이 연달아 이어지다. 그 가운데 7월 13일 파주 '쩜오책방', 7월 23일 서울 '서울의 시간을 그리다', 27일 대전 '버찌책방', 7월 30일 강원도 원주 '바름책방' 등에서 독자들과 만나다. 7월 27일 대전 '버찌책방' 북토크에는 편집자도 동행하였고, 그전에 대전의 또다른 책방 '다다르다' 김준태 대표와 만나 책방을 둘러싼 앞으로의 계획을 경청하기도 하다. 7월 16일에는 이 책의 추천사를 써준 '사계절' 출판사 강맑실 대표님을 저자와 함께 만나 파주에서 점심을 함께 하고 차를 마시며 책 출간을 둘러싼 여러 이야기를 나누다. 오후에는 역시 이 책의 추천사를 써준 '어크로스' 김형보 대표님을 방문하여 따뜻한 글을 흔쾌하게 써준 것에 대한 감사의 인사를 전하다. 온라인 서점 '알라딘' 메인 화면의 '눈에 띄는 새 책'으로 선정되다.
2024년 8월. 온라인 서점 '예스24'의 국내도서 선택 도서로 선정되다. '예스24' 손민규 MD가 기획한 '필사하기 좋은 책' 이벤트에 참여하다. 이를 위해 책에서 뽑은 문장을 직접 쓴 저자의 손글씨가 이벤트 페이지에 올라가다. 『동네책방 동네 도서관』 8월호 첫 페이지에 중국과 미국 등 세계 여러 책방을 둘러본 '조은이책방' 조은이 대표의 서평이 실리다. 출판계에서 오래 일한 뒤 책방을 운영하는 전문가의 서평으로, 편집자와 저자 모두 남다른 감회가 일다. 『동네책방 동네 도서관』의 발행인이자 『행복한아침독서신문』 한상수 대표는 저자에게 '책을 읽은 뒤 책 속에 소개된 올해의 독립서점상을 국내에서도 해보고 싶다'는 소감을 전하다.
'교보문고' 웹진에 인터뷰 기사가 실리다. '혜화1117'에 대해 늘 응원을 아끼지 않는 박수진 기자의 관심을 또다시 받을 수 있게 되어 편집자는 기쁘게 생각하다. 기사를 보며 저자는 '교보문고에 오래 근무하며 많은 책을 읽은 독자이자 전문가다운 깊이 있는 질문이 기억에 남는다'는 감상을 전하다. 서울 '땡스북스' '금주의 책'으로 선정되다. 책을 선정한 이기섭 대표는 '이 책은 동네서점들에게 주는 선물', '지금이야말로 동네책방이 긴 호흡과 먼 안목이 필요할 때'라고 서평을 쓰다. 서울 '서촌그책방' 하영남 대표로부터 이 책이 책방의 '10월 북클럽' 도서로 선정되었다는 연락을 받다. 저자는 '서촌그책방'의 독자들을 위해 오후 내내 책방에 머물며 친필 서명을 하다. 서명을 하는 내내 하영남 대표와 훗날 '유럽책방유람단'을 꾸려보자는 이야기를 나누기도 하다. 8월 13일. '최인아책방' GFC점에서 북토크가 이루어지다. 초판 1쇄본이 거의 소진되어 2쇄본 제작의 준비를 시작하다. 편집자는 예상보다 빨리 이루어진 2쇄 제작을 앞두고 이를 자축하는 이벤트를 구상하다. 저자의 전작 『동네책방 생존탐구』로부터 『유럽 책방 문화 탐구』까지 표지 작업을 함께 한 목수 김필섭과 함께 이름하여 '2쇄 경축 투리와의 콜라보'로, 그가 꾸리는 1인 목공 스튜디오 '투리'와 역시 1인 출판사 '혜화1117'이 힘을 모으면 어디까지 할 수 있는지를 확인하고 싶다는, 재미 반 호기심 반으로 시도해보기로 하다. 목수 김필섭의 동의를 얻은 뒤 현실적인 가격을 매길 수 있는 상품에 관한 논의를 시작하다. 이를 위해 목수 김필섭은 두 권의 책 표지와 본문에 포함되어 있는 책과 고양이 그림 일러스트 스탬프를 활용한 나무 자석과 열쇠고리 등의 다양한 버전을 견본으로 제작하다. 여러 차례의 논의를 거쳐 열쇠고리로 최종 결정하다. 콜라보의 내용은 스탬프 이미지를 활용한 종이 책갈피와 나무 열쇠고리를 제작하되 종이 책갈피는 독자 사은품으로 제공하고, 나무 열쇠고리는 책과 함께 별도 포장하여 따로 정가를 매겨 판매하기로 하다. 하나하나 손으로 만드는 것이고 보니 1차 수량은 총 300개로 한정하기로 하다. 편집자는 연말까지 300개를 모두 다 파는 것을 목표로 총력을 다해보리라, 두 손을 꼭 쥐며 다짐하다. 별도의 정가를 매긴 상품으로 별도의 ISBN을 발급 받아 추석 이후 이벤트를 시작하기로 예정하다.

2024년 9월. '2쇄 경축 투리와의 콜라보'를 위해 종이 책갈피 제작을 진행하다. 목수 김필섭은 300개의 열쇠고리를 만들기 위해 8월의 뜨거운 열기, 9월이 되어도 가실 줄 모르는 더위 속에서 글자 그대로 구슬땀을 흘리며 작업에 매진하다. 저자를 찾는 곳곳의 요청이 끊임없이 이어지다. 9월 7일 도곡정보문화도서관에서 독자들을 만나다. 9월 13일 대전 계룡문고에서 독자들을 만나다. 2쇄 출간을 앞두고 확정한 주요 일정을 우선 기록해두다. 추석 이후 '2쇄 경축 투리와의 콜라보' 이벤트를 예정하다. 9월 21일 진주의 '진주문고'가 기획한 '2024 북적북적 플리마켓' 강연자로 참여하다. 9월 24일 광진구의도서관에서 독자들과의 만남이 예정되다. 9월 28일 부산 보수동 책방골목 문화축제 '가족 책 나들이'에 강연자로 참여하기로 하다. 10월 5일 안양 '뜻밖의 여행', 10월 12일 서울 와우북페스티벌, 10월 29일 전주 '잘익은언어들', 10월 31일 원주 '터득골북샵' 등에서도 독자들을 만나기로 약속하다. 11월 7~10일 일본 도쿄 책거리 강연 및 진보초 서점 방문, 11월 18~20일 제주 '보배책방' 강연 및 제주 책방 방문을 계획하다.

2024년 9월 20일. 초판 2쇄본이 출간되다. 예상보다 빠르게 2쇄를 제작할 수 있게 되어 편집자는 독자들께 각별한 감사의 마음을 여기에 남기다. 이후의 기록은 3쇄본 출간 이후 추가하기로 하다.

유럽 책방 문화 탐구

2024년 7월 5일 초판 1쇄 발행
2024년 9월 20일 초판 2쇄 발행

지은이 한미화
펴낸이 이현화
펴낸곳 혜화1117 **출판등록** 2018년 4월 5일 제2018-000042호
주소 (03068)서울시 종로구 혜화로11가길 17(명륜1가)
전화 02 733 9276 **팩스** 02 6280 9276
전자우편 ehyehwa1117@gmail.com
블로그 blog.naver.com/hyehwa11-17 **페이스북** /ehyehwa1117
인스타그램 /hyehwa1117

ISBN 979-11-91133-26-4 03300

Publishers : HYEHWA1117 11-gagil 17, Hyehwa-ro, Jongno-gu, Seoul, 03068, Republic of Korea.
Email. ehyehwa1117@gmail.com